日中国交正常化期の
尖閣諸島・釣魚島問題

衝突を回避した
領土問題処理の構造

房 迪
Fang Di

花伝社

日中国交正常化期の尖閣諸島・釣魚島問題
――衝突を回避した領土問題処理の構造――
目次

序章　問題提起と研究動向　5

第1節　問題の所在　5

第2節　釣魚島問題をめぐる議論　11

第3節　研究の独自性　24

第4節　研究方法と本書の構成　26

第1章　日中国交回復前夜の釣魚島問題をめぐる変動　30

第1節　釣魚島問題の浮上　30

第2節　石油資源と釣魚島問題の二局面化　39

第3節　沖縄返還協定にゆれる釣魚島問題　51

第4節　ソ連政府の関心　103

第2章　日中国交正常化過程における釣魚島問題　106

第1節　日中関係の転機と釣魚島問題の新段階　106

第2節　日中接近に懸念を示すソ連政府　120

第3節　日中平和友好条約への道　124

第3章　日中平和友好条約交渉の再開と釣魚島問題の再燃　154

第1節　日中両政府の人事再編と条約交渉再開への働きかけ　154

第2節　中国漁船事件と釣魚島問題の再燃　185

第3節　日中平和友好条約締結交渉の再始動と締結　207

第4章　日中平和友好条約後の釣魚島問題と共同開発の試み　219

第1節　不言及方針の再々確認　219

第2節　釣魚島調査活動に関する予算の提案　223

第3節　調査活動の実施と日中両政府の対応　232

第4節　釣魚島海域における中日共同開発の動き　243

第5節　共同開発案におけるすれ違い　250

終章　1970年代における釣魚島問題処理の構造　257

第1節　日中国交回復前の釣魚島問題をめぐる対立構造　257

第2節　釣魚島問題をめぐる小康状態の形成と日中関係の進展　262

第3節　釣魚島問題をめぐる事件と問題収束の過程　268

第4節　釣魚島諸島をめぐる共同開発の模索　270

第5節　70年代の小康状態を維持可能にした要因と釣魚島問題をめぐる構造　273

あとがき　282

参考文献　285

＊

　本書では、領土に関する問題という微妙な問題を議論する上で、使用する用語について慎重に扱う必要がある。したがって、分析を行う過程において、次のように用語を使用することにする。

　まず、本書の焦点になっている地域については様々な呼称があり、国によって異なる呼び名を使用している。そのため、本書では、分析を展開していく上での一貫性を持たせるため、焦点となる諸島の問題について、地理的な概念として使用する場合には「釣魚島諸島」を使用し、当該諸島をめぐる問題に関わる場合において、本来は「釣魚島諸島問題」と書くべきところ、煩雑さを鑑み、「釣魚島問題」を使用することにする。ただし、政府資料、政策決定者やその他の発言について引用する場合においては、資料の原文、また語られている通りに示すことにする。

　次に、本書の研究対象の一つである台湾の国民党に関する呼び名についても、国によって呼び名が異なり、また日中国交回復前後においても異なる場合がある。そのため、本書において一貫性を持たせるため、分析を展開する上では、「台湾当局」と示すことにする。ただし、政府資料、政策決定者やその他の発言を引用する場合においては、語られている通りの名称を使用することにする。

　直接的に引用した箇所に括弧が入っている場合があるが、筆者によることわりが特にない場合については、原文をそのまま引用している。

＊

序章　問題提起と研究動向

第1節　問題の所在

　2010年9月7日に釣魚島諸島海域で中国の漁船と日本の巡視船が衝突した事件によって、釣魚島問題が改めて日中外交の争点として表出した。現在、釣魚島問題は日中関係の発展を妨げる重大な要因となっている。

　2005年から毎年、日本の世論総合研究所と中国の零点研究コンサルティンググループが共同で行っている世論調査では、2010年9月7日の衝突事件以降、釣魚島問題は、日中関係の円滑な発展を妨げる要因として、7年連続第1位に挙げられている。同世論調査の結果を事件発生の前後で比較すると、日本人の中で「領土問題」すなわち釣魚島問題を日中間の懸念材料として挙げた割合は、2010年の調査の34.6％から2011年度調査では63.2％と、28.6％増加した。中国人の中でも「領土問題」と答えた割合は、2010年の調査の38.4％から2011年は58.4％と、20％増加している[1]。また、2012年9月10日に野田内閣が釣魚島諸島の日本国有化を決定したことを受けて、釣魚島問題は日中国交正常化以来最も深刻な状況に陥った。翌2013年の世論調査では、日中ともに70％以上（日本側72.1％、中国側77.5％）の回答者が日中間の懸念材料として釣魚島問題を挙げた。どちらも第2位を30ポイント以上引き離していた（日本人「反日教育」40.2％、

1　「第8回日中共同世論調査」言論NPO・中国国際出版集団、2012年6月20日。第7回日中共同世論調査」言論NPO・中国国際出版集団、2011年8月11日。

中国人「歴史認識」36.6％)[2]。最新の2018年に行われた調査結果では、グラフ1で示されているように「領土をめぐる対立」すなわち釣魚島問題をめぐる対立を日中関係の発展を妨げる要因として挙げる回答者に減少の傾向が見られるものの、依然として日本側では61.1％、中国側では55.3％と高い割合を保っている[3]。このように、釣魚島問題は明確に日中関係の円滑な発展を妨げる重大な要素であるとして、人々に強く認識されていることがわかる。

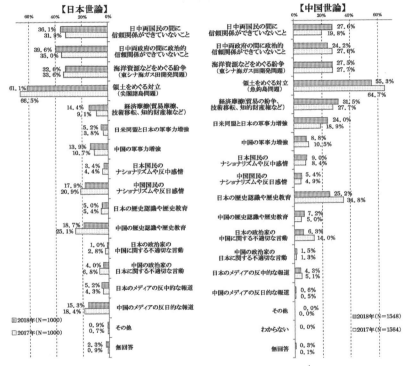

グラフ1　日中関係の改善を妨げるもの（2017年／2018年）[4]

---

2 「第10回日中共同世論調査」言論NPO・中国国際出版集団、2014年9月9日。「第9回日中共同世論調査」言論NPO・中国国際出版集団。2013年8月5日。「第8回日中共同世論調査」。

3 「第14回日中共同世論調査」言論NPO・中国国際出版集団、2018年10月9日。

4 同上、6頁。

また、日中間では、靖国参拝問題に端を発した歴史問題によって、両国ともに民間の相手国に対するマイナスなイメージが強まっていたが、その一方で、グラフ2からわかるように、2010年までの間に、相手に対して比較的良好なイメージを持つ回答が緩やかに上昇する傾向が見られた。しかし、衝突事件が起きた2010年に、日中双方において、相手国に対する印象が急激に悪化した。

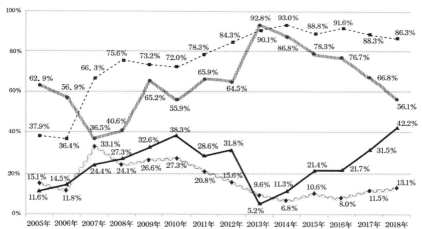

　グラフ2　相手国に対する印象（2018年）[5]

　釣魚島問題は政治領域と民間感情に影響を及ぼしたのみならず、経済領域にも影響を与えている。2006年頃から日中両国間において、政府間の信頼関係の低下や歴史問題などによる政治関係の冷え込みが見られたが、一方で経済面においては依然として緊密な関係が保たれていた。しかし、2010年の衝突事件と2012年の野田政権による釣魚島諸島の国有化は、

5　同上、2頁。

経済関係にも悪影響を及ぼした。2012 年 9 月 10 日に日本政府が釣魚島諸島の国有化を発表した翌日から、中国各地で反日デモが起こった。反日デモがエスカレートするにつれ、在中日本企業はデモの波及を受けることを警戒して、工場の休業や活動のキャンセルなどが相次いだ。さらに、一部の反日デモが暴動化した結果、日本企業が受けた直接的経済損失は数十億円から 100 億円に達した[6]。その中でも、大きな影響を受けたのがトヨタ自動車などの日本車メーカーと旅行業である。2012 年 9 月の中国での日本の新車販売は、各社とも前年実績を 3 ～ 5 割下回った[7]。乗用車販売について、日本ブランドは反日デモの影響などでシェアが前年比 2.7 ポイント減の 16.9％と大きく後退した[8]。また、旅行業においては、日本旅行業協会の統計によると、2010 年の衝突事件が発生した翌月に、旅行者数は－ 64 ポイントの大幅な下落が見られた[9]。そして、日本政府が国有化を発表した翌月の 2012 年 10 ― 12 月の旅行景気動向指数は、前年比の見通しから予想していた 6 ポイントの下落を大幅に下回り、－ 30 ポイントとなった[10]。その中で、10 ― 12 月の旅行景気状況は 7 ― 9 月に比べ、韓国は 78 ポイント減、中国は 75 ポイント減、アジア全体は 42 ポイント減[11]と、釣魚島問題を発端とした日中関係の悪化は、日中間の旅行業に打撃をあたえ、さらにアジア全体の旅行景気状況にも深刻な影響を及ぼしたといえよう。

---

6 「反日デモ被害、最大で 100 億円、日本企業、政府答弁書」『日本経済新聞』、2012 年 11 月 14 日、5 面。

7 「尖閣問題で販売苦戦、中国ディーラー、日本車の尻込み」『日経産業新聞』、2012 年 10 月 16 日、20 面。

8 「中国の 2012 年自動車販売：4.3％増の 1931 万台」自動車産業ポータル、2013 年 2 月 21 日。
https://www.marklines.com/ja/report_all/rep1146_201302

9 「第 43 回 JATA 旅行市場動向調査～海外（2012 年 12 月期）」日本旅行業協会（JATA）、2012 年 12 月 21 日。https://www.jata-net.or.jp/data/trend/research/2012/121221_01.html

10 同上。

11 同上。

序章 問題提起と研究動向

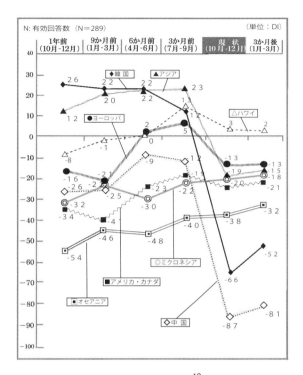

グラフ３　2012年海外旅行の需要動向（方面別）[12]

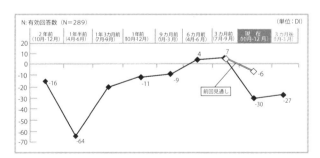

グラフ４　2012年旅行景気動向総合指数[13]

12　同上。

13　同上。

このように、釣魚島問題の影響は日中間の経済関係、国民感情など多方面に波及していることがうかがえる。結果として、釣魚島問題はナショナリズムの台頭を招き、民間から巻き起こるナショナリズムに押され、両国政府間の対立が顕著となり、各方面に影響をもたらした。しかし、このような状況が生じてしまった重要な背景として、釣魚島問題における政府間、または要人の柔軟な問題処理措置が欠如していたことは否めない。

　釣魚島問題から引き起こされた一連の状況に対して、研究者の中では何らかの最終的な「解決」を試みようとする研究は見られる。しかし、それらの研究も、現実的で具体的な一つの解決案に収斂してはおらず、また帰属問題において政府間の歩み寄りが見えない状況で、無理に最終的解決を図ろうとすれば、結果的に武力衝突を引き起こす可能性もあるといえよう。

　では、どうすれば釣魚島問題が日中関係に与える影響を最小限にとどめることができ、釣魚島問題を平和のもとで解決に導くことができるのだろうか。そのためには、まずは、なぜこれまでの日中関係において、釣魚島問題をめぐる状況が現在ほど硬直することなく、安定した構造を保つことができたのか、その根源を考える必要がある。

　歴史を振り返れば、釣魚島問題は1960年代末から、日中間に存在し続けていた問題である。しかし、1972年日中国交回復後から1990年代に入るまで、釣魚島問題は日中両国関係の焦点となることはなかった。特に、1970年代を通して、釣魚島問題が日中関係に影響を与えることを回避するべく、日中両国政府ともに、釣魚島問題をめぐる状況が悪化しないように積極的にコントロールし、周辺海域の石油資源を共同開発する考えをも交換していた。最終的に、共同開発は実現できなかったが、1970年代に形成された関係がその後長い間において、釣魚島問題の再浮上を阻止してきたことは否めない。

　この歴史的事実は、次のことを示唆しているといえる。すなわち、いま日中関係改善のための第一歩として、我々が考えなければならないのは、勢いに乗じて釣魚島諸島の帰属問題を最終的解決へ強引に持ち込むのではなく、日中両政府間による積極的な危機コントロールを実現化し、釣魚島

問題をめぐる小康状態[14]をいかにして形成するのかという問題ではないか。

　ここで問題に対する第一次接近として、なぜ1970年代に日中両国は釣魚島問題をめぐる小康状態を形成することができたのかを考えてみたい。どのような国内外のインタラクション（相互作用）のもとでこのような関係の構築が実現されたのだろうか。本研究は、この問題意識にもとづき、釣魚島問題処理をめぐる展開をつまびらかにしつつ、その構造を明らかにすることを試みる。

第2節　釣魚島問題をめぐる議論

　現在、日中両国において釣魚島問題は日中関係に直接影響を与える争点であるといえる。それゆえ釣魚島問題に関する両国における学術的研究も相当程度進んでいる印象があるだろう。しかし、実際には、中国で釣魚島問題に関して本格的に研究されるようになったのは1990年代半ば以降の約20年にすぎない。その理由の一つとして、釣魚島問題が浮上してきた同時期に、日中間において国交正常化が進展し始めていたため、両国の友好関係を推進することを優先するという方針がとられたことが挙げられる。特に中国政府は、釣魚島問題に関する研究が進めば、この諸島に関する領土的主張が国内で強まり日中対立の発火点ともなりうるとの懸念があったため、研究を進める上でさまざまな制限をかけてきた事情がある[15]。

　日中国交正常化後、80年代の日中蜜月期と冷戦の終焉を経て、日中関

14　本書でいう小康状態とは、「結果として釣魚島問題が日中両国の政治、経済関係を左右しない」状態とする。

15　「当時の中国において、制度、環境と機会の制限によって、釣魚島に関する研究は、個人的な関心はあったものの、様々な原因によって、自由に国が所蔵している地図や資料を検索することができなく、釣魚島問題に関する研究を棚上げするしかなかった。1992年2月25日に、中国政府が『中華人民共和国領海法及び接続水域法』を公布したことで、ようやく釣魚島問題に関する法的依拠と政府態度が明らかになった。これでようやく、心置き無く以前より関心があった台湾付属諸島である釣魚島問題について研究を行うことができるようになり、長年に渡って諦めずに収集した資料もようやく役に立つ日がきたのであった。」鞠徳源『日本国窃土源流』首都師範大学出版社、2001年、6―7頁。

係をめぐる国際情勢はまた新たな段階を迎えた。特に90年代半ばに入り、日米同盟の再定義、中米関係の変化、海洋資源への注目といった国際情勢の変化のもとで、日中間で再び釣魚島諸島をめぐる問題がクローズアップされることになった。1996年に日本の右翼団体が釣魚島に灯台を設置したことを発端に、中国では日中復交以来最大規模の対日抗議活動が行われた。この背景のもとで、中国において釣魚島問題に関する研究が次第に脚光を浴びるようになり、国家の研究プログラムなどの配分にも傾向性が現れ[16]、ようやく本格的に研究が進められるようになった。

　現在、中国で行われている釣魚島問題に関係する研究は主に以下のように分類できる。

　　1、釣魚島諸島の帰属問題に関する研究。主に中国が釣魚島諸島の主
　　　権を有する歴史的根拠、法的根拠に関する研究。
　　2、清朝、明朝にさかのぼり、琉球との関係から見る釣魚島問題に関
　　　する研究。
　　3、釣魚島主権問題の解決を探る研究。
　　4、日本政府の釣魚島問題での挑発行為の政治的思惑および日中両国
　　　関係への影響に関する研究。

　2010年から、日中漁船衝突事件や日本の釣魚島諸島国有化の動きを受けて、新たに起きている具体的な事件や状況を焦点として、分析、打開策、今後の日中関係のあり方を検討する研究が多く見られるようになった。また、従来、帰属の研究は中国側の根拠にもっぱら依存して論じられてきたのに対し、近年では日本の主張の妥当性について日本側の歴史文書を通じて検証する研究が行われるようになっている。

　日本で行われている釣魚島問題関連の研究は次のように分類できる。

16　政府機関から大学等の研究機関やシンクタンクに領土問題関連の研究課題の委託
　が行われるようになっている。

１、釣魚島諸島の帰属をめぐる歴史的、法的根拠に関する研究。

２、釣魚島諸島をめぐる自然資源に関する調査研究。

３、釣魚島問題をめぐる反日デモなどの特定の事件についての研究。

４、釣魚島問題をめぐる日中関係の過程を再検討する研究、主に、1972年の国交回復過程における「棚上げ」に関する再検討の研究。

５、今後の日中間で釣魚島問題をめぐる係争が起こることを予測し、日本がどのように対応するのかに関する研究。

　また、近年の傾向として、日本と韓国との間では竹島、ロシアとの間では北方領土などをめぐる問題もしばしば起こっている背景から、領土問題という大きな枠組みの中で、釣魚島諸島を含めて、日本が現在抱える三つの領土問題を同時に取り上げる著書も多く見られるようになった。この種の新たな試みについては、一つひとつの領土問題が複雑である上に、それぞれの状況も異なっているなどの制限があるため、同じ枠組みの中で客観的に十分論じることは非常に難しい。そのため現段階としては、問題の所在の整理と、日本の基礎的実態についての確認段階に留まっているのが現状であるといえよう。

　釣魚島問題をめぐって、これまでの日中両国の研究動向を踏まえて、本研究の対象時期である1970年代について、主に以下の論点をめぐって議論がなされている。

第1項　帰属問題に関する議論

　釣魚島問題に関する研究の大部分が、釣魚島諸島が日中どちらに帰属するかに関する研究であり、それは大きく歴史研究と法的研究に分けられる。まず歴史研究の主なものとして、古代から戦前までの釣魚島諸島をめぐる史料を利用して歴史の流れから釣魚島諸島の帰属を研究するものには、たとえば中国の明代以来の史料を用いる研究（鞠2001；原田2006）、日本の明治以来の史料を用いる研究（村田2015；劉2016）がある。これまで釣魚島諸島の帰属に対する観点は、日本帰属論または中国帰属論のいずれかに分かれていた。しかし、近年では、特に日本の史料を用いる研究にお

いて、これまでに日本側が言及してこなかった史料を客観的に分析した上で、容易に日中いずれに帰属するかの判断を下さずに、共有論を提唱する研究もある（村田2013）。他には、自らの見解を示さずに、日中双方の史料を提示、整理することを目的とする資料集もある（浦野ほか2001；浦野2005）。

　次に、法的研究においても、同様に二つの見解が存在する。一つは、日本は釣魚島諸島を合法的に編入したことを論じる研究（奥原1998；芹田2002）であり、釣魚島諸島は日清戦争によって得たものではなく、先占の法理に基づく国際法に則って、日本に編入したと論じている。またそれらの研究は、戦後サンフランシスコ講和条約および沖縄返還協定によって、釣魚島諸島は米国から返還される地域に含まれているため、釣魚島諸島は日本に帰属するという見解を有している。いま一つは、日本による釣魚島諸島の日本領土への編入が非合法であることを主張する研究である（呉1994；鄭2007）。ここでは、日本は日清戦争での中国の敗北に乗じて、釣魚島諸島を窃取したため、先占の法理が要する条件と合致しておらず、日本への編入は非合法であるという主張である。また、カイロ宣言とポツダム宣言によって、釣魚島諸島は中国に返還されるべきであるにもかかわらず、日米が単独で調印したサンフランシスコ講和条約と沖縄返還協定は、中国の釣魚島諸島における主権を無視して釣魚島諸島を日本に渡したとして、その経緯および法的根拠を論じている。

第2項　釣魚島問題が表面化した原因に関する議論

　戦後の日中間で釣魚島問題をめぐる対立が表面化したのは、1960年代末からである。釣魚島問題が表面化した原因について、主に二つの論調がある。

　一つ目は、資源の争いによるものであるとの見方である。高橋庄五郎は、釣魚島は、明治時代には、そこにアホウドリがいなければ問題にならなかったし、1960年代には、そこに石油がなければ問題にならなかったため、釣魚島をめぐって問題が起こる時はいつも資源が発端となっていたと

指摘している[17]。また、芹田健太郎と豊下楢彦は、1968年の10月から11月にECAFE（国連アジア極東経済委員会）とアジア海域沿岸鉱物資源共同調査委員会が共同で行った海域調査で、この地域に豊富な石油が埋蔵されていることが判明したことで、中国政府が石油を目的として釣魚島問題を表面化させたと指摘している[18]。さらに、坂本茂樹は、中国の釣魚島諸島に対する主権の主張は、同諸島周辺での石油発見後に台湾が主権を主張したことに便乗するものであったとして、台湾当局が中国政府より先に釣魚島諸島の主権表明を行っていたことを指摘しているが、釣魚島問題の本質を、あくまで海底資源をめぐる紛争に求めている[19]。

　中国の学者の中でも、周永生は同様に釣魚島問題が表面化した発端は1969年のECAFEの調査報告で石油が発見されたことであると指摘しているが、芹田らと異なるのは、中国政府ではなく、日本政府の石油に対する関心が釣魚島諸島の主権に関する日中の論争を引き起こしたとの見解を示している点である[20]。また、劉文宗も周と同様の見解を示しているが、その一方で、発掘可能性の低い釣魚島海域の石油資源が、本当に日中両国が関係を悪化させてまで争う価値のある地域であったのかどうかについて、疑問を投げかけている[21]。このように、石油資源の存在が釣魚島問題を表面化させた発端であるとする論調の中においても、問題を係争化させた責任をどちらの政府に問うのかについては異なる見解がある。

　二つ目の釣魚島問題が表面化した原因についての論調は、米国政府と日本政府が締結した沖縄返還協定に、釣魚島諸島が含まれていたことが原因であるとするものである（Donatello 2013:7；Reinhard 2013:16）。この論

17　高橋庄五郎『尖閣列島ノート』青年出版社、1979年、3―4頁。

18　芹田健太郎『日本の領土』中公叢書、2002年、108頁。豊下楢彦『「尖閣問題」とは何か』岩波書店、2012年、35頁。

19　坂本茂樹「研究会『領土問題』⑤　領土問題と国際法」日本記者クラブ、2012年12月14日、7頁。
　　http://www.jnpc.or.jp/files/2012/12/e2cdc4e821cb6a9c3d85d4b8adaf29c8.pdf

20　周永生『日本国内关于东海问题的争论』『国際政治科学』2008年第1期、99―239頁。

21　劉文宗「石油资源与钓鱼岛争端」『中国边疆史地研究』2002年第1期、92頁。

調の中でも異なる三つの見解がある。まずは、沖縄返還時の米国の中立政策に根源を求める見解である。ロバート・D・エルドリッヂ（Robert D. Eldridge）は、釣魚島問題における米国政府の中立政策を対象に、米国の資料を中心とした史実の整理を行っている。この中で、沖縄返還に際して米国政府が釣魚島諸島の主権について中立的立場をとったことが、すでにこじれていた日本と中台との関係を、緊張した対立関係にまで高めたと指摘し[22]、釣魚島問題が表面化した根源を沖縄返還における米国の政策に見いだしている。また、孫崎享は、米国は沖縄返還時に主権問題に中立の立場を表明し、日中間に楔を打ち込む意図が見えるとの見方を示している[23]。

次に、日本政府の対応に原因を求める見解である。矢吹晋は、日本政府は、「領有権を持つゆえに施政権の返還あり」とする観念論にしがみつき、米国が「領有権について棚上げした、施政権のみの返還だ」と強調した事実をあえて無視してきたと述べ[24]、米国がとった行動と日本政府の認識とのずれが問題の原因であると見ている。第三に、沖縄返還協定に釣魚島諸島を含めたことがポツダム宣言、カイロ宣言に違反することであり、中国側の主権を無視した日米両政府の一方的な行動に原因を求めている見解が存在する（王 2012；劉 2016）。

第3項　釣魚島問題をめぐる「棚上げ」方針に関する議論

釣魚島問題をめぐる議論の中で、帰属問題に続いて多く議論されている

22　ロバート・D・エルドリッヂ　著、吉田真吾・中島琢磨　訳『尖閣問題の起源——沖縄返還とアメリカの中立政策』名古屋大学出版会、2015 年、241 頁。

23　孫崎享『検証 尖閣問題』岩波書店、2012 年、19 頁。

24　矢吹晋『尖閣衝突は沖縄返還に始まる——日米中三角関係の頂点としての尖閣』花伝社、2013 年、214 頁。

ものは、釣魚島問題を「棚上げ」にしたかどうかについてである[25]。この論点をめぐっては、主に二つの論調に分かれている。

一つは、「棚上げ」は存在しなかったという論調である。池田維は、1972 年の田中角栄と周恩来の会談および 1978 年の福田と鄧小平の会談において、日中間に主権をめぐる協議を後日にゆだねるという「棚上げ」の合意は存在しないと解釈している[26]。また、坂元一哉は、鄧小平がいった「棚上げ」とは、領土問題の存在を認めた上で将来世代に解決を任せる、という「棚上げ」であり、領土問題があることを認めていない日本政府が、そのような意味での「棚上げ」に合意できるはずがないとの見解を示している[27]。また、その他にも、外務省資料に「棚上げ」があったことを証明する書類が存在しないため、「棚上げ」は存在しないとの論調もある[28]。

「棚上げ」は存在しなかったと主張する研究の特徴として、この議論における「棚上げ」という言葉に関する定義として、「棚上げ」とは領土問題が存在することが前提条件であるため、そもそも日本政府は領土問題が存在しないという立場をとっている釣魚島問題において、「棚上げ」は存在するはずがないという主張をしている点が挙げられる。

一方、「棚上げ」の事実の有無についての二つ目の論調は、「棚上げ」は行われたというものである。中国の学者の中では、劉江永、廉徳瑰らが日

---

25 日中国交正常化後に「棚上げ」の有無について注目されはじめたきっかけは、1989 年の 5 月 5 日の日ソ会談における宇野宗佑外相の発言である。会談において、ゴルバチョフ・ソ連書記長が北方領土問題で行き詰まっている日ソ関係の改善を促進させるべくして、日中間の釣魚島問題と日韓間の竹島問題と同様に、北方領土問題においても「棚上げ」方式をとるよう日本政府に要求した。これに対して、宇野は、ソ連側が参考として提案しているような「尖閣列島・竹島は問題を『棚上げ』した事実はなく、きちんと処理している」と、「棚上げ」は存在しないと明言した。これをきっかけとして、日中政府の間で、釣魚島問題に関する「棚上げ」の事実について、公の場における対立が次第に顕著になっていったのである。

26 池田維「尖閣領有権に『棚上げ』はあったか?」『霞関会会報』7 月号、2013 年 7 月 1 日、11 ― 12 頁。

27 坂元一哉「中国がつく尖閣『棚上げ』の嘘」『産経新聞』、2013 年 11 月 13 日。

28 「野中氏の発言、菅官房長官は否定 尖閣棚上げめぐり」、『朝日新聞』、2013 年 6 月 4 日夕刊、2 面。

中国交正常化の過程を中国側の史料を用いて振り返ることで、日中間には「棚上げ」の黙契があったと分析している。倪志敏は、国交正常化について公開されている日本側の外交資料を用いて、「棚上げ」の事実とその合意に至る過程を論証している[29]。また、日本学者の中においても、栗山尚一は、日中間の了解は、その後 80 年代を通じて維持され、確かに「棚上げ」はなされていたと論じている[30]。孫崎は、「棚上げ」は双方が主権を主張する中で、互いの主権主張が異なっていることを認めつつ、釣魚島問題がエスカレートすることを阻止するために、両国間で現状を凍結することを目指している状態である以上、事実上「棚上げ」はなされていたのだと論じている[31]。また、1989 年頃より日中政府間で「棚上げ」についての意見が対立するようになった根源的理由について、橋本恕は、外務省が1972 年の田中訪中に際して田中角栄首相と周恩来首相の会談の発言記録を削除したことにあるとし、約束を反故にしようとしているのは日本側であると主張する[32]。

　日中の学者以外にも、ラインハルト・ドリフテ（Reinhard Drifte）は、日中両政府は諸島に対する主張を放棄することができないため、この領土問題を「棚上げ」することに双方が同意したとしている。なぜなら、釣魚島問題は日中いずれも譲歩できない問題であり、また 1970 年代に諸島の主権をめぐる激しい対立が存在していた。そのため、もし日中間に「棚上げ」の合意がなければ、国交正常化の交渉過程において釣魚島問題を議題にすることは避けられない。そうなれば、1972 年に国交回復、1978 年に

29　倪志敏「釣魚島（尖閣諸島）問題に関する『棚上げ合意』は如何に再確認されたのか」『国際シンポジウム　現下の難局を乗り越えて――日中が信頼関係を取り戻すには――資料集』、2013 年 9 月、100 — 123 頁。倪志敏「釣魚島（尖閣諸島）『棚上げ合意』が再確認された経緯を解明する―― 1978 年と 1990 年代を中心に」ダイヤモンド・オンライン、2013 年 10 月 23 日。http://diamond.jp/articles/-/43375

30　同上。

31　孫崎享『検証 尖閣問題』、62 頁。

32　「外務省が削除した日中『棚上げ』合意の記録 尖閣諸島問題の核心について、岩上安身が矢吹晋氏にインタビュー」Independent Web Journal、2013 年 12 月 10 日。http://iwj.co.jp/wj/open/archives/115882

日中平和友好条約を締結しないこともできたはずである。したがって、双方は領土問題があると認識していたことは明らかだ、と指摘している[33]。

　「棚上げ」があったとの見方を示している学者に共通するのは、釣魚島諸島における「棚上げ」が提案されたことによって、70年代から80年代にかけて釣魚島問題を日中両国が係争化しなかったと評価しているという特徴である。しかし、同じく「棚上げ」が存在するという認識のもとでも、「棚上げ」というコトバに対する認識が二種類に分かれている。一つ目は、中国政府が領土問題が存在しているという立場をとっていることが前提にあり、領土問題が存在している状況のもとで釣魚島問題について双方ともに触れない事にしたことで「棚上げ」がなされたという認識である。もう一つは、日中両政府の政府主張とは関係なく、事実ベースにおいて釣魚島諸島をめぐって、日中間で問題が生じている状況をもって、外交の実態としての領土的係争を認識した上で、双方ともに係争化させない方針をとったことを「棚上げ」したとする認識である。

　このように、「棚上げ」の事実の有無について異なる論調が存在している中、それぞれの議論における「棚上げ」という言葉についても異なる定義のもとで使用されているのが現状である。また、逆に「棚上げ」という言葉において混乱が生じていることも、「棚上げ」の事実の有無をめぐる議論におけるズレを生み、議論を錯綜させている重要な要因の一つでもある。しかし、現在「棚上げ」という言葉についての概念が錯綜している中でも、唯一共通していえることは、いずれの理解においても、この時期において日中双方ともに、釣魚島問題について触れないことにしたという事実である。したがって、概念的混乱を回避するために本論文では、「棚上げ」という言葉を使用せずに、釣魚島問題をめぐる日中両政府の言動を客観的に捉え、より分析的な概念として「不言及」という言葉を使用し、日中政府間およびそれぞれの政府内における釣魚島問題をめぐる政治プロセ

33　Drifte, Reinhard. "The Senkaku/Diaoyu Islands Territorial Dispute Between Japan and China: Between The Materialization of the" China Threat" And Japan" Reversing the Outcome of World War II"?" UNISCI Discussion Papers 32 (2013): 9, p.9.

スの分析を試みる。

　これまでの研究は、重要な論点と見解を提示し、現在もなお日中間に存在する釣魚島問題を紐解く上での重要な貢献をしてきたといえよう。しかし、これらの研究の焦点は釣魚島問題が発生した原因や問題を表面化させた要素に集中しており、70年代から80年代にかけて、釣魚島問題が小康状態を保ってきたことについて、「棚上げ」に帰結している傾向がある。日中両国政府が釣魚島問題を係争問題として取り上げない姿勢をとったことは事実であるが、なぜそのような取り扱いをすることができたのか、すなわちなぜ小康状態をもたらすことができたのか――その要因とメカニズムについては、十分に分析の光が当てられていない。両国政府が国交正常化を進めるという点において、共通の利益を持っていたから、という常識的な議論が展開されているのみで、実際にどのような国際的および国内的な政治プロセスと力学が展開されたかについての分析は、きわめて不十分であるといえる。

第4項　釣魚島問題をめぐる小康状態を形成する要因に関する議論

　本論文の主要関心である、釣魚島問題をめぐる小康状態を形成し維持することができた要因については、これまでの数少ない研究の中で二つの見解が示されている。

　一つは、日本の国内政治プロセスに着目して、小康状態をもたらし、それを維持することができた要因を分析する研究である。廉徳瑰は、日本の外交政策決定プロセスについて、政府外部のファクターが政府内部のファクターと同様に、ある政策の制定と執行プロセスに重要な作用を発揮したとしている。廉によれば、釣魚島問題に関する政策決定プロセスにおいて、日本政府は、政界のハト派、タカ派と民間の「右翼」の三つの勢力の相互牽制に影響されたとする。そして、釣魚島問題をめぐる日中関係がこの時代に安定した状態を保つことができた要因は、この時期の日本国内におい

て、ハト派が主導的な地位を占めていたからであると分析している[34]。さらに当時自民党内では、タカ派は主流ではなかったために、ハト派の牽制のもとで、タカ派は安定構造を打ち破ることができなかったと説明している。その上で、目下日中間で再び釣魚島問題が熱を帯び始めたのは、日本国内の議員構成が変化し、ハト派が主導的地位を失い、タカ派勢力が拡張し始めたからであると説明している。

　しかし、廉の研究は二つの点において、不十分であるといえよう。1点目は、廉自身が研究において述べているように、福田赳夫、園田直はタカ派集団にいながら、釣魚島問題については障害を克服して、日中友好条約の締結に積極的に携わっていたため、福田や園田をタカ派の中のハト派であると評価している。つまり、この時期にはタカ派でありながらもハト派に近い考えを持つ議員も一定数いたといわねばならない。また、本書でも後に詳述するが、釣魚島諸島の主権問題については強硬な態度をとりながらも、釣魚島隣接海域での油田の日中共同開発については積極的にこれを推進するという態度を見せた与党議員もいた。したがって、釣魚島問題について、当時の日本国内勢力を簡単にタカ派とハト派という大きな括りで分けることは妥当性が低いというべきである。また、釣魚島問題を日中関係の展開という大きな背景のもとにおいた場合に、たとえ釣魚島問題において近い考えを持っていた集団や個人でも、日中における他の利益については必ずしも同じグループに属しているとは限らない。したがって、釣魚島問題について政治家達の思考回路はタカ派、ハト派という単純な括りに固定されたものではなく、日中関係および関係諸国と地域との関係に影響され、その時の利益と要因によって複雑な対立軸が存在していたと見るべきであろう。

　2点目には、廉はすでに述べたように、ハト派、タカ派、「右翼」の三つの勢力軸を提示し、それぞれの構成と政治思考について個別に分析を行っているものの、三者間のインタラクションについてはほとんど言及し

---

[34]　廉徳瑰「日本国内政治及其対『擱置争議』的影響」『太平洋学報』2014年第4期、48－54頁。

ていない。そのため、なぜ70年代に、「ハト派」が政界を先導する勢力バランスが構築されたのか、また「タカ派」または「右翼」がどのような攻防の末に、なぜ「ハト派」に抑えられたのかについて説明することができていない。

　次に、国際レベルから、小康状態の構成、維持の要因について分析を試みる研究も存在する。テイラー・フラベル（M. Taylor Fravel）は、中国を挑戦者、日本を防御者として、釣魚島問題をめぐり日中間で武力衝突が起きていないのは、挑戦者に対する軍事抑止、防御者の実効支配、挑戦者の地域競争における不利、挑戦者と防御者の両者による積極的な紛争管理であるとする四つの視点から説明している[35]。その上で、フラベルは中国に対する軍事的抑止が小康状態の最も重要な要因であるという。中国が軍事力を行使した場合、他国からの反撃に抵抗する十分な軍事力を有していなかったゆえに、中国政府は釣魚島問題をめぐって軍事的行動を自制したと分析している。これに加えて、釣魚島問題が浮上する前から日本による実効支配が存在していたことが、二つ目の要因だという。この場合、中国が武力を使用すれば、日本が実効支配している領土を力づくで奪うという見方が生まれる。そうなると国際的なオーディエンスコストが発生するため、中国側の軍事行動を牽制することができたと説明している。フラベルが小康状態の第三の要因としているのは、東アジア地域における勢力競争において、日中双方ともに東アジアにおける良好なイメージを保ちたいからということである。そのため、挑戦者として中国が釣魚島問題を激化させ、または武力を使用することは、国家イメージに傷をつけることになり、東アジアにおける勢力競争で劣勢になる。特に、中国の国際戦略は平和的崛起（くっき）を掲げていることから、釣魚島問題を激化させることは中国の長期目標に見合わないと指摘した。さらに彼は第四の要因として、日中双方による積極的な紛争管理の重要性を強調した。フラベルは、積極的な紛争管理

35　Fravel, M. Taylor. "Explaining stability in the Senkaku (Diaoyu) Islands dispute." Getting the Triangle Straight: Managing China–Japan–US Relations, Washington, DC: The Brookings Institution 159 (2010), pp.144-164.

について、次の4点を挙げている。すなわち、日中双方による島へのアクセス制限、中国政府による社会運動の抑制、日本政府による開発の制限、米国の紛争管理政策によって、日中両政府は釣魚島問題をめぐる軍事衝突を回避することができ、安定性を保つことができたとの見解を示している。

　しかし、フラベルの分析では、少なくとも次の2点において不十分であるといえよう。1点目は、彼が武力衝突が起きなかった要因についてしか述べていないことである。釣魚島問題の歴史を振り返ると、これまで日中間で釣魚島問題をめぐる武力衝突は一度もない。しかし、武力衝突がない状態でも、日中間には緊張が生じていることは事実である。例えば、70年代から80年代にかけて、釣魚島問題をめぐる緊張度が相対的に低い状態ではあったが、仮に釣魚島諸島をめぐる問題を適切に処理することができずにいれば、日中国交回復はもちろん、日中国交正常化のプロセスまでも停止することもあり得た。実際に、釣魚島問題の解決を日中国交正常化の前提条件とするよう要求する勢力が日本国内には存在していた。したがって、武力衝突がないということは必ずしも安定を意味しない。2点目は、国際情勢を受けて、国内政治プロセスがどうように反応し、動いたのかについて、分析がなされていないことである。軍事抑制、米国の牽制、地域競争という国際的な要因は、無論日中両国政府に影響を与えるが、国際的要因に対する日中双方の国内の反応と判断、特に、日本国内における対立と妥協のプロセスが見えない。すなわち、結果に辿り着くプロセスが見えないということである。また、フラベルがいうようなアジアにおけるパワーポリティクスによる牽制は、釣魚島問題が浮上する前から存在しており、現在と比較してみるとむしろ1970年代のほうがより顕著である。ならば、なぜ釣魚島問題が浮上し、逆に米国がアジアから撤退した後に、釣魚島問題が安定に向かったのだろうか。

　以上のように、これまでの釣魚島問題に焦点をおいた研究では、国内レベルと国際レベルのいずれかに焦点をあてて分析を行ってきた。しかし、釣魚島問題は内政問題であると同時に、国際的な問題でもある。したがって、一つの分析レベルにのみ焦点をあてては、国内情勢と国際情勢がどのようなインタラクションを持ち、どのように影響し合っているのかを見る

ことができない。上述の先行研究のように、釣魚島問題を一つのレベルからのみ分析するには明らかに限界があるといえよう。その理由は、一つの要素について分析を行う場合、それぞれの研究者の分析視角と焦点の設定が異なるため、釣魚島問題全体の諸要因の関連図が見通せないまま、研究者が自らの仮説を立証するためにハイライトした部分しか目に入らないことがあるからである。そのため、逆説的な結果が現れたり、選択された断片的歴史による偏った分析がなされている可能性があるといえよう。また、簡潔な議論を展開させるために、複雑かつ重要な要素を排除していることも重要な問題である。したがって、釣魚島問題に関して、国内、国際の両レベル間における相互作用が看過されているために、依然として多くの盲点が残されているというべきである。

第3節　研究の独自性

　本研究では、先行研究における不十分な点を補充する上で、三つの点において独自性を見いだすことができると考える。

　まず、従来の釣魚島問題をめぐる研究は、釣魚島問題をどのように最終的に解決するのかを検討する問題解決型研究、またはいずれの主張が正当性を有しているのかを議論する立証型研究が主流である。無論、釣魚島問題が実際に存在している以上、この種類の研究は重要な役割を担っている。しかし、釣魚島諸島をめぐる日中関係の現状を見てみると、2012年9月10日に日本政府が国有化を宣言してから、釣魚島諸島海域において、日中両国の巡視船が対峙する機会が多くなり、釣魚島諸島上空においても、中国軍機に対する日本航空自衛隊戦闘機の緊急スクランブルの回数が急激に増加するなど、釣魚島諸島をめぐる緊張は高まっている。このような状況において、平和かつ短期的に釣魚島問題を解決することは、極めて難しいといえよう。

　したがって、ここで釣魚島問題に関する視点を変える必要がある。それは、最終的な解決を直結的に求めるのではなく、将来的な解決を可能とするために、いかに緊張の低い状態を構築し、維持するのか――すなわちど

のように釣魚島問題をめぐる小康状態を維持するのか、という視点が重要
となる。短期間の解決が困難である段階において、小康状態を維持するこ
とは、釣魚島諸島をめぐる突発的な事件や主権主張の対立による日中関係
への影響を極力抑え、両国関係の円滑な発展を阻碍するリスクを低下させ
る。そして、日中関係が進展し、互恵や共同利益が拡大されることによっ
て、釣魚島問題について双方ともにより冷静に対応できる環境が構築され
ることになる。1970年代において、日中間では釣魚島問題が存在しなが
らも、両国の関係改善からもたらされる共通利害や平和協力を基礎とした
外交構想が存在していた。したがって、これらの目標を実現させるために
も、両国間は釣魚島問題において、国内調整、国際協調、そして柔軟な手
段と冷静な姿勢をもって、小康状態の形成と維持を実現することができた。
この視点から、本書では、実際に日中両政府が釣魚島問題をめぐる小康状
態を形成し、維持することを実現した1970年代を研究対象として、小康
状態がどのようにして形成され、維持されたのか、またそれを可能とした
要因について解明を試みる。

　次に、釣魚島問題に関する従来の研究は、国内レベルまたは国際レベル
のいずれにしか分析の光を当てておらず、局限された視点のもとで研究が
展開されている。もちろん、各分析レベルに焦点を絞った研究も重要であ
り、これまでにも多くの研究成果をあげてきた。しかし、断片的な分析視
角による釣魚島問題の解明には、依然として多くの盲点が残されていると
言わざるを得ない。これまでの釣魚島問題に関する研究は主に日、中、米
にのみ対象を絞って分析を行ってきたが、そうすることによって、重要な
史実をそぎ落とすことになり、研究における盲点を残す重要な要因の一つ
となっている。

　したがって、釣魚島問題の全体的な構造を解明するためには、より多角
的なレベルから総合的に釣魚島問題をめぐる関係を分析することが必要と
される。それと同時に、各レベル間におけるインタラクションにも注目す
ることが重要となる。この分析視角から、本書では、1970年代の釣魚島
問題の扱いをめぐる構造を分析するにあたって、国内政治プロセス、特に
日本の国内政治プロセスと日中政府間交渉のプロセス、また両者の相互

作用にも注目しながら分析を試みる。また、より多角的な視点からの分析を行うために、分析対象を日、中、米、ソ、台に広げ、より広範な国際プロセスに注目した分析を試みる。これまで釣魚島問題において、ソ連を研究対象として扱う研究はほとんど見られない。しかし、ソ連政府にまで研究視野を広げることで、1970年代の特徴でもある冷戦構造の中において、釣魚島問題をめぐる国際プロセスの展開について、新たな視角を提供することができよう。

　そして、これまで1970年代の釣魚島問題に関する研究は、主に1972年前後に集中する特徴があるため、分析に用いられる資料も1970年代前半に集中する傾向がある。本書では、より総合的に分析研究を行うため、1970年代全般に光をあて、より広い時期を研究対象にしている。そのため、まだ釣魚島問題の研究において、あまり研究されていない1970年代後半にも分析の焦点をあて、日本国会議事録、外交史料館の公開資料、中国中央文献局の公開資料など、新たに公開された資料をも用いて、研究を試みる。

第4節　研究方法と本書の構成

　本書では歴史的分析手法を用いて研究を行う。先行研究を踏まえた上で、戦後日中関係における釣魚島問題の歴史的展開を重視し、釣魚島問題をめぐって日中間で安定した構造を形成するために作用した国内および国際政治プロセス、そして、その両要因間の相互作用のあり方について分析を試みる。

　本書の主な構成は序章、第1章から第4章、終章となっている。

　第1章では、戦後初めて釣魚島問題をめぐる変容期、また釣魚島諸島をめぐる環境が最も複雑化した1969年から1971年までの時期を分析対象とする。この時期において、釣魚島問題がどのような歴史経緯のもとで表面化し、エスカレートしていったのかについて素描と分析を試みたい。この過程において、国内的プロセスと国際的プロセスの相互作用に注目しつつ、釣魚島問題の直接当事者である日中国交正常化前の中国政府、台湾当

26

局、日本政府、米国政府、さらに日本政府と北方領土問題を抱えながら、釣魚島問題の行方に興味を示しはじめたソ連政府の五つのファクターに分析の光をあてる。その上で、日中国交回復前の釣魚島問題をめぐるそれぞれの思惑及びインタラクションをつまびらかにする。

　第2章では、1972年の日中国交回復過程から1976年に日中平和友好条約の交渉が中断するまでの期間において、釣魚島問題をめぐって日中国内要因および両国をとりまく国際環境の変動について分析を試みる。この章では、日中国交回復にあたって、日中両政府は釣魚島問題をどのように位置づけ、どのように処理を行ったのかを明らかにする。特に、日中国交回復過程において、日中両国は釣魚島問題を提起しない処理方針をなぜ生み出し、その方針をどのように進めたのか。また、両政府が相手政府の方針と行動について、どのように評価していたのか、そして日本政府は日本国内に対してどのような説明を行ったのかについて明らかにしていく。さらに、第2章においては、先行研究ではあまり言及されてこなかったソ連の動向および影響について分析を行う。日中接近を懸念するソ連政府はこの時期、釣魚島問題と北方領土問題を連動させる形で、日中正常化を牽制しようとした。釣魚島問題は、日中関係だけではなく、北方領土問題とも連動したより広い文脈の中にもおかれていたことが明らかにされる。

　第3章と第4章では、日中平和友好条約が締結される前後の1978年4月と1979年5月に釣魚島諸島をめぐっておきた二つの事件について、分析を行う。

　第3章では、日中平和友好条約について交渉が再開する直前におきた漁船事件をめぐる日中両政府の対応と思惑について分析を試みる。ここで扱う漁船事件とは、1978年4月12日、日中平和友好条約に関する交渉が再開される直前に、突如釣魚島海域に100隻の中国漁船が集結し、日本国内を震撼させたことである。先行研究では、この事件についての具体的な分析はほとんどなく、日中平和友好条約の交渉過程におきた突発的な事件として語られるにとどまっている。しかし、この事件はそれへの対処の仕方によって、日中関係を極めて変化させる可能性もあった。それを日中両政府はどのように、またなぜ収束させることができたのか。これは重大な

論点である。

　第４章では、日中平和友好条約が締結された直後の 1979 年におきた日本調査団問題について、問題がおきた全過程と原因を分析する。ここで扱う調査団問題とは、日中平和友好条約が締結された直後に、日本側で 1979 年度予算に釣魚島および周辺海域に関する調査費用を計上したことをはじめ、釣魚島に仮ヘリポートを建設し、調査団を派遣したことによって、再び日本国内で釣魚島問題が注目を集めた問題である。

　この事例の重要性は、上記の漁船問題とは逆に、この問題の発端を作ったのは日本側にあったということにある。日本側が起こしたこの問題に中国政府はどのように反応し、また日本政府がどのように問題を収束させたのかを分析する。さらに、釣魚島調査問題の直後に日中両政府は問題の収束を図ったのみならず、問題の海域付近において油田の共同開発をすることで合意していた。本章では、上記の点を明らかにすると同時に、調査問題の直後にもかかわらず、なぜ日中両政府が問題の海域での油田の共同開発に動いたのか、その背景にどのような要因があり、また日本国内で釣魚島問題について強硬な態度をとっていたグループがどのような反応を示したのかについて分析を試みる。

　これは日中国交正常化後、唯一釣魚島諸島をめぐって日中双方がともに積極的に協力する態度を示した事例でもある。現在、1979 年の釣魚島調査問題および釣魚島周辺海域における油田共同開発について言及し、分析を行った研究はまだない。しかし、その重要性を鑑み、本論文では資料アクセスなどの制限による限界はあるが、分析を試みる。

　第３、４章において、二つの事例分析を行うことで、1972 年の日中国交回復時に両政府間で釣魚島問題をめぐる方針が、その後実際に釣魚島諸島をめぐって問題が発生した際に、どのような効力を発揮したのか、両政府間はどのようなプロセスと思惑のもとで問題のエスカレートを回避させて、穏便に処理することができたのかを分析する。

　終章では、第１章から第４章までに述べた釣魚島問題をめぐる日中国内関係と国際関係を総合的に分析し、70 年代における、釣魚島問題の扱いをめぐる構造の変化を可視化した上で、日中間で小康状態を形成、維持す

ることができた要因について分析を試みる。

　日中間における釣魚島問題は 70 年代に始まり、現在まで続いている課題である。国際構造の変容と国内情勢の変化によって、釣魚島問題をめぐる環境も変化している。したがって、本書は釣魚島問題に対する第一次接近として位置づけ、1970 年代における釣魚島問題について、国際環境と日中両国の国内環境がどのように変化し、どのようなインタラクションをなしていたのかを分析することを試みる。そして、1970 年代における釣魚島問題をめぐる小康状態の形成、維持ができた構造について考察を行う。

第1章　日中国交回復前夜の釣魚島問題をめぐる変動

　1960 年代末に釣魚島問題が浮上し、釣魚島諸島の主権をめぐる政府間対立が始まった。釣魚島問題の処理をめぐって国家間の関係と対応は目まぐるしく変化していった。

　1969 年に国連アジア極東経済委員会（The United Nations Economic Commission for Asia and the Far East、以下略称 ECAFE）[1] の沿岸鉱物資源調査報告で東シナ海に有望な石油埋蔵の可能性があると指摘されてから、日本政府、台湾当局による釣魚島周辺海域における開発の動きが顕著になり、共同開発へ向けた動きもあった。一方、日米両政府の間で合意した沖縄返還協定において、返還範囲に釣魚島諸島が含まれていたことによって、日本政府、米国政府、台湾当局と中国政府の間で、釣魚島諸島の主権問題をめぐる見解の対立が顕在化しはじめた。日中国交回復が実現する前に、釣魚島問題をめぐり日米関係、米台関係、日台関係、日中関係、中米関係そして海峡両岸の中国政府と台湾当局間関係が複雑に絡み合いながら、それぞれの思惑が展開され、釣魚島問題をめぐる対立構造ができあがった。

第1節　釣魚島問題の浮上

　日中両国は釣魚島諸島の主権をめぐり、歴史的主張、法的主張また戦後

1　1974 年にアジア太平洋経済社会委員会（United Nations Economic and Social Commission for Asia and the Pacific‒ESCAP）に名称が変更された。

日本領土を規定する条約について、異なる見解を持っている。しかし、この対立が釣魚島問題という形で国際舞台に浮上し、日中関係に影を落とすきっかけを作ったのは、海洋の資源開発の動きと日米間の沖縄返還協定であったといえる。

第1項　海洋資源開発の動向と釣魚島問題

　1958年2月24日から4月27日まで、スイスのジュネーブにおいて、86ヵ国が参加する第一次国際海洋法会議が開催された。会議の結果4月29日に、「領海及び接続水域に関する条約」、「公海に関する条約」、「漁業及び公海の資源の保存に関する条約」、「大陸棚に関する条約」の「ジュネーブ海法四条約」が採択された。これらの条約の中で、後の釣魚島問題が脚光を浴びる最も重要なきっかけとなったのは、この国際海洋法会議の結果、生み出された「大陸棚に関する条約」（以下大陸棚条約と略す）である。

　大陸棚条約は1958年4月29日に作成され、1964年6月10日に発効された。条約の発効によって、各国のみならず、国連による大陸棚に関する資源調査も積極的に行われ1968年に国連に設置されているECAFEがアジアにおける大陸棚の資源調査を開始した。1968年6月に米国海軍海洋局（The Naval Oceanographic Office、略称NAVO）は、ECAFEの依頼で、アジア大陸棚に対する航空磁気探査を行うMAGNETプロジェクトを実施した[2]。その結果、日本と台湾の間の大陸棚、黄海中心部と渤海湾に厚い第三世紀地層があり、豊富な石油埋蔵の可能性があることが確認された[3]。同年9月には、ECAFEの斡旋で米国政府、日本政府、韓国政府、台湾当局の共同調査が行われた。続けて10月12日から11月29日にかけて、ECAFE直轄のアジア沿岸鉱物資源共同探査調整委員会（Committee for Co-ordination of Joint Prospecting for Mineral Resources in Asian

---

2　"ECAFE Committee for Co-ordination of Joint prospecting for Mineral Resources in Asian Offshore Areas (C.C.O.P)", Technical Bulletin, Vol.2, May 1969, p.11.

3　Ibid.

Off-shore Areas 以下略称 CCOP) が韓国、日本、台湾、フィリピンの研究者とともに、米国海軍海洋局が提供した R/VF.V.HUNT 号で東アジアにおける大陸棚に関する詳細な調査を行った[4]。

1969 年 5 月にバンコクで開かれた国連会議において、ECAFE は 1968 年 10 月から 11 月にかけて CCOP が行った調査報告を発表した。報告書のまとめにこのようなことが記述されている。

石油と天然ガスが埋蔵されている可能性がある最も有力な地域が二十万平方キロに渡り広がっており、その大部分は台湾北東部に広がっている。（中略）台湾と日本の間にある大陸棚は世界で最も大きな油層である確率は非常に高い。そして、軍事、政治的原因および地質探査情報が欠如していることにより、世界でも有数の未開発の大型油田の一つである。[5]

この報告書では、具体的な島名を用いることはなかったが、「台湾北東部」と記された報告書に添付された地図にしたがって見れば、ECAFE の報告書で指摘している海域は釣魚島海域を完全に包含していることがわかる。この調査報告により、釣魚島海域は次第に注目の焦点となり、問題が浮上する重要な発端の一つとなった。

実は、調査報告が正式に発表される前から、すでに関係各国に情報が伝わっていた。調査活動に米国、日本、台湾の研究者が共同参加していたため、東シナ海において有望な大油田が埋蔵されている可能性が高いとの情報は早くから広く共有されていた。そして、同じ頃から釣魚島海域における石油探索の動きが現れ始めた。1968 年 6 月に航空磁器探査が行われ、その 2 ヶ月後の 8 月 15 日に琉球政府法務局出入管理庁係官は釣魚島諸島の南小島で坐礁した船舶の解体作業をしていた台湾漁民に対して、初

4　Ibid., pp.3-11.

5　Ibid., pp.39-41.

第1章　日中国交回復前夜の釣魚島問題をめぐる変動

となる退去命令を出した[6]。その上で、日本政府からの要請を踏まえて、米国は台湾当局に対して釣魚島海域における台湾漁船の漁業と釣魚島諸島における船舶の解体作業等をしないよう申し入れを実施した[7]。また、バンコクで開かれた国連会議と同月の5月10日、11日に、表に「八重山尖閣群島」および島名と裏に石垣市の番地を記した石造りの標柱を釣魚島、北小島、南小島、黄尾島および赤尾島の五つの島に初めて建立した[8]。一方台湾当局も、翌1970年7月から中国石油公司と米国の四つの石油会社と釣魚島海域における油田共同探査採掘をする協定を結び、石油開発に向けて積極的に動いていた[9]。

　アジア最大、かつ世界でも有数の未開発の大油田が目と鼻の先にある大陸棚に埋蔵されているという報告結果をうけて、大陸棚開発権を画定する基準をめぐる争議を発端に、海洋境界の基点となる島の主権、すなわち釣魚島諸島の主権争いへと次第に発展していったのである。

第2項　沖縄返還協定の締結と釣魚島問題の浮上

　釣魚島諸島が注目された一つの重要な要因は、大油田が埋蔵されている可能性がある地理的な環境であった。それが、釣魚島問題として本格的に日中両国に影響を及ぼし始めたのは、ECAFE の調査報告直後に合意された日米沖縄返還協定であった。

　1969年11月19日から21日にかけて、日本の佐藤栄作首相と米国のニクソン（Richard Milhous Nixon）大統領はワシントンで首脳会談を行い、米国政府の信託統治下にある沖縄の日本への返還を1972年中に達成することに合意した。すなわち、米国が信託統治をしていた地域の施政権を再び沖縄返還協定を以て日本に返還するということである。のちに釣魚島問

6　「関係公文書等 尖閣列島における不法入域台湾人の調査報告」『季刊沖縄』56号、1971年3月、165 — 168頁。

7　外務省ホームページ「尖閣諸島パンフレット」日本外務省、2014年3月、8頁。http://www.mofa.go.jp/mofaj/area/senkaku/pdfs/senkaku_pamphlet.pdf

8　『尖閣諸島について』外務省情報文化局、1972年5月、12 — 13頁。

9　李慶成「釣魚島争端初起時的台美交渉」『米国研究』、2014年4月、92頁。

題の発火点となったのは、日米がこの協定において指定した返還範囲に釣魚島諸島が含まれていたことであった。

　沖縄返還協定では、第1条第2項において、「琉球諸島及び大東諸島」を、沖縄返還協定に適用する地域として指定している。その具体的な範囲について、日米間で合意された議事録によると、沖縄返還協定第1条第2項に定義する領土は、日本国との平和条約第3条の規定に基づく米国の施政の下にある領土であり、1953年12月25日付けの「琉球列島の地理的境界（米国民政府布告第27号）」[10]に指定されている次の座標の各点を順次に結ぶ直線によって囲まれる区域内にあるすべての島、小島、環礁及び岩礁であると指定している[11]。その座標とは、北緯28度東経124度40分、北緯24度東経122度、北緯24度東経133度、北緯27度東経131度50分、北緯27度東経128度18分、北緯28度東経128度18分、北緯28度東経124度40分である[12]。一方、釣魚島諸島は東経123度27分から東経124度33分、北緯25度44分から北緯25度55分の間に散在している。つまり、日米沖縄返還協定で規定された返還範囲に釣魚島諸島が完全に包

10　『琉球列島の地理的境界（米国民政府布告第27号）昭和28年12月25日』琉球列島住民に告ぐ、1951年9月8日に調印された対日講和条約の条項及び1953年12月25日発効の奄美諸島に関する日米協定に基づき、これまで民政府布告、布令及び指令によって定められた琉球列島米国民政府及び琉球政府の地理的境界を再指定する必要があるので、本官、琉球列島民政副長官、米国陸軍少将、ダヴィド・A・D・オグデンは、ここに次のとおり布告する。
　第1条　琉球列島米国民政府及び琉球政府の管轄区域を左記地理的境界内の諸島、小島、環礁及び岩礁並びに領海に再指定する。北緯28度・東経124度40分を起点とし、北緯24度・東経122度、北緯24度・東経133度、北緯27度・東経131度50分、北緯27度・東経128度18分、北緯28度・東経128度18分の点を経て起点に至る。
　第2条　前記境界を越えて境界の設定または管轄の実施を指定する琉球列島米国民政府布告、布令、指令、命令、またはその他の規定はここに前条に準じて改正する。
　第3条　この布告は、1953年12月25日から施行する。民政長官の命により発布する。
『尖閣諸島について』外務省情報文化局、1972年5月、25頁。

11　「沖縄返還協定及び関係資料」『わが外交の近況　昭和47年版（第16号）』、日本外務省、1972年7月。
http://www.mofa.go.jp/mofaj/gaiko/bluebook/1972/s47-shiryou-4-4.htm

12　同上。

含されていたのである。

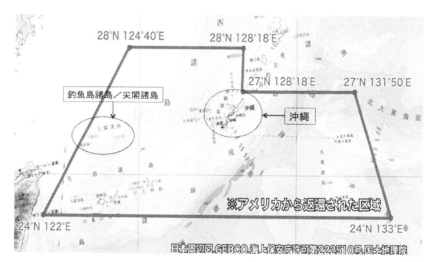

図 1.1 「沖縄返還協定」に規定された返還範囲[13]

　かつて、サンフランシスコ平和条約の交渉過程において、琉球諸島の扱いについて、ジョン・フォスター・ダレス米国務長官顧問（John Foster Dulles）[14] は、1951 年 9 月 5 日、サンフランシスコ講和会議の演説において、「第三条は、琉球諸島及び日本の南及び南東の諸島を取扱っています。（中略）合衆国は、最善の方法は、合衆国を施政権者とする国連信託統治制度の下にこれらの諸島を置くことを可能にし、日本に残存主権を許すこ

13　日本外務省提供資料、内閣官房領土・主権対策企画調整室ホームページの資料を基に筆者が作成。
　　http://www.cas.go.jp/jp/ryodo/senkaku/okinawa.html, 2016 年 10 月 10 日閲覧。
14　John Foster Dulles（1888 年 2 月 25 日―1959 年 5 月 24 日）、1950 年にトルーマン政権のもとで国務長官顧問に就任。この間サンフランシスコ平和条約に参加。1953 年 1 月にアイゼンハワー大統領のもとで米国務長官に任命され、1959 年に辞任。

35

とであると感じました」[15]という「残存主権」の概念を提起した。日本政府は米国の信託統治下におかれた南西諸島に対して、残存する（または潜在的な）主権を有することになると理解していた[16]。

しかし問題は、いわゆる「残存主権」の概念は日米間のサンフランシスコ講和会議の際にダレスが口頭で述べたものであり、サンフランシスコ平和条約の条文[17]では全く言及されていないことである。琉球諸島における日本の潜在的主権が初めて明文化されたのは、1957年6月21日に発表した岸信介総理とアイゼンハワー大統領との共同コミュニケであった。そして、中国の『人民日報』でも、琉球諸島に関する日米間の残存主権の話について言及したのは、コミュニケが発表された2日後の23日の報道が初めてであった。したがって、それまで琉球諸島において日米間で日本の残存主権が存在することで合意していたことについて、中国政府は知らなかった可能性が高い。

大油田存在の可能性が浮かび上がってから、日本政府と台湾当局は石油の開発に動き始めた一方で、沖縄返還協定において南西諸島の一部に釣魚島諸島が包含されていたことが明らかになり、両者間で論争が始まった。

日本では、1970年8月10日の参議院沖縄及び北方領土問題に関する特別委員会において、「今後、釣魚島問題の領有権をめぐって、国府との間

15　岡倉古志郎、牧瀬恒二編『資料　沖縄問題』労働旬報社、1969年、403頁。外務省ホームページ「日本の領土をめぐる情勢　尖閣諸島に関するQ&A」日本外務省、A15。http://www.mofa.go.jp/mofaj/area/senkaku/qa_1010.html

16　同上、外務省ホームページ。

17　『サンフランシスコ平和条約』「第二章　領域」第三条：日本国は、北緯二十九度以南の南西諸島（琉球諸島及び大東諸島を含む。）孀婦岩の南の南方諸島（小笠原群島、西之島及び火山列島を含む。）並びに沖の鳥島及び南鳥島を合衆国を唯一の施政権者とする信託統治制度の下におくこととする国際連合に対する合衆国のいかなる提案にも同意する。このような提案が行われかつ可決されるまで、合衆国は、領水を含むこれらの諸島の領域及び住民に対して、行政、立法及び司法上の権力の全部及び一部を行使する権利を有するものとする。鹿島平和研究所編『日本外交主要文書・年表1』原書房、1983年2月15日、421頁。

に紛争が顕在化した場合、日本はどのように解決をはかるか」[18] という日本社会党の川村清一の質問に対して、愛知揆一外相は、「尖閣列島については、これがわがほうの南西諸島の一部であるというわがほうのかねがねの主張あるいは姿勢（中略）、中華民国側に対しまして、この石油開発、尖閣列島周辺の大陸だなに対して先方が一方的にさようなことをいったり、また地図、海図等の上でこういうことを設定したとしても、国際法上これは全然有効なものとはならない」[19] と、釣魚島諸島は日本に帰属し、台湾当局の行為は国際法上に無効であるとの見解を国会において初めて明言した。

　愛知外相の発言に対して、台湾当局は同月 23 日に魏道明台湾当局外交部部長は「我が政府の立場は、すなわち国際法の原則および 1958 年に調印した大陸棚協定に基づき、中華民国政府は台湾以北の大陸棚の資源について、探査および開発の権利を有する」[20] と表明し、さらに翌 9 月 25 日には、厳家淦行政院長が「日本政府は当該列島が日本の領土であり、我が方の当該海域の大陸棚に如何なる一方的な主張も無効であると声明した事について、我が政府は日本政府に対して、同意できないことを、明白に表明した」[21] と、釣魚島諸島に関して、日本政府の主張に反対することを明示した。

　このように、日本政府と台湾当局の間で釣魚島問題をめぐり論争が始まっていたが、主権問題について台湾当局は直接主権を主張するのではなく、日本政府の発言に「反対」するとの態度表明にとどめた。しかし一方で、海底資源の開発に関連する大陸棚の権利について、より真剣になっていたことがうかがえる。台湾当局のこの態度が、中国政府の懸念と警戒を

18　「参議院沖縄及び北方問題に関す特別委員会（第 63 回国会閉会後）会議録第 3 号（1970 年 8 月 10 日）」参議院事務局、1970 年 9 月 10 日、6 頁。http://kokkai.ndl. go.jp/SENTAKU/sangiin/063/1650/06308101650003.pdf

19　同上。

20　中国国民党中央委員会第四組編著『釣魚台列島問題資料彙編』海峡学術出版社、2011 年 8 月、2 頁。

21　同上、3 頁。

よび、中国政府も釣魚島問題において発言をせざるを得ない状況になっていった。1970 年 11 月 12 日に、釣魚島および周辺海域での共同開発を進めるために、日台韓三国政府からなる「連絡委員会」が立ち上げられたことが中国政府の発言を引き出した重要なきっかけの一つとなった。中国政府は 1970 年 12 月 4 日付けの『人民日報』において「日本軍国主義は蒋朴集団と結託し、中国台湾省および付属諸島の周辺海域と中国と朝鮮の近隣海域の海底石油資源を『共同開発』しようとしている。さらに、釣魚島など中国の諸島と海域を日本の領土に編入させようと企んでいる。米日反動派がこのまま独断専行すれば、必ず悪い報いを受ける事になる」[22] と、日米の沖縄返還協定に釣魚島諸島が包含されていたことと、日台韓で共同開発を計画する動きについて強く批判した。

このタイミングで、中国政府が釣魚島問題に言及し始めた理由は二つあると考えられる。第 1 に、それまで釣魚島の主権を守るために、日本と対峙していた台湾当局が、主権問題を「棚上げ」して日本、韓国との共同開発を進めようとしたことに対して、中国政府が警戒を強めたことである。第 2 に、日米による台湾問題への介入に対して、中国政府の警戒が高まったことである。中国政府が後に発表する釣魚島に関する外交部声明の末尾において「中国人民は必ず台湾を解放する！ 中国人民は必ず釣魚島等の台湾の付属諸島をも取り戻す！」[23] とあるように、中国政府にとって釣魚島問題は台湾問題の一部であり、台湾問題と密接な関係を持つ国家統一の核心的問題であると考えられていたといえる。

このように、沖縄返還交渉が進むにつれ、釣魚島諸島をめぐる日本政府、台湾当局、中国政府の態度は、水面下でのやりとりから、公の場における発言でも言及されるようになった。釣魚島諸島問題は、戦後の日中関係において初めて、両国間の領土係争問題として浮上したのである。

---

22 「対中国和朝鮮的又一新的侵略罪行 美日反動派陰謀略奪中朝海底資源」『人民日報』、1970 年 12 月 4 日、5 面。

23 「中華人民共和国外交部声明 1971 年 12 月 30 日」『人民日報』、1971 年 12 月 31 日、1 面。

第2節　石油資源と釣魚島問題の二局面化

　前述のように、釣魚島諸島が注目され始めた一つの理由は、その周辺海底に大量の石油が埋蔵されている可能性を指摘されたことである。では、釣魚島問題の当事者にとって、釣魚島海域の油田と釣魚島問題における扱いにどのような関連性があったのだろうか。ここでキーワードとなるのが「二局面化」ともいうべき対応、すなわち、釣魚島問題を帰属問題と石油資源開発問題の二つの局面に分けて、それぞれ異なる対応をするということである。

第1項　石油輸入に高度依存する日本と台湾

　日本と台湾はいずれも巨大な石油消費量を有しながら、そのほとんどを海外からの輸入に頼っていた。

　高度成長期に入ってから、日本のエネルギー消費は急速に増加した。当時の日本の主要エネルギー資源は主に石炭、石油、天然ガスであったが、その中でも石油に対する需要の増加が最も顕著であった。1965年から1970年の5年間に、日本国内における石油の供給量は55.9％から69.9％に増加した。しかし、大きな石油需要量に対して、日本国内で生産できる原油は全体供給量の約1％にしか満たず、残る99％は海外からの輸入に頼り、そのうち約85％の原油輸入を中東諸国からの輸入に依存していた。

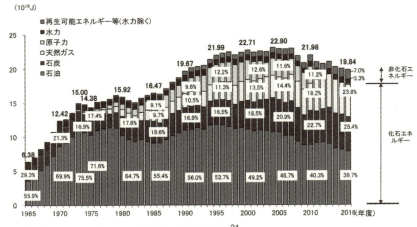

グラフ1.2　一次エネルギー国内供給の推移[24]

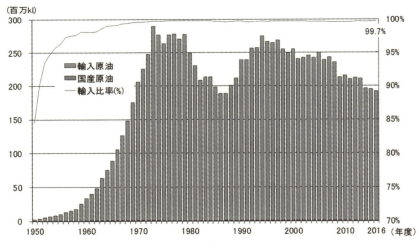

グラフ1.3　日本国産原油供給量の推移[25]

---

24 「エネルギー白書（2018年度）」経済産業省資源エネルギー庁、2018年6月、134頁。
http://www.enecho.meti.go.jp/about/whitepaper/2018pdf/whitepaper2018pdf_2_1.pdf

25 同上、148頁。

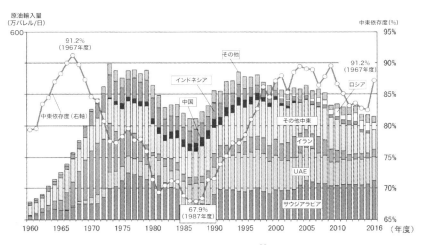

グラフ 1.4　日本原油の輸入量と中東依存度の推移[26]

　一方、台湾も、石油商品の消費量は 1965 年の 43.86Kbbl から 1970 年には 104.73Kbbl と約 2.4 倍までに増加していた[27]。石油は石炭に替わり台湾の主要エネルギーとなったが、台湾は日本と同様に約 90％の石油供給をクウェート、イラク、サウジアラビア等の中東諸国からの輸入に頼っていた[28]。また、台湾における原油開発はほぼ限界に達していたことが相乗して、台湾当局は外国会社と共同して探査と開発を進める政策をとらざるを得なくなっていた[29]。釣魚島諸島は地理的に台湾に近く、釣魚島海域における油田開発が進めば、石油の安定供給を期待することができたといえ

26　同上、149 頁。

27　"Taiwan Oil Consumption: 991.60K bbl for 2014," BP Statistical Review of World Energy, Aug 1, 2016.
　　https://ycharts.com/indicators/taiwan_oil_consumption

28　United States Central Intelligence Agency Directorate of Intelligence. The Senkaku Islands Dispute: Oil Under Troubled Waters? [Includes Maps]. , 1971, Digital National Security Archive, https://search-proquest-com.ez.wul.waseda.ac.jp/docview/1679114938?accountid=14891.

29　Ibid.

よう。

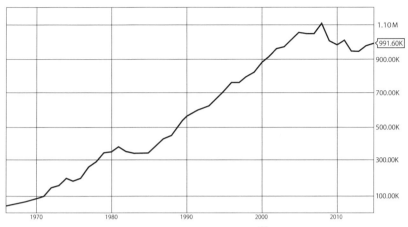

グラフ 1.5　台湾石油消費の推移（1965 ― 2014 年）[30]

　このように、原油輸入に強く依存していた日本政府と台湾当局は、海外における原油市場の動きに敏感に反応した。1970 年 9 月にリビアから始まった原油公示価格および所得税率の引き上げは石油輸出国機構（OPEC）に加盟する諸産油国の間に連鎖反応的に拡がった[31]。この価格引き上げは、公示価格を 30 セント引き上げて 2.53 ドル／バーレル（さらに 75 年まで毎年 2 セントずつ引き上げて 2.63 ドル／バーレル）とし、所得税率を 5 〜 8％引き上げて 55 〜 58％とするというものである[32]。これによって、イラン原油とクウェート原油にも波及し、9 セント／バーレルの値上げおよ

---

[30]　"Taiwan Oil Consumption: 991.60K bbl for 2014," BP Statistical Review of World Energy, Aug 1, 2016.
　　https://ycharts.com/indicators/taiwan_oil_consumption

[31]　『世界経済白書（1971 年度）』内閣府経済企画庁、1971 年 12 月 14 日。
　　http://www5.cao.go.jp/keizai3/sekaikeizaiwp/wp-we71/wp-we71-00406.html#sb4.6.2

[32]　同上。

び税率の 50% から 55% への引き上げとなった[33]。

　最終的に、1971 年 1 月 12 日イランの首都テヘランにおいて、OPEC 加盟ペルシャ湾岸の 6 ヵ国と石油企業 23 社との間で石油値上げに関する交渉が開始され、2 月 15 日に原油公示価格の値上げおよび 1975 年までの年度ごとのエスカレーション並びに所得税率の引き上げを定めた「石油値上げに関する新 5 ヵ年協定（テヘラン協定）」が成立した[34]。

　「テヘラン協定」の締結によって、石油消費国における石油の安定供給に対する不安感は高まった。この状況の中、日本政府も台湾当局も近海における釣魚島諸島周辺に埋蔵されている巨大油田に期待を寄せた。

第 2 項　日本国内における釣魚島問題への態度

2.1　近海油田への期待

　石油に対する国内需要が急速に増加する時期に、ECAFE の報告が発表され、また 1970 年 6 月 5 日から日米間の沖縄返還に向けた交渉が始まると、日本国会では釣魚島諸島が返還される区域に包含されることを前提に、石油開発に向けた関心が高まった。1970 年 10 月 7 日に行われた参議院決算委員会において、社会党の和田静夫は「周辺の海底に眠る膨大な石油資源との関係で、わが国の利益に重大な関係がある」[35] と、石油資源と国家利益の関連を強調した。また、同会議において、政府側からも山中貞則総理府総務長官は「来年度の予算で引き続き尖閣列島の試掘への調査費を、いっそう精密調査を続行するために計上する（中略）できれば資源の探査から試掘へやはり実績というものをつくり上げていかなければならない」[36] と、釣魚島諸島の開発に積極的な姿勢を見せていた。さらに、翌月

33　同上。

34　同上。

35　「参議院決算委員会（第 63 回国会閉会後）会議録第 7 号（1970 年 10 月 7 日）」、参議院事務局、1970 年 10 月 26 日、3 頁。
　http://kokkai.ndl.go.jp/SENTAKU/sangiin/063/1410/06310071410007.pdf

36　同上、1 頁。

26 日に行われた衆議院本会議においても、中山は再度近海油田の開発に言及し「もしそのような有望な海底資源が発見されましたならば、ひとり沖縄のみならず、日本全部のこの貴重な資源に大きな貢献をするものと期待をいたしておる」[37]と、政府として釣魚島諸島の油田開発が日本の資源確保に多大な寄与をすることになると強調した。

このように、日本の近海で安定した石油資源が得られることは、約99％の石油を輸入に頼っていた日本にとっては、不安定な中東からの輸入負担を大いに軽減させ、さらには資源小国という苦境から脱出することにも繋がる。佐藤首相自身も国会で語ったように「おそらくそれが出てくれれば、石油資源に恵まれないわが国としてはたいへんしあわせだ、近海であるだけにですよ。」[38]と、釣魚島諸島周辺での海底油田に政府や国会も大きな期待を寄せていたことがうかがえる。したがって、日本政府にとって、釣魚島問題の中でも石油資源の開発問題は、国家利益と直結する最重要課題であったといえよう。

2.2　二つの局面に分けられた釣魚島問題

釣魚島諸島周辺の海底油田は有望でありながらも、しかし、実質的に開発を進めるのは容易ではなかった。

まず、石油の探索と開発を進めるためには、大陸棚に対する開発権がなければならない。1964 年 6 月 10 日に発効した大陸棚条約第 6 条において、同一の大陸棚に隣接している諸国間の利用権限について、日中両国間の開発権に直接関連する(1)と(3)は次のように定めている。

大陸棚条約第 6 条：(1) 向かい合っている海岸を有する二以上の国の領

---

[37]　「第 64 回国会　衆議院会議録第 3 号（1970 年 11 月 26 日）」『官報』号外、1970 年 11 月 26 日、20 頁。
　　http://kokkai.ndl.go.jp/SENTAKU/syugiin/064/0001/06411260001003.pdf

[38]　「第 65 回国会　参議院大蔵委員会会議録第 17 号（1971 年 3 月 26 日）」参議院事務局、1971 年 4 月 20 日、29 頁。
　　http://kokkai.ndl.go.jp/SENTAKU/sangiin/065/1140/06503261140017.pdf

域に同一の大陸棚が隣接している場合には、それらの国の間における大陸棚の境界は、それらの国の間の合意によって決定する。合意がないときは、特別の事情により他の境界線が正当と認められない限り、その境界は、いずれの点をとってもそれらの国の領海の幅を測定するための基線上の最も近い点から等しい距離にある中間線とする。（中略）（3）大陸棚の境界を画定するにあたり、１及び２に定める原則にしたがって引く線は、特定の日に存在する海図及び地形に照らして定めなければならず、また、陸上の固定した恒久的な標点との関連を明らかにしたものでなければならない。[39]

　この条項において注目すべき点は次の三つである。第１に、大陸棚の境界は隣接をしている国の合意のもとに決定する。したがって、合意なしに一方による単独開発ができないということである。第２に、一般的に領海測定のための基線から等しい距離のところに中間線を引くことである。すなわち、大陸棚の境界を決めるのは領海の基点であるということである。第３に、境界線を引く基点となるには、特定の海図、または陸上における恒久的標点がなければならない。言い換えれば、いずれの場所を基点とするかを決定するには、その国に属することを証明する物理的な国標がなければならないということである。

　この条文から分かるように、大陸棚境界を決めるのは基点であり、基点を決めるのは領海であり、そして領海を決めるのは領海を有する陸ということである。つまり、境界を決定する根本的な基準は陸、すなわち領土であるということである。1970年代前半では、日中双方ともに領海を測定する基点に関する合意はない。釣魚島諸島はちょうど日中の中間線上に位置しているため、諸島の主権を主張できれば、より広い大陸棚の開発権を取得することができる。

---

[39] 『主要条約集昭和52年版（大陸棚に関する条約）』日本外務省条約局、1977年、1055－1064頁。

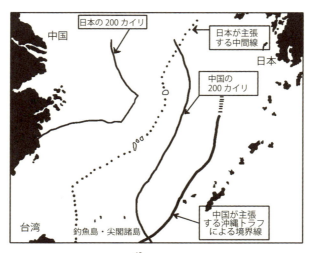
図1.6　日中双方が主張する境界線[40]

　しかし、すでに日本政府と台湾当局の間において、釣魚島諸島の帰属をめぐる意見の分岐が水面下において生じている状況のもと、主権問題について日台間で合意することはほぼ不可能であった。このようなジレンマを脱するべく、日本政府が考えた方法は、釣魚島問題を主権問題と資源開発問題の二局面に分けるというものであった。すなわち、主権問題についてはこれらの諸島はあくまでも日本の領土であるために交渉の余地はないとする一方で、主権問題に触れずに周辺海域における資源開発については積極的に台湾当局と交渉を進めるという方針である。

　1970年9月10日の衆議院外務員会にて、愛知揆一外相は初めて釣魚島問題を二局面に分けて処理する考えを明らかにした。委員会において、社会党の戸叶里子から釣魚島の問題に対する政府の態度を質問され、愛知は「尖閣列島につきましては、この尖閣諸島の領有権問題と東シナ海の大陸だな問題と二つあるわけでございますが、政府といたしましては、これは

40　濱川今日子「東シナ海における日中境界画定問題——国際法から見たガス田開発問題」『調査と情報—— Issue Brief』、2006年6月16日、図1をもとに筆者が作成。

本来全く異なる性質の問題であると考えております」[41]と、釣魚島問題を主権と利用開発権の二つの局面に分ける考えを示した。この二つの局面に対する日本政府の対処としては、「領土権としては、これは明確に領土権を日本側が持っている、こういう立場をとっておる次第でございます。」[42]として、一方海底資源開発について「国府に対しまして、この大陸だな問題について話し合いが必要ならば話し合いをしてもよいということは申し入れてございます」[43]と油田の開発について日本政府は台湾当局に積極的に交渉を申し入れたことを明らかにした。

ここから、日本政府において、釣魚島諸島の主権問題と資源開発問題を全く別問題として扱うという、釣魚島問題を二局面化する方針が次第に定着していった。

主権は我にあり、資源は交渉の余地ありという二局面方針は一見して、理にかなっているように見えるが、しかし、前述のように、資源開発の境界線を決める大前提は領土である。つまり、資源開発権はそもそも主権から離脱して、独立することができない概念である。

日本政府が考えるように、釣魚島諸島における日本政府の主権を既成事実に、大陸棚資源開発の交渉を進めるのは、一見して主権をめぐり日本政府と意見が対立している台湾当局からすれば、決して相談できない話である。しかし実際は、台湾当局は日本政府の提案に賛同し、両国による釣魚島海域の共同開発を進めたのである。その背景では、台湾当局も日本と同様に石油資源の重要性を認識し、開発における日本の協力が必要と考えていたからといえる。

第3項　釣魚島問題の二局面化に賛同する台湾

1970 年に入り、台湾当局は釣魚島諸島の主権をめぐる主張を明確にし

---

41 「第 63 回国会衆議院　外務委員会議録第 19 号（閉会中審査）（1970 年 9 月 10 日）」衆議院事務局、1970 年 9 月 22 日、3 頁。http://kokkai.ndl.go.jp/SENTAKU/syugiin/063/0110/06309100110019.pdf

42 同上。

43 同上。

て行く一方で、積極的に米国の石油会社および日本政府との間で油田開発交渉を進めていた。

　台湾当局経済部長の孫運璿は1970年11月に、当局はすでに同年春から日本の民間石油会社と共同海底石油探索を行う可能性について商談を行い、夏に日本の通産大臣と意見交換を行った際に、日本側も原則的に考慮しうるとの考えを表明したことを明らかにした[44]。これを皮切りに、台湾当局と日本政府との資源開発における協力はいっそう緊密になっていった。11月12日に韓国のソウルで、台湾当局、日本政府がそれぞれ参加する「中日協力策進委員会」および「日韓協力策進委員会」の連絡会議で、海洋開発と経済協力の特別委員会の設立を決定した。続いて、12月21日に台湾工商協進会理事長の辜振甫が東京を訪れ、日本と韓国代表と海洋資源開発についての協議を行った。協議の結果、「中日韓研究連合委員会」の発足と「海洋開発株式会社」を設立することを決定した。そして、1971年3月5日、台湾中日協力策進会会長の谷正綱が談話を発表し、釣魚島諸島海域における中日韓の共同開発に関する説明を行った[45]。

　この談話は、台湾当局が正式に日本政府が提案した釣魚島問題の二局面化方針に賛同し、同じく釣魚島問題の二局面化方針を採用する考えを明らかにした上で、その理由にも言及した。談話の冒頭で谷正綱は「釣魚台問題発生のずっと前から、我が国（中華民国）はすでに米国および日本と研究海洋資源に関する探索を行っており（中略）純粋な国際経済協力の一般的活動であり、釣魚台問題と全く関係ない」[46]と述べ、海洋資源に関する台湾当局と日本政府の協力活動はあくまでも経済協力であり、台湾当局の主権主張と別問題であることを強調した。続けて、谷正綱は「関係大陸棚の石油資源については、我々は中、日、韓三国による協力探索および開発に賛同する。なぜなら資金、技術のいずれの面においても、一カ国が独立

44　中国国民党中央員会第四組編著『釣魚台列島問題資料彙編』海峡学術出版社、2011年8月、19頁。

45　同上、23─25頁。

46　同上、23頁。

に経営できるものではないからである」[47]と、協力の必要性を説明した。

　台湾当局は釣魚島諸島の主権を放棄できないとしながらも、日本政府の釣魚島問題を二局面化させる考えに賛同を見せたのには、当時の台湾当局には単独で海底油田の開発を行う十分な資金も技術も不足していたことが重要な理由の一つであるといえる[48]。したがって、早期の油田開発を実現し、急速に進む石油需要の増加に対応するためにも、釣魚島諸島の資源開発が可能となった際に、日本側からの資金または技術による協力が必要だったということである。台湾当局もまた主権問題と資源協力のジレンマから脱却するために、愛知が9月に明らかにした釣魚島問題を二局面にわける提案は好都合であった。

　釣魚島諸島の主権問題は決して譲歩できない問題でありながら、日台両者が国益に密接的な関係をもつ経済的利益を優先させた結果として、釣魚島問題の処理において、両者の間に一種の黙契が存在していたといえよう。

第4項 「主権凍結」に反対する中国政府

　日本と台湾の間で釣魚島問題を主権問題と資源問題の二局面に分割し、資源開発における協力を進める中、中国政府は日台の協力の展開に強く反発した。

　1970年12月4日に中国政府は初めて沈黙を破り、釣魚島周辺海域の東シナ海の大陸棚に関する主権の主張を行った。中国政府機関紙である『人民日報』は、1970年12月4日に日本政府と台湾当局が釣魚島周辺において海底油田の共同開発を検討していることについて批判した。『人民日報』は「米日反動派の中朝海底資源の略奪陰謀」と題して、「日本軍国主義と蔣朴集団は結託し、中国台湾省および付属諸島周辺海域と他の中国と朝鮮の近隣浅海海域の海底石油資源を『共同開発』しようと準備をしてい

47　同上。

48　United States Central Intelligence Agency Directorate of Intelligence. The Senkaku Islands Dispute: Oil Under Troubled Waters? Includes Maps]., 1971, Digital National Security Archive, https://search-proquest-com.ez.wul.waseda.ac.jp/docview/1679114938?accountid=14891.

る。かつ、釣魚島など中国に属する島嶼と海域を日本領土内に画定しようとしている。米日反動派の独断専攻は必ずしっぺ返しを食らうことになる」[49]と、釣魚島および周辺海域は中国の台湾省に属することを強調し、日米および台湾当局が中国政府の了解なしに開発を進めようとする動きに対して強く批判した。

また、『人民日報』は「日本軍国主義は中国と朝鮮の海底石油資源を略奪するために、新たな厄介な手段を講じてきた。それは中朝両国に属する島の主権および海底資源の主権を『棚上げ』または『凍結』して、先に『共同開発』というものをやろうとしている。『棚上げ』または『凍結』とは何か？　それは中朝両国人民に彼らの主権を放棄させ、日本軍国主義の略奪と占領を容忍すると言うことである」[50]と、釣魚島問題の二局面化は釣魚島諸島の主権を放棄することに等しく、資源開発を理由に主権を「棚上げ」あるいは「凍結」することは容忍できないと発表した。

これまで静観していた中国政府が、突如として政府コメントを発表した重要なきっかけの一つが、台湾当局と日本政府が本格的に釣魚島海域における開発協力の動きを始めたことであるといえる。中国国営通信社の新華社は、11月12日に台、日、韓が参加した海洋開発に関する連絡会議がソウルで12月3日開催されたことについて報道した。これまで、中国政府が釣魚島諸島の主権および大陸棚の開発問題についてコメントを先送りにしてきたのは、台湾当局と日本政府の間で主権の所在をめぐる主張にが対立していたため[51]、台湾当局が日本政府と協力することはないと考えていたからであろう。しかし、11月の連絡会議後、台日韓政府の間で共同開発することで合意した。

このタイミングで中国政府がコメントを発表した背景には二つの理由があると考えられる。

49　「対中国和朝鮮的又一新的侵略罪行　美日反動派陰謀略奪中朝海底資源」『人民日報』、1970年12月4日。文中の中朝両国の島とは釣魚島と竹島／独島を指している。

50　同上。

51　"Telegram from Am Consul Hong Kong to the State Department priority December 4, 1970", POL 32-6 Senkaku, Box 2589, RG59, The National Archives.

第1に、釣魚島諸島は台湾の付属諸島であり、中国の一部であるため、台湾当局が一方的に中国を代表して主権問題を「凍結」させることは受け入れられない。台湾という大きな領土問題を抱えて、また戦争によって国家が占領、割譲される歴史の記憶がまだ遠くない中国にとっては、主権問題は簡単に譲ることができない国家の尊厳に関わる問題であると考えられていたといえる。第2に、国際情勢においても、まだ台湾当局を中国の正統政府と認める西諸国が多くいる中で、台日韓が海洋開発において歩み寄ることで、アジアにおける中国大陸への封じ込めが強まり、中国政府の国際的立場が弱くなるという懸念があったのではないかと考えられる。台湾当局が日、韓、米と東シナ海における石油開発活動を行った場合、四者間の利害関係がより一層緊密になるであろう。台湾当局が他国政府との連携を強化することは、すなわち中国政府の国際地位を脅かしと国家統一の困難に拍車がかかることになるとの懸念があったのではないかと考えられる。

したがって、中国政府にとって、国家領土と主権の保全および中国政府の国際的立場に大きく関連しており、台湾当局が他国との独自の開発協力を進めることは容認できなかったといえる。

第3節　沖縄返還協定にゆれる釣魚島問題

1969年11月21日に佐藤栄作内閣総理大臣とリチャード・ニクソン米国大統領が共同声明を発表し、1951年9月8日に調印されたサンフランシスコ講和条約に基づき、米国の信託統治下におかれていた西南諸島を日本に返還することに関する沖縄返還協定の交渉が始まった。日米両政府は、返還地域の範囲をサンフランシスコ講和条約で定めた範囲をそのまま日本に返還するとしていた。つまりこれは、米国政府から日本政府に返還される範囲に釣魚島諸島も含まれているということを意味する。

日米沖縄返還協定の調印と発行に伴い、釣魚島諸島も特別扱いされることなく、南西諸島の一部として、日本に返還されることとなっていた。しかし、日本政府、台湾当局、中国政府が立て続けに諸島に対する主権の主張を行ったことにより、釣魚島問題をいかに扱うのかが、沖縄返還協定に

おいて重要な議題となった。

　そして、1971年6月17日に日米沖縄返還協定が調印された。同年、10月27日から29日に米国議会上院で開かれた沖縄返還協定の批准に関する公聴会において、米国務省は、「米国上院が日本、中国、台湾の間で争議となっている尖閣諸島の処理について、米国上院は沖縄返還協定の批准を考慮した際に、諸島の施政権を日本に返還するが、日本、中国、台湾の異なる主権に関する主張については、米国は中立の立場をとる」[52] と、この主権問題については介入しないという立場をとった。

第1項　米国政府「中立」政策の背景

1.1　最低限のバランスをとる米国政府

　釣魚島諸島問題に関して、主権問題をめぐる直接的関係者は台湾当局、日本政府と中国政府であるが、釣魚島諸島を実質的に管理していたのは主権主張を行っていない米国政府である。米国の存在は釣魚島問題をめぐる関係をいっそう複雑化させた。米政府にとって、日本と台湾はともに米国の安全保障対象であり、かつアジアにおける共産主義を牽制するための最前線であった。一方、米国政府はソ連を牽制するため、共産主義国でありながら、ソ連と対立していた中国政府とも関係改善を図ろうとしていた。しかし、釣魚島問題の浮上によって、米国政府は非常に微妙な位置に立たされることとなった。

　台湾当局は、日本政府に対する牽制と大陸棚における開発の早期確立を実現するため、米国の民間石油会社と1970年7月27日にアモコ石油会社、28日にパシフィック・ガルフ社と立て続けに共同開発の契約を結び、積

52　United States. Congress. Senate. Committee on Foreign Relations, "Okinawa reversion treaty. Hearings before the Committee on Foreign Relations, United States Senate, Ninety-second Congress, first session, on Ex. J. 92-1 the agreement between the United States of America and Japan concerning the Ryukyu islands and the Daito Islands, October 27, 28, and 29, 1971." U.S. Govt. Print. Off., 1971, p.91. Mark E. Manyin, "The Senkakus (Diaoyu/Diaoyutai) Dispute: U.S. Treaty Obligations" Congressional Research Service, October 14, 2016, p.5.

極的に動いた[53]。これに対して、日本側もさっそく反応を示し、8月10日の参議院沖縄及び北方問題に関する特別委員会において、愛知外相から釣魚島諸島は日本の南西諸島の一部であるという姿勢は明確であり、該当海域の大陸棚に対する台湾の一方的な権利主張は無効であると初めて明白に主権主張を行った[54]。

台湾当局と日本政府の論争が始まる中、釣魚島諸島を実質的に管理していた米国政府は、専ら釣魚島問題に巻き込まれることを回避しようとしていたといえる。愛知が国会で間接的に諸島に対する主権主張に言及した翌11日に、米国政府は国務省より駐台北米国大使館に公電を送り、米国政府の取るべき立場を伝達した。その内容は以下の通りである。

仮に日本側からの問い合わせがあった場合、米国は以下の立場をとることとする。A、対日講和条約第3条に使用されている言葉には尖閣諸島（尖閣群島）をふくむことが意図されている。同条約における南西諸島は第二次世界大戦終了時に日本の施政下にあった北緯29度以南の全ての島々を指しており、条約上それ以外では使用されていない。B、講和条約に基づき、米国政府は尖閣諸島を琉球諸島の一部として施政権を行使しているが、日本は琉球における残存主権を有すると考えている。琉球における施政権は、1972年に日本に返還される予定である。C、米国政府は尖閣及び尖閣に隣接する大陸棚区域をめぐる全ての主張の対立は、当事者により解決されるべき問題であると考えている。[55]

この文面を見る限り米国政府は、A、Bにおいて、釣魚島諸島は沖縄返還協定に含まれていることと、その一部と見なされている琉球の残存主権

---

53 李慶成「釣魚島争端初起時的台美交渉」『米国研究』、2014年4月、92頁。

54 「参議院沖縄及び北方問題に関する特別委員会（第63回国会閉会後）会議録第3号（1970年8月10日）」参議院事務局、1970年9月10日、6頁。http://kokkai.ndl.go.jp/SENTAKU/sangiin/063/1650/06308101650003.pdf

55 "Telegram from State Department to Embassy Taipei on Continental Shelf, August 11, 1970," POL32-36 Senkaku, Box2589, RG59, National Archives.

も日本が保有していることを認める立場をとっていたことが分かる。しかし、日本政府から釣魚島諸島における日本の主権を明言するよう求められ、または台湾当局が抗議を行うことがあれば、米国政府は日台間の板挟みになり苦境に立つことになる。この事態を想定した上で、Cの部分にわざわざ島々または大陸棚をめぐる一切の主権に関する対立に、米国政府は関与することはないと明示していたのではないかと考えられる。

しかし、この公電で、米国は主権係争に関与しないとしながらも、対日講和条約と沖縄返還協定を根拠に米国政府は日本政府の立場を暗に支持しているように読み取れる。米国政府もこの点に気づいたのか、同月19日に再び米国務省から駐台北大使館あてに電報を送り、「尖閣諸島の主権をめぐる係争が生じた場合に、対日講和条約または沖縄返還協定はいずれの主張の決定的判断根拠となることはない」[56]と、強調した。この追加説明は明らかに11日の電報で言及した日本側の残存主権に対して行ったものである。

米国政府の一連の動きは、台湾当局の猜疑を招かないように、釣魚島諸島の主権の帰属と沖縄返還協定が直結しないと安心させることで、沖縄返還協定に対する影響を極力軽減させようとしたと考えられる。また、米国政府としては、日本政府と台湾当局の争いに巻き込まれないようにしたい[57]、という考えが根本的にあるため、米国政府の立場が日本または台湾側のいずれかに明らかに傾いているように見えないように、慎重にバランスをとろうとしていることがうかがえる。

9月10日、米国務省報道官のロバート・J・マクロスキー（Robert J. McCloskey）[58] は記者会見で釣魚島諸島において、米国政府は「中立」的態度を取ることを初めて公式に明らかにした。ある日本記者が「もし、尖閣諸島に対する主権の所在をめぐる紛争が生じた場合、米国はいかなる立

56　"Telegram from State Department to Embassy Taipei on Senkaku Islands, August 19,1970," POL 32-36 Senkaku, Box2589, RG59, National Archives.

57　Ibid.

58　Robert J. McCloskey（1922 ― 1996）、1964年から1973年の間、米国務省報道官を務めた。

場をとるのか」[59] と質問したところ、マクロスキーは釣魚島問題について「対立する主張に対して、我々は関係当事者間で解決さるべき事柄であると考える」[60] と、米国政府は釣魚島問題をめぐる係争に直接介入することなく、中立的な態度をとることを初めて公式に表明した。

1.1.1　台湾当局に対して事態沈静化を要請する米国政府

　一見、米国政府は主権において中立な立場をとったように見えるが、沖縄返還協定の内容から見れば、米国政府は釣魚島諸島の施政権を日本政府に引き渡す考えに変わりない。施政権を含む釣魚島諸島の主権を中国に返還すべきだと主張している台湾当局からみれば、米国政府が日本側に傾いている事実にも変わりはなかった。マクロスキーが米国政府の「中立」政策を発表して間もなく、周書凱駐米国台湾当局大使から台北外交部に公電が送られ、マーシャル・グリーン（Marshall Green）米国務次官補[61] と会談を行ったとことを報告した。

　公電で周は「釣魚島における国府の立場を説明したことについて、彼は我が方に理解を示し、主権争議は中日双方で解決を求めるべきだとした。私は友人として、華府および駐外機構の関係者に関する米国政府の発言において、極めて慎重であって頂きたく、我が方に米国側が日本側に肩入れしている印象を与えることのないように強く願う」[62] と、米国側に中立姿勢を実行に移すよう、台湾側の懸念を伝えた。

　しかし、主権の返還を要求する台湾内部では当局の米国に順応的な態度に対して、不満の声が募り始めていた。後に詳細に述べるが、1970 年 9

59　"Telegram from State Department to Embassy Tokyo on Senkaku Islands, September 10, 1970," POL 32-36 Senkaku, Box2589, RG59, National Archives.

60　Ibid.

61　Marshall Green（1618 — 1998）、極東アジアを中心とする米国外交官。1969 年から 1973 年まで米国国務次官補（東アジア・太平洋担当）として務め、1972 年に米国ニクソン大統領とともに中国を訪問した。

62　「金吉隆号漁船非法侵入琉球海域」『外交部档案』、中央研究院近代史研究所档案館所蔵、档案号：019.14/0002、179 頁。

月初めに台湾メデイア『中国時報』が記者を派遣して釣魚島に上陸し、釣魚島が中国の領土であることを行動で示した。また、11 月に台湾大学の学生らは「保衛釣魚台！」と題する文書を『中華雑誌』に発表した。文章を読んだ雑誌編集長は米国で留学している息子にこの文章を送り、これをきっかけに台湾島内の状況が米国の華人華僑に伝えられ、後に大規模の釣魚島保護運動（以下「保釣」運動と略す）が展開されていった[63]。

　ここで、米国における中国留学生による「保釣」運動について、その展開を少し述べることにする[64]。

　「保釣」運動が始まった当初、米国では中国大陸からの留学生はほとんどなく、米国で起こった大規模な「保釣」運動は、台湾からの留学生を中心に行われていた。1970 年 9 月に日本政府による釣魚島諸島に対する主権の明言と、青天白日旗の撤去問題[65] 等が重なり、米国にいる中国留学生を中心に「保釣」運動が巻き起こった。1970 年 12 月にはプリンストン大学の留学生である沈平、李徳怡らが「保護釣魚島行動委員会」を立ち上げた。続いて、1971 年 1 月 29 日にサンフランシスコ、ニューヨーク、シカゴ、シアトル、ロサンゼルス等で、同時に大規模な「保釣」運動が起こり、約 2500 名の中国留学生が国連総本部前で気勢を上げた。さらに、4 月 10 日には全米 30 の学校、17 地域から 4000 名余りの中国留学生、華僑がワシントンに集まりデモを行った[66]。

63　「試論 1970 年代中国留美学生的保釣運動」『中共貴州省委党校学報』第 4 期、2012 年、110 頁。

64　1970 年代では、在米中国人の人口は約 43 万人以上いたのに対して、在日中国人はわずか約 5 万人しかいなかった。また、釣魚島諸島の主権について、中国と日本は直接当事国であったこともあり、当時、日本における華人華僑による大規模な「保釣」運動は見られなかった。1970 年代に、海外における釣魚島問題をめぐる華人華僑による大規模な反対活動は、主に米国を中心に繰り広げられ、大きな反響を呼んだ。

65　1970 年 9 月 2 日に、台湾の水産試験所所属の船「海憲丸」が釣魚島に上陸し、台湾当局の青天白日旗を掲げた。これに対して日本政府が抗議し、米民政府と日米帰復準備委員会日本政府代表部当局者と会談した後、9 月 15 日に琉球警察本部の救難船「ちとせ」を派遣して旗を撤去した。

66　「三十五年前華人精英的保釣夢」『南方週末』、2005 年 8 月 4 日。
　　http://news.big5.enorth.com.cn/system/2005/08/04/001085643.shtml

「保釣」運動の熱気が増す一方で、台湾当局に期待を寄せていた活動家たちは、台湾当局が「保釣」よりも国連代表権問題における日米の支持を得ることを優先したことを思い知らされた。たとえば、当時「保釣」運動に参加していた林孝信は、次のように回顧している。

　　私達は台湾大使館に行った、そこで何らかの励ましの言葉を聞くことができると信じていた。しかし、デモ隊が大使館前に来て、「周書凱出てこい！　周書凱出てこい！」と繰り返し叫んだにもかかわらず、結局最後まで彼は学生の前に現れることはなかった。ここで初めて、私達は台湾当局が根っから「保釣」をするつもりがなかったことをはっきりと思い知らされることになり、非常に失望した。[67]

このように、台湾当局が「保釣」運動に対して消極的だったことを語った。また、「保釣」運動に参加した呉国禎[68]も、1971年3月12日に全米58の釣魚台行動委員会が台湾当局に宛てた公開書簡の中で、台湾当局が釣魚島問題において消極的態度をとり、かつ学生を含む保釣運動家を弾圧をしていたことが明記されていたと回顧している。この公開書簡において、58の釣魚台行動委員会は以下の10項目の要求を提示した。

1．3月29日までに全世界および各関係政府に、釣魚台は中国の領土であることを宣言すること。
2．日本政府による侵略行為を厳粛に公開批判し、米国務院の不公正な声明に対して強く抗議すること。
3．釣魚台に兵を派遣し、軍艦を派遣し周辺海域を巡視することで、我が国の漁民の安全と領土主権を保護すること。
4．釣魚台で気候観測所を建設する日本の計画を阻止し、日本が不法

67　王鴻惊「40年保釣那些人与事：歴史、経験与教訓」『三聯生活週刊』、2010年12月8日。
68　呉国禎（1947年5月―）台湾花蓮生まれ。中国物理学者、化学者、台湾民主自治同盟中央副主席。

に建てた表札を没収すること。

5．「中、日、韓海底資源共同開発会議」への参加を無期限に中止し、当該会議の第一回会談記録を公開すること。

6．米国石油会社四社との契約内容を全て公開すること。

7．釣魚台問題に関する外交会談記録を公開すること。

8．全ての行動および声明において、中国国民に無責任な態度を示した政府官僚に対して、責任追求、解任等の処分を下すこと。

9．職に適さない政府官僚が行った中国利益を損ねる発言を徹底的説明し、解任すること。

10．政府による愛国運動への迫害を終止、言論の自由を恢復し、釣魚台事件の発展状況を国民に全て知らせること。この公開書簡が届いた5日以内に、『中央日報』（国内版と海外版を含む）、『香港時報』と国民党政府が経営する全ての新聞においてこの公開書簡を公表すること。[69]

　このように、公開書簡では上記の10項目の要求への回答を要請すると同時に、台湾当局が民衆の意見を無視した場合、必ずや同胞の支持を失うことになると宣言していた[70]。この公開書簡から、台湾当局の官僚の発言や行動に対する不満、また当局による組織的な弾圧があったことが分かる。また、同月19日に、米国にいる523名の中国科学者および学者が連名で蒋介石に打電し、日本政府が「新たな侵略」の立場をとっている時に、日中韓3ヵ国会議に参加すべきでないと要請した[71]。しかし、いずれも、満足な回答を得ることはできなかった。

　台湾当局のこのような態度に失望した一部の運動家は釣魚島諸島が、台湾の付属諸島であると主張する中国政府に期待を寄せ始めた。次第に「保釣」運動は「中国統一」グループと「反共愛国」グループへと分裂して

69　童慶鈞「呉国禎的『保釣』人生」『人民政協報』、2015年5月14日、9面。

70　同上。

71　同上。

いった[72]。

　さらに追い打ちをかけるように、台湾当局は弾圧を終止するどころか、「保釣」運動に中国政府を支持グループが現れたことに危機感を抱き、「保釣」運動の鎮圧に拍車をかけた。1971年11月に初めて周恩来と会談した留学生の王正方[73]は、留学生内部の分裂について次のように回顧していた。当時、留学生の中で「国民党職業学生」と呼ばれる政府に密告する学生が動き始め、海外の留学生の言動を逐一報告し、「保釣」運動家の車の燃料タンクに砂糖を入れ、夜中に脅迫電話をかけるなどして、「保釣」運動を妨害していた[74]。台湾当局の「保釣」運動に対する弾圧は海外にとどまらず、台湾内でも行われていた。台湾当局の粛清政策の末に「保釣」運動は鎮圧され、1980年代末に戒厳令が解除されるまで再燃することはなかった。

　話を戻すが、1971年1月から「保釣」運動が始まったことで、台湾当局に圧力がかかる中、2月初頭に日本政府が釣魚島に気象観測所を建設することを計画していると米国のUPI通信社が報道した。この報道は、台湾当局に釣魚島における本格的な対抗措置を検討させたきっかけとなった[75]。1971年3月17日、周とグリーンは再度会談を行い、周は台湾当局の主権を主張する口上書[76]を手渡し、台湾当局の釣魚島における主権を注視するよう呼びかけた。周書凱は「中華民国の釣魚台における主権を尊重し、米国の琉球諸島における占領が終了した時にこれらの諸島を台湾国府

72　1971年11月にバークレー、ロサンジェルスの保釣会において中国統一運度が起こり、多くの保釣組織が「中国統一会」を設立した。これによって華僑華人中で「中国統一」と「反共愛国」の二つの政治勢力の対立が始まった。「鮮為人知的歴史：七十年代台港留学生激憤保釣」『亜洲週刊』、2005年7月。

73　米国で「保釣」運動に参加した台湾留学生。

74　「鮮為人知的歴史：七十年代台港留学生激憤保釣」華夏経緯、2005年7月5日。http://www.huaxia.com/tw/sdbd/rw/2005/00338280.html

75　ロバート・D・エルドリッヂ『尖閣問題の起源』、153頁。

76　口上書（note verbale）は、外交上相手国に対し、一定の意向を伝える外交文書の一形式。『広辞苑（第6版）』岩波書店、2008年、944頁。

に返還すべきである」[77] と、米国政府に要求した。しかし、周書凱は要求を突きつける一方で、問題の悪化を望んではいなかった。会談において周書凱は、台湾当局は対米関係や対日関係を損ねないように問題の処理を行いたいとの考えもグリーンに伝えた。また、１月から米国内で起きている学生デモを抑制し、デモが反米や反日姿勢に変化しないように努めてきたことについて説明した[78]。周は学生デモへの対策を提起することで、釣魚島問題は台湾当局の自国を守る能力に関わる問題であり、これらの諸島の象徴的な意義を強調した[79]。

　これに対して、グリーンは、台湾当局の懸念と要望を国務省内の関係部署に伝えることを約束した。その一方で、問題を沈静化することと沖縄返還協定が、台湾の利益においても重要であると説明した。

　グリーンは、まず台湾当局が行ってきた努力を評価し、学生運動と北京の介入によって難しい立場に立たされていることに理解を示した。その上で「台湾国府にとって最も良い選択は、この問題を外交プロセスで解決することができる法的問題として見なすことである。こうすれば、関係国政府に対して自らの主張の正当性を明確にでき、同時に刺激を最小限に止め、問題を穏便に進めることができる」[80] と、会談によって問題を処理するよう提案した。次にグリーンは、「仮に米国が日本政府との沖縄返還協定の合意を長く延期した場合、これは米国が台湾国府のために継続してこれらの基地を使用し、基地にアクセスする合意が得られなくなる可能性がある」[81] ことを指摘した。すなわち、沖縄返還協定の早期合意は日米両国間

77　"Telegram from State Department to Embassy Taipei on GRC Claim to Sovereignty Over Senkakus, March 18, 1971", POL32-6 Senkaku, Box2589, RG59, National Archives.

78　Ibid.

79　"113.Memorandum of Conversation, Washington, April 12, 1971" Foreign Relations of the United States, 1969–1976, VOLUME XVII, CHINA, 1969–1972, p.293.

80　前出、脚注 77。

81　Ibid.

の利益に関連するのみならず、台湾当局にとっても米国による安全保障体制が安定的かつ継続的に供給できる環境を形成するためでもあると強調したのである。

一見、米国の対応は台湾に対する配慮のように見えるが、逆に言えば、台湾当局が釣魚島の主権を勝ち取ることを追求すれば、米国政府からの必要十分な安全保障を得られなくなる可能性を示唆したものともいえる。無論、米国政府は台湾当局にとって最も大きな脅威は中国大陸にある中国政府であり、台湾当局は釣魚島という小さな島々の主権のために米国からの安全保障を切り捨てることができないことは容易に判断できた。

実際、グリーンと周の会談の中で、周書凱はグリーンの問題沈静化の提案に同意[82]し、また、沖縄返還協定と台湾に対する米国の安全保障との相互関連についても米国政府の考えについて「了解」した[83]。

米国政府は、台湾当局に釣魚島問題を穏便に処理するよう提案する一方で、沖縄返還協定における釣魚島の扱いについて譲歩をみせることはなかった。この頃、上述のように台湾では「保釣」運動の熱気が全島に迅速に蔓延し、蒋介石は日記では「二十年来のことである」と記述するほど、事態は深刻な状態に達していた[84]。その後、台湾内部における運動は台湾当局の鎮圧のもと、さらにエスカレートすることはなかったが、米国を中心とする海外で展開されていた「保釣」運動は依然として激化する一方であった。この事態を受けて、周書凱の後任として新たに台湾当局駐米大使についた沈剣虹は米国政府に対して、再三にわたり台湾当局の状況を考慮し、釣魚島を琉球と一緒に日本に渡さないよう米国政府に要請した[85]が、米国政府からさらなる譲歩を引き出すことはできなかった。

---

82 Ibid.

83 Ibid.

84 『蒋介石日記』、1971 年 4 月 17 日。楊天石「蒋介石与釣魚島的主権争議」『炎黄春秋』、2014 年 9 月、43 頁。

85 「沈剣虹往晤格林」『外交部収電抄件』国史館、005-010205-00160-023。楊天石「蒋介石与釣魚島的主権争議」『炎黄春秋』、2014 年 9 月、43 頁。

1.1.2　日本政府の要請を退ける米国政府

　米国政府は台湾当局に対する説得を行う一方で、日本政府に対しても問題の沈静化を求め、日本政府から出された主権に関連するさらなる要求をのむことはなかった。

　1970年9月8日、米国政府が「中立」の立場を公表する2日前に、駐米日本大使館の木内昭胤書記官はリチャード・オーガスト・エリクソン（Richard August Ericson）[86] 米国務省東アジア・太平洋局日本部長を訪ね、釣魚島諸島の主権問題について日本政府に有利な発言をするよう求めた。木内は、台湾当局の釣魚島諸島と大陸棚に対する態度への関心が強まっているとして、「米国政府が公式声明として日本の釣魚島における残存主権に言及してくれれば、今週の国会答弁で示す日本政府の立場が楽になる」[87] と、米国政府が日本の残存主権を認めると公式な場において言及するよう求めた。しかし、エリクソンは日本側の要求に対して、「日本政府が国会答弁においてこの立場に言及することは反対しない。しかし、米国政府は公式声明を通じてこれを発表することはないだろう」[88] と、明らかな傾向を思わせる声明をする考えはないと伝え、日本政府の要求を退けた。

　そして、日本政府による釣魚島での気象観測所の建設計画に対して、実は米国政府は強く反対し、事態をさらに悪化させる恐れがあるとして、日本政府にストップをかけたのである。

　1971年1月11日、米国駐東京大使館から琉球列島高等弁務官に宛てた電報において、日本政府は釣魚島に気象観測所を建設する要求を琉球列島高等弁務官に提示したことが分かった。その中で、米国駐日本大使である

86　Richard August Ericson（1923 — 2005）、1947年に国務省外交局に入省。1968年から1970年まで日本東京大使館で政治参事官として駐在。1970年から1973年まで国務省東アジア・太平洋局日本部長に就任。

87　"Telegram from State Department to Embassy Tokyo on Senkaku Islands, September 8, 1970," POL 32-26 Senkaku, RG59, National Archives.

88　Ibid.

アーミン・マイヤー[89]はこの気象観測所の建設によって台湾と中国大陸からの反発を受ける可能性はあるが、米国駐日本大使館としては静かにプロジェクトの承認を進めることを提案した[90]。しかし、マイヤーの提案に対して、米国駐台北大使のマカナギー（Walter Patrick McConaughy, Jr.）[91]および駐香港米国総領事のオスボンはそれぞれ1月13日と15日に米国務省に電報を送り、中国大陸と台湾からの反発を過少評価しているとして、釣魚島での気象観測所または長期的な設備を建設することは、少なくとも沖縄が日本に返還されるまで延期すべきであると進言した[92]。

マイヤー、マカナギーおよびオスボンの報告を受けて、1月25日にロジャースから気象観測所の建設に関して、米国政府の立場が明示された。内容は以下の通りである。

国務省は日本政府による釣魚島における気象観測所の建設を望まない。大使館は日本外務省と次の点について説明すべき。A、プロジェクトを望まない、返還終了まで延期すべきである。B、米国政府の立場は対日講和条約第三条に基づく米国の施政下におかれた島々に対して、日本政府が残存主権を有するとしている米国の立場に損害を与えるものではない。C、米国政府は琉球管理当局として、責任を果たす十分な措置をとっている。これに関連して、琉球政府の巡視船は挑発行為を回避し

89　Armin Henry Meyer（1914 — 2006）、米国外交官。1969年から1972年にかけて駐日大使に就任。

90　"Telegram from Embassy Tokyo to HICOMRY on Weather Observatory for The Senkaku Island, January 11, 1971," POL 32-6 Senkaku, Box2589, RG59, National Archives.

91　Walter Patrick McConaughy, Jr.（1908 — 2000）、米国外交官。1966年6月から1974年4月まで米国駐中国（台北）大使に就任。

92　"Telegram from Embassy Taipei to State Department on Weather Observatory for The Senkaku Island, January 13, 1971," POL 32-6 Senkaku, Box2589, RG59, National Archives. "Telegram from Am Consul Hong Kong to State Department on Weather Observatory for The Senkaku Island, January 15, 1971," POL 32-6 Senkaku, Box2589, RG59, National Archives.

ながら、島々における施政権を行使することができる。D、米国の基本的な立場は、この地域において必要のない緊張の増加を避けることを望むことである。日本政府による観測所の建設は国府と中華人民共和国との間の対立を激化させる恐れがある。E、気象観測所は今必要ない。F、私たちが懸念しているのは、日本政府がこの敏感な問題を外交チャンネルで会談する前に、沖縄・北方対策庁沖縄事務局[93]による比較的オープン的なチャンネルを通して提案をしてきたことである。[94]

　ロジャースの表明において、「必要ない」、「望まない」という強い表現が使われていることから、米国政府は釣魚島における日本政府の更なる行動に警戒を示したことがわかる。その後、1971年3月20日、沈剣虹外交部副部長と米国駐台北大使のマカナギーが会談を行った際に、沈は「日本は3月末にでも釣魚島において無人の気象観測所を建設する計画があることが報告されたが、国府としてはこのようなことは起こってほしくない」[95]と米国に台湾当局の懸念と反対の意を伝えた。これに対して、マカナギーは、「米国政府はこれらの諸島が米国政府の施政下にある間、日本政府による釣魚島における気象観測所の建設に反対している。また、私達は釣魚島の主権について、今も返還時も立場をとることはない」[96]と、米国政府は日本政府の考えを容認することはないとの考えを伝え、台湾当局

---

93 「1969年11月佐藤・ニクソン会談で、沖縄の復帰が1972年中に実現することになったことに伴い、復帰準備に万全を期するとともに北方領土問題等に関する諸問題を解決するため、特別地域連絡局が拡充され、総理府の外局である沖縄・北方対策庁となった。そして、日本政府沖縄事務所は沖縄・北方対策庁沖縄事務局となった。沖縄の復帰により、沖縄・北方対策庁は廃止された。」参考：「昭和45年5月1日 沖縄・北方対策庁 沖縄事務局 設置」内閣府沖縄総合事務局。http://ogb.go.jp/soumu/003649.html

94 "Telegram from State Department to HICOMRY, Embassy Taipei, Am consul Hong Kong, CINCPAC on Weather Observatory for The senkaku Island, January 25, 1971," POL 32-6 Senkaku, Box2589, RG59, National Archives.

95 "Telegram from Embassy Taipei to State Department on Senkaku Islands, March 22, 1971," POL 32-6 Senkaku, Box2589, RG59, National Archives.

96 Ibid.

の緊張を緩和させようとしたことが分かる。

　米国政府は釣魚島問題において、実に米国にとってバランスの取れた決定を行ったといえる。主権と他の権利を分離させ施政権を引渡すことで日本政府との約束を果たせたと同時に、主権における争議を認め、台湾当局が要求した主権を日本へ引き渡さない約束をも果たしたことになる。したがって、米国政府は、日台双方が絶対に譲れないとする最低限の要望を果たすことで、釣魚島問題の矛先を米国に向けさせることなく、この争議から身を引くことができたといえよう。

1.2　ギリギリの動揺

　上述のように、米国政府は慎重に日本と台湾の間でバランスをとりながらも、釣魚島諸島を沖縄返還協定で日本政府に渡すことについてためらいを見せたことはなかった。しかし、沖縄返還協定調印の直前になって、米国政府上層部では米台関係を考慮し、日本政府への釣魚島返還を見直すべきとの意見が出されたことがあった。

　その要因となったのは、台湾当局から出された、釣魚島問題と日米繊維問題のリンケージを狙った提案だった。

　沖縄返還協定が調印される 10 日前、ピーターソン（Peter George Petersons）[97]大統領補佐官経済担当が、台湾への配慮のために釣魚島諸島の施政権を日本に返還せずに米国の統治下にとどめる考えを提起した。1971 年 6 月 7 日、ピーターソンはニクソン大統領に宛てた秘密メモを送り、米台関係を考慮し、これ以上釣魚島問題において台湾を刺激すべきではないとして、「台湾に島を渡せと示唆するのではなく、日本に施政権を返して台湾にメンツを失わせるより、現状維持が賢明だ」[98]と提案した。

　ピーターソンがこの提案をした背景には、難航する日米繊維問題が存在

97　Peter George Peterson（1926 —）、米国ビジネスマン、投資銀行家、著述家、政治家。1971 年にニクソン政権の国際経済問題担当の大統領補佐官を担当した。

98　"Memorandum for President Nixon from Peter Peterson, Textile Negotiations in Taiwan, June 7,1971," Henry A. Kissinger Office Files, National Security Council, Box101, Nixon Presidential Library.

していた。1969 年 1 月、ニクソンは選挙期間中に「毛、化学繊維にも国際的取り決めを導入する」ことを公約に掲げたことで選挙に勝利し、大統領に就任した[99]。しかし、その後、米国政府は日本の繊維製品輸出の自主規制を要請したが、日本側はこれを拒否したことで、日米間では繊維問題をめぐる交渉が硬直していた。一方、米国政府は日本との交渉を続けると同時に、アジア各国との交渉も積極的に進めていた。中でも台湾当局との交渉は重要な一環と位置づけられ、韓国や香港などを動かし繊維での取引を実現するためには台湾の同意が必要だった[100]。

1971 年 6 月 1 日からデビット・ケネディ（David Matthew Kennedy）[101] 米国政府繊維問題担当特使は台湾当局と制繊維品の対米輸出規制問題について交渉を始めた[102]。交渉過程において、蒋介石と次期総統である蒋経国行政副院長から思わぬことが提案された、それは「沖縄返還の際、尖閣諸島を返還せず、そのままアメリカの施政権下に置くなら、繊維交渉で妥協してもいい」[103] と、釣魚島諸島を日本政府に返還しない引き換えに、台湾当局は繊維貿易において妥協することを提案してきたのである。ケネディは、台湾当局からの妥協案をすぐにワシントンに送り、ピーターソンがケネディの代わりにニクソンに提案した[104]。大統領選挙を控え、繊維交渉での功績を上げたいニクソンに、ピーターソンは台湾側から受けたこの新提案を真剣に検討するよう求めたのである[105]。経済担当のケネディやピー

---

99 「日米繊維戦争の外交と内政（新聞社説・採点）」『経済評論』、1971 年 5 月、176 頁。

100 ロバート・D・エルドリッヂ『尖閣問題の起源』、181 頁。

101 David Matthew Kennedy（1905―1996）、米国実業家、経済学者および財政長官。1969 年 1 月から 1971 年 1 月までにニクソン政権下財務長官をつとめ、1971 年に財務長官を退任後、ニクソンの要請で 2 月 11 日に無任所の大使として閣内に残り、繊維問題を担当した。

102 「対台湾交渉を開始」『サンケイ新聞』、1971 年 6 月 2 日、1 面。

103 春名幹男「尖閣領有アメリカは日本を裏切った」『文藝春秋』、2013 年 7 月 1 日、261 頁。

104 ロバート・D・エルドリッヂ『尖閣問題の起源』、188 頁。

105 春名幹男「尖閣領有アメリカは日本を裏切った」、263 頁。

第1章　日中国交回復前夜の釣魚島問題をめぐる変動

ターソンは、台湾と繊維問題において妥協させることができれば、日本を犠牲にしても他の諸国との交渉を進めたいと考えていたのか、または台湾の提案に乗ることで日本に圧力をかけたかったのかは定かではないが、ケネディがピーターソンに送ったメモの中で以下の要点が記されていた。

　第1に、米台が五年間の対米繊維輸出の自主規制で予備的な了解に達したと報告してきたが、深刻な争点が残っている。台湾は「二つの中国」政策によって台湾が米国からひどい仕打ちを受けていると思っている。第2に、問題を解決する唯一の方法は尖閣諸島の日本への施政権返還を「棚上げ」することだと確信している。そうすれば台湾の内外でのメンツは保たれ、蒋経国行政院副院長も政治的な窮地から脱却することができる。第3に、台湾に島を渡せと示唆しているのではなく、日本に施政権を返して台湾にメンツを失わせるより、現状維持が賢明である。[106]

さらにピーターソンは、ケネディがこの選択を提案したメリットについて「我々の国の産業界は、台湾国府に甚大な影響を及ぼすことなくこの難局を打開できると感じている。（台湾側は）特定の軍事製品の（提供の）重要性を強調するが、ケネディ大使はこの問題を解決する『唯一の』方法は沖縄返還協定に基づき尖閣諸島を日本の施政権下に移すことを取りやめることだと確信している」[107] と、釣魚島問題での譲歩が繊維問題の打開にとっての重要な転機であることを強調した。

　しかし、この提案に対して、大統領補佐官の安全保障担当であるヘンリー・キッシンジャー（Henry Alfred Kissinger）[108] は猛反対をした。1971年6月7日ピーターソンの提案についてピーターソン、キッシン

106　同上。

107　"Memorandum from the President's Assistant for International Economic Handwriting Files" President's Office Files, White House Special Files, Box12, Nixon Presidential Materials. ロバート・D・エルドリッヂ『尖閣問題の起源』、189頁。

108　Henry Alfred Kissinger（1923 —）米国国際政治学者。ニクソン政権およびフォード政権期に国家安全保障問題担当大統領補佐官、国務長官を担当。

ジャー、ニクソンが緊急会談を行うことになった。会談に向かう車の中で
キッシンジャーはニクソンに電話し、日本を犠牲にすることに反対する考
えを伝えた。電話の内容は以下の通りである。

　ニクソンが「もうすぐそっちにつく、これは大きなことを伴うのか」
と質問したところ、キッシンジャーは釣魚島諸島の施政権返還をしなけ
れば「日本との交渉が吹っ飛ぶ」[109]と言い切った。これを聞いてニクソン
は「我々はこの重要な点をもって繊維でなんとかできるかもしれない」[110]
と、釣魚島問題を賭けにして、繊維交渉における日本の譲歩を引き出せる
かもしれないとの考えを示したが、キッシンジャーは「我々は日本との間
でとてつもなく大きな代償を払うことになる。条約は来週には調印される
ことになっている」[111]と、日米沖縄返還協定の調印が1週間後に迫った時
期に、釣魚島問題で日本に刺激を与えると、沖縄返還協定自体が白紙にな
る危機を指摘し、強く反対した。

　電話の後、緊急会談においてもキッシンジャーはピーターソンらの考え
に断固として反対した。キッシンジャーは最初にこの問題が生じた原因に
ついて「今回の展開も、官僚たちがきちんと報告をしないがために、支障
が起きるというような実例の一つである。彼らはそんな問題があることな
ど、まったく告げていなかった。率直に言って、私はそんな島の存在さえ
知らない」[112]と説明した後、米国が釣魚島諸島を含む沖縄地域を信託統治
下におかれるまでの過程を説明した。その中で、1951年のサンフランシ
スコ平和条約に触れ、「条約に関して具体的な境界線を宣言したとき、わ
れわれは尖閣諸島を含めたが、それに対し異論は出なかった。その時点で

109　United States Assistant to the President for National Security Affairs. [Japanese
　　Textile Negotiations]., 1971, Digital National Security Archive, https://search-proquest-
　　com.ez.wul.waseda.ac.jp/docview/1679106384?accountid=14891.

110　Ibid.

111　Ibid.

112　古森義久「大統領執務室で何が語られていたのか？『尖閣は日本領』と認めて
　　いたニクソン政権」JBPRESS、2012年10月31日。http://jbpress.ismedia.jp/
　　articles/-/36434?page=4

話に決着はついている」[113] と述べ、日本に引き渡すべきだと強調した。

これに対して、ピーターソンは「この（尖閣）問題は日本にとってどれほど重要でしょうか。あなたがいままで知らなかったのだから、（もし尖閣の主権について米側が態度を変えれば）何が起きるのか。この問題は本当に緊急の重要性があるのでしょうか」[114] と、釣魚島諸島に関して米国でさえもこれほど情報が錯綜している中で、日本政府は本当に米国が考えるほど神経を尖らせているのだろうか、との疑問を投げかけた。

しかし、キッシンジャーは「もし6カ月前に提起されていたら、いくらかは違ったかもしれない。しかし、もしいま提起されたら、沖縄返還協定を破壊する意図的な試みのように映るでしょう。米国がもしこの問題を提起するとすれば、もっとずっと早くに提起すべきだった」[115]、「二月か三月に彼らが繊維絡みで尖閣をカードに使えと言えば、対応できたかもしれない。しかし、協定の調印予定十日前では……」[116] と、繊維問題と釣魚島問題の取引は確かに魅力的だが、沖縄返還協定がもうすぐ調印されるこの瀬戸際で、米国が態度を変えれば、1969年から日本政府と交渉を進めてきた条約が破綻する危険性があることを強調した。また「もし米国がいま日本側に対して尖閣の主権の問題を提起した場合、日本側は米国が台湾との繊維問題の取引を成立させるために、日本領の島を中国側に与えたと考える」[117] と述べた。

キッシンジャーは日米貿易摩擦および安保問題に関して日本国内で米国への反感が高まっている状況で、更なる米国離れが生じ、米国のアジアに

113　同上。

114　同上。

115　同上。

116　春名幹男「尖閣領有アメリカは日本を裏切った」、264頁。

117　"Textile Negotiations in Taiwan, June7, 1971" Memorandum for President Nixon from Peter Peterson, National Security Council, Box101, Nixon Presidential Library. 古森義久「大統領執務室で何が語られていたのか？『尖閣は日本領』と認めていたニクソン政権」JBPRESS、2012年10月31日。http://jbpress.ismedia.jp/articles/-/36434?page=4

おける戦略的最前線である日本との関係に悪影響を与える可能性を示唆した。そのうえで台湾当局の提案は承認できないとした。ニクソンは、一方は経済問題としての繊維問題、もう一方は安全保障と関連する沖縄返還協定の両者を天秤にかけた結果、「よし、それで決着」[118] として、沖縄返還協定の推進を優先させ、台湾当局の提案を採用しないことを決定した。

　ニクソンがこのような決断を下した背景には、当時の国際情勢下で、米国政府が台米関係と日米関係をどう位置づけていたのかが関係していると考えられる。

　第1に、米国政府はソ連を牽制するために中国との関係改善に踏み込むという考えを明確に持っていた[119]。しかしその一方で、台湾当局と中国政府は正統政権をめぐって対立しているため、中米が歩み寄れば、米台関係に影響が及ぶことは避けられない。

　第2に、当時、米国はベトナム戦争で軍事力を大きく消耗していたため、ニクソン政権にとって、ソ連との対抗上ヨーロッパおよび中東地域に米国の力を集中させる必要性があった。それゆえ、アジア太平洋地域における米国の同盟諸国に対して安全保障の自立性を促し、米国はその援助につとめるとして、米国のアジアへの過剰介入の整理とアジアの互助と自立を求めていた[120]。米国政府からすればその第一歩が、沖縄返還協定によって米軍が駐留する沖縄地域を日本へ移管することであった。したがって、沖縄返還協定は米国政府の国際軍事配備調整における重要な一環であったとわ

118　Ibid.

119　米国政府は5月からすでに中国政府の関係改善をはかる布石を作るために、キッシンジャーの秘密訪中について中国に打診を行っていた。ニクソンとキッシンジャーは1971年5月にパキスタンを通して、中国政府にキッシンジャーと周恩来による秘密会談を行う提案を伝えた。翌6月2日に周恩来から米国の提案を受け入れるとの返事があり、米国政府はさっそく7月にキッシンジャーを秘密裏に訪中させることに向けて準備を開始した。したがって、すでに訪中が決定事項となったキッシンジャーとニクソンは中国政府との関係改善に踏み込む考えを明確にしていた。

120　「アジア、大洋州地域のその他の諸問題」『わが外交の近況　昭和44年度（第14号）』、日本外務省、1970年6月。http://www.mofa.go.jp/mofaj/gaiko/bluebook/1970/s44-1-1-8.htm#a1

かる。

第3に、アジアにおける繊維問題の解決のカギを握っているのはやはり日本であった。繊維貿易の推進において、ピーターソンやケネディは、台湾などの周辺国からの打開を模索していたが、繊維貿易を順調に進める根本的な方法は日本政府との交渉の妥結を目指すことに変わりはなかった。台湾との取引をニクソンに提案したケネディ自身も、7月16日にニクソンに宛てた覚書では、極東における繊維交渉の重要なポイントに差し掛かっているが、そのカギを握るのは日本である[121]と報告している。

このように、米国政府にとって当時のアジアにおける日本と台湾の役割を比較すれば、軍事、貿易の両面でより重要な役割を担っていたのは日本であった。そのことが、ニクソンが釣魚島を引き換えに台湾との繊維交渉を推し進めるとする提案を拒否した、根本的な要因の一つであったといえよう。

米国側は釣魚島の施政権を日本に返還することにしたが、このことで米台関係を悪化させることも望んではいなかった。

台湾当局の不満をなだめるため、6月10日にロジャース米国務長官は愛知外相に台湾当局と釣魚島問題について会談を行うよう求めた。実はその前日、ジョンソン（U. Alexis Johnson）[122]米国務次官がキッシンジャー宛てに作成したメモにおいて、日台交渉が実現した場合と施政権を日本に返還する場合において、米国がとるべき行動計画の草案が提示されていた。第1に、仮に釣魚島諸島をめぐる日台間の直接協議が実現した場合は、ケネディ大使から行政副院長の蔣経国に、日台協議に日本が応じたのは米国

---

121 United States. Ambassador-at-Large. Textile Negotiations in the Far East; Includes Letter from President Nixon to Prime Minister Sato]., 1971, Digital National Security Archive, https://search-proquest-com.ez.wul.waseda.ac.jp/docview/1679118760?accountid=14891.

122 U. Alexis Johnson（1908 — 1997）、米国外交官。1969 年 1 月ニクソン政権の政治担当国務次官に就任。

政府の働きかけによるものであると伝えること[123]。第2に、施政権を日本に返還する際は、米政府が釣魚島諸島の主権帰属問題において、日本の立場を支持するつもりのないことを示すために、以下のような声明を事前に蔣介石に伝達することである。声明の文面は、「米国政府は日台間に尖閣諸島の主権をめぐる論争があることを認識している。米国政府は日本への施政権返還で台湾の主張が害されることはなく、日本の法的権利を増進することもなく、台湾の権威を減少することもない」というものだった[124]。

　しかしいずれにしても、上述のように、米国政府が釣魚島諸島の扱いにおいて、いかなる決定と選択を行うにしても、最優先されるのは米国の利益であることは言うまでもない。また、沖縄返還協定の調印を控えて、例え米国政府が日台を取り持っても、事態が変化することはないことは十分に予測できたといえる。米国政府からみれば、日台の会談をとりもっても、沖縄返還協定に影響をあたえる可能性が極めて低い一方で、台湾に米国の誠意をみせることができ、一石二鳥であるといえよう。

1.3　間接的に米中関係に配慮した「中立」政策

　米国政府が「中立」政策を堅持し、日台の争いに巻き込まれたくないという考えがある一方で、米国に政策を堅持させたもう一つの理由は米国政府と中国政府の急速な接近にあったのではないかと考えられる。

　1969年にニクソンが米国大統領の座についてから1971年までの間、米国は外交政策の調整段階に入った。1968年8月9日にニクソンの大統領就任が発表された直後の雑誌のインタビューにおいて、ニクソンは「私たちは中国を忘れてはいけない。私たちは中国と話し合いのチャンスを見つけるべきである（中略）私たちはチャンスをただ待つのではなく、チャン

123　"Textile Negotiations in Taiwan" Memorandum for President Nixon from Peter Peterson, June7, 1971, National Security Council, Box101, Nixon Presidential Library. 古森義久「大統領執務室で何が語られていたのか？　『尖閣は日本領』と認めていたニクソン政権」。

124　Ibid.

スをつくらなければならない」[125]と繰り返した。1969年2月から3月に珍宝島（ダマンスキー島）で発生した武力衝突をきっかけに、中ソ関係が急速に悪化したことが、米国の対中政策の転換に契機を与え、それまでの対中制圧から対中緩和政策へと変化した[126]。

2月にロジャース米国務長官が声明を発表し、対話を通して米中関係の緊張状態を緩和し、比較的建設的な関係を構築する考えを明らかにし[127]、7月に米国政府は対中国貿易と人員往来の規制緩和を発表した[128]。さらに、10月にはパキスタンを通じて、中国政府が最も重要視していた台湾問題について、米国政府は台湾海峡への駆逐艦の派遣を中止する決定を中国政府に伝えた。そして、12月18日に行われた年末記者会見において、キッシンジャーは「私たちには永遠の敵はいない。共産国家を含み、特に共産中国のような他国に対して、イデオロギーに基づいて判断するのではなく、行動をもって判断するべきである」[129]と、これまでの中国に対する偏見を抜きにした発言を行った。

1970年に入ると、米中関係は実質的な進展を見せ始める。1970年1月20日に、2年ぶりの実質的な会談となる米中ワルシャワ大使級会談が再開され[130]、2月18日にニクソンは対外政策報告の中で、中国を国際ファミリーから孤立させ続けるべきではないとして、北京との関係改善を行うことを強調した[131]。そして、11月から12月の間に、毛沢東中国国家主席

125　U.S. News & World Report, Sept.16, 1968, p.48. In the Kissinger, Henry. "The White House Years"(Boston: Little, Brown, 1979), p.164.

126　胡暁麗「美国的対中対蘇戦略与20世紀70年代的三国関係」『理論学刊』 第7期、2014年7月、119頁。

127　同上。

128　内閣府ホームページ「昭和46年　年次世界経済報告　転機に立つブレトンウッズ体制」経済企画庁、1969年12月14日。http://www5.cao.go.jp/keizai3/sekaikeizaiwp/wp-we71/wp-we71-00408.html

129　Kissinger, Henry. "The White House Years"(Boston: Little, Brown, 1979), p.192.

130　Ibid., p.193.

131　胡暁麗「美国的対中対蘇戦略与20世紀70年代的三国関係」、119頁。

と周恩来外相はニクソンが派遣した特使、またはニクソン本人の中国訪問を歓迎する意思を示した。

米中関係改善の中核にいたキッシンジャーは、米中関係が実質的な改善を見せたことについて「あれは並外れた希望の瞬間だった」[132] という。米中関係の改善にこれだけの熱意と力を込めていた背景には、前述のように、沖縄返還協定が打ち出された背景でもある、ベトナム戦争による米国の国力の消費が深く関わっていた。キッシンジャーは米中関係の改善について「開放的な中国は、我々があの苦痛な戦争を終わらせる手助けになるかもしれない」[133] と評価していた。また、「米国国内に対する中国の影響はさらに深い意義を持っている。このベトナムの苦しみは新しい政策の可能性に対する失望と自己嫌悪をもたらしているように見える」とも。しかし、中国との関係改善を実現することで「この偉大な人々との疎遠関係を終焉させ、新しい空気を吹き込むことで、米国が世界のリーダーとなることを米国人に思い出させることができる」[134] と、回顧録で語った。

このように、中米関係の改善は米国政府にとって、ベトナム戦争の早期終焉という重要な対外作用が期待されていたのみならず、米国自身の世界リーダーとしての自信を再び呼び起こす重要要素として位置づけられていたことがわかる。したがって、米国政府は中国政府と亀裂が生じる恐れがある釣魚島諸島の主権問題においても、中国政府の態度を考慮しなかったとは考え難い。

日台の争いに巻き込まれたくないがために米国の「中立」政策がとられたと同様に、中米間には、もともと台湾問題が存在するため、さらに問題を持ち込むメリットは極めて小さかったのではないかといえる。逆に、中国が主権問題で米国と対立的な態度をとり始めてからは、中米関係の改善を通して内外の問題解決に役立てたい米国政府にとって、釣魚島問題を持ち込むことはデメリットであるともいえた。実際、米国が釣魚島諸島の主

132　Kissinger, Henry. "The White House Years", p.194.

133　Ibid.

134　Ibid.

権で態度を示さなかったことで、中国政府は米国政府との会談で自ら釣魚島問題に言及したことはなく、釣魚島問題が両者間の争点となることもなかった。

このように、米国政府は日台のトラブルに巻き込まれることだけでなく、米中関係に釣魚島問題を持ち込むことをも回避したかったのではないと考えられる。

第2項　日本国内の反応と変化

2.1　米国の「中立」的姿勢に対する日本国内の反応

これまで米国政府は、釣魚島諸島を沖縄諸島の一部として信託統治し、釣魚島諸島の一部（黄尾嶼と赤尾嶼）を射撃訓練場として日本政府から借用していた。したがって、日本政府としては当然のことながら、米国政府は日本の残存主権を認めていると考えていた。しかし、上述のように、沖縄返還協定の交渉が始まってから1970年に入ると、米国政府は釣魚島諸島の主権に対してしばしば「中立」の立場を表明するようになり、米国政府のこの態度に対して日本国内では不満の声が上がった。

1971年3月20日、日本政府から沖縄返還交渉全般において返還地域を明記するよう米国政府に要求したが、米国政府が「尖閣問題を表面化することは避けたい」との意向を示したため、後に協定に付属する合意議事録に適用範囲を経緯度で示すことで日米両政府は合意した[135]。当時外務省法規課長だった栗山尚一は、「沖縄返還協定に『尖閣諸島を含む琉球諸島の施政権を返還する』と明記するよう米国に提案したところ、米国が『勘弁してくれ』と言ってきた。理由は明らかに台湾に対する配慮だった」[136]と、米国政府は台湾当局の反応を考慮して、釣魚島問題が沖縄返還協定の

135　「『尖閣』表記で日米折衝　沖縄返還交渉の文書公開」『日本経済新聞』、2010年12月22日。

136　太田昌克「尖閣、沖縄、台湾、そして密約――1971年、米国アジア政策の源流」『世界』、2013年8月、249頁。

焦点にならないように、意図的に返還される島の名前の記載を避けたと証言している。この合意に対して、日本国会では不満と懸念の声が上がった。1971年5月7日の衆議院外務員会において、沖縄返還協定について公明党の中川嘉美は「施政権返還をする地域の表現について、個々の島名を列記しない方法をとるということを聞いておりますけれども、そのとおりでしょうか」[137] と、質問したところ、愛知は「これはサンフランシスコ条約第三条によって現在米国が立法、司法、行政三権を持っている領域の中で、すでに返還された奄美、小笠原を除く全域が日本にそのまますっぽり返るということを条約上はっきり約束するということが必要であり、同時に十分である」[138] と、沖縄返還協定において、個々の島の名前を記載する必要はないと説明し、今後も条約に記載することはないことを明らかにした。政府の決定に対して、中川は「尖閣列島が返還されたかどうかということがはっきりと第三者にわかるようにしなければならないと思います。どうも北方領土の問題あるいは竹島の問題もわが方だけの解釈に終わってしまったような感じがしないでもないのですけれども、こういった前例があるだけに返還条約のときに尖閣列島がはっきりと明記されるべきだ」[139] と、政府の決定が、日本が抱える他の領土問題に影響を及ぼすことを強く懸念した。

　沖縄返還協定では、釣魚島諸島の施政権は日本政府に移管された。しかし、調印後、米国政府が1971年10月に上院審議において釣魚島諸島の主権について米国政府は「中立」の立場をとることを再度公式に発表した。これを受けて、日本国会で米国に対する疑猜と不満が再度噴出した。12月1日参議院本会議において、日本社会党の森元治郎は「アメリカ上院の審議の過程において、この尖閣列島だけが特に問題として取り上げられたのを見て奇異の感じを免れません。（中略）アメリカは、どこの国のもの

137　「第65回国会衆議院　外務委員会議録第14号（1971年5月7日）」衆議院事務局、1971年5月14日、7頁。
　　http://kokkai.ndl.go.jp/SENTAKU/syugiin/065/0110/06505070110014.pdf

138　同上。

139　同上。

かわからないこれらの島々の施政権を押えていたというのでしょうか。そのくせ、返還後も演習場として使用するということになっております。キツネにつままれたようでさっぱりわかりません。何とも不愉快な話であります」[140] と、米国がこれまで釣魚島諸島を射撃場として日本政府から借用していたにもかかわらず、返還間近になって主権について中立的立場をとるなど、都合が良すぎるのではないかと不満をぶつけた。また、15日の参議院本会議において社会党の川村清一郎も「日本に施政権は返還するが、その帰属については関係しないと称している米国政府の論理はあまりにも勝手であり、国際法上も認められるものではありません。したがって、政府は米国政府に強く抗議すべきであります」[141] と、政府に米国への抗議を求めた。その後も社会党議員を中心に国会にて「なぜアメリカは領有権の問題について奥歯に物のはさまったようなことを特に言うのか」、「返還したなら返還しただけで黙っておれば必要にして十分だと思うのに、帰属はわからないと、そういうふうな言い方はどういう意味か」[142] と米国政府の公式声明に対する不満と懸念が何度も示された。

　一方、日本政府はこれらの声に対して、釣魚島諸島に対する日本の主権を強調したが、米国政府の「中立」的態度に理解を示すにとどめた。愛知の後任として外相に就任した福田赳夫は「御心情はよくわかります。私といえども不愉快なような感じもいたすわけでございます。おそらくこれは他の国からアメリカに対していろいろと話があった、それを反映しているじゃないかというふうな私は受け取り方もいたしておるのであります」[143]

140　「第 67 回国会　参議院会議録第 11 号（1971 年 12 月 1 日）」『官報』、1971 年 12 月 1 日、5 頁。
　　　http://kokkai.ndl.go.jp/SENTAKU/sangiin/067/0010/06712010010011.pdf

141　「第 67 回国会　参議院会議録第 13 号（1971 年 12 月 15 日）」『官報』、1971 年 12 月 15 日、6 頁。
　　　http://kokkai.ndl.go.jp/SENTAKU/sangiin/067/0010/06712150010013.pdf

142　「第 67 回　参議院沖縄返還協定特別委員会会議録第 7 号（1971 年 12 月 16 日）」参議院事務局、1971 年 12 月 29 日、8 頁。
　　　http://kokkai.ndl.go.jp/SENTAKU/sangiin/067/1646/06712161646007.pdf

143　「第 67 回国会　参議院会議録第 11 号（1971 年 12 月 1 日）」『官報』、9 頁。

と述べ、国会では不満の声に一定の理解を示しながらも、米国政府への他国からの圧力の存在を示唆しつつ、米国政府への理解を示したのである。また、釣魚島諸島における米軍の射撃場の使用については、福田は「尖閣列島で米軍の射爆場なんかがあってけしからぬじゃないかと（中略）これこそは、すなわち尖閣列島がわが国の領土として、完全な領土として施政権が今度返ってくるのだ、こういう証左を示すものであると解していただきたい」[144] と、米国が射撃場をもつことは日本の主権を害することではなく、むしろ日本の釣魚島諸島における領有権の主張の手助けをしていると説明した。また、上述のような米国政府の行動に国会からの不満はあるが、「しかし、抗議をするというほどのことでもないのですよ」[145] と述べ、釣魚島問題についての米国政府の言動に対して抗議をする意思はないことを明らかにした。

　実は、日本政府が上述の立場をとった背景には、米国政府が日本国内で不満があがることを見越して、事前に日本政府に対し、釣魚島問題をめぐる日本国内の反発を解消するよう求めていたことが挙げられる。

　沖縄返還協定の調印が近づく一方で、米国国内では華人による抗議運動が続き、台湾内部で日米に対する反発の声は激しかった。また、日本国内でも米国に対する不満の声があがっていた。これに対して、米国政府は釣魚島問題が沖縄返還協定に支障をきたすことを懸念し、問題の沈静化を働きかけた。1971 年 6 月 9 日に、ロジャース米国務長官は愛知外相とパリで会談し、釣魚島問題についてロジャースは次のように話した。「尖閣諸島問題につき、国府は本件に関する一般国民の反応に対し、非常に憂慮しているが、本件について日本政府がその法的立場を害することなく、なんらかの方法で、われわれを助けていただければありがたい」[146] と述べ、「た

144　「第 67 回国会　参議院本会議録第 13 号（1971 年 12 月 15 日）」『官報』、9 頁。

145　前出、脚注 142。

146　「日本国パリ駐在大使館中山賀博大使から外務省本省宛ての極秘電報（1971 年 6 月 10 日）」、外務省外交史料館。矢吹晋『尖閣衝突は沖縄返還に始まる』、32 頁。「外務省秘密漏洩事件」東京地方裁判所、1974 年 1 月 31 日。http://www.cc.kyoto-su.ac.jp/~suga/hanrei/36-1.html

とえば、本件につきなるべくすみやかに話合いを行うというような意志表示を国府に対して行っていただけないか」と[147]日本政府の協力を要請した。同日午後ジョンソン外務次官は、ロジャースが愛知に米国政府の考えを話したことをキッシンジャーに電話で伝え、「今残されている道は、愛知が中国と会談することに同意することである」[148]と、ロジャースが台湾との会談を愛知に示唆したと報告した。日本側から見れば、釣魚島問題における米国の「中立」発言に不満を抱えながらも、沖縄返還協定全体の進度が停滞しないかぎり米国の要求に答えることは日本にとっても害ではなかったといえよう。

　6月15日に日本政府は米国の要請に応じて、愛知外相と彭孟緝駐日台湾当局大使と会談を行った。会談では、双方とも各自の主張を強調してゆずらず、平行線のまま終わった。これは想定内であったといえよう。まず、日本政府からみれば、そもそも主権問題において対立している台湾側の要請に日本政府は応えることはできなかった。また、2日後に沖縄返還協定の調印式を控えている瀬戸際で、いまさら台湾当局と釣魚島問題で妥協する必要性も可能性もなかったからである。また、ロジャースが「日本の立場を害する事なく」とわざわざ強調したことからも示唆できるように、米国政府は、日本政府に譲歩、または妥協を求めたわけではないことは明らかである。さらに、沖縄返還協定の調印を控えた日本政府にとって、協定の交渉を順調に進めるためにも、真っ向から米国政府の要請を無視することは得策ではない。したがって、日台交渉は本心ではないものの、日本政府にとって、主権について台湾と会談を行うことで、米国の「中立」方針を追認している態度を示し、日米関係の強化への助力を得ることができる選択であったともいえよう。

　一方、米国政府も日本政府に台湾との直接交渉を行うよう求めたが、台

147　同上、32頁。

148　United States Assistant to the President for National Security Affairs. [Okinawa Reversion]., 1971, Digital National Security Archive, https://search-proquest-com. ez.wul.waseda.ac.jp/docview/1679106538?accountid=14891.

湾当局への妥協要請はしていない。つまり、米国側から見れば、会談の結果にかかわらず日本が台湾と会談を行うことが目的であったといえる。また、米国政府側としても、日本政府が現状変更を望んでいないことは十分承知している。したがって、「中立」的立場をとる米国政府にとって、この会談が行われた時点で米国の台湾当局に対する責務は果たされ、会談の内容や結果は日台間の問題であると割り切ることができたといえよう。

　このように、日本政府は沖縄返還協定の成立を前に、若干の不愉快は表明しながら、米国政府からの事前の説得もあり、米国政府の「中立」的態度の表明に明確な反対の意を示すことはなかった。また、米国政府が施政権を日本に返還しながら、主権問題について「中立」的な立場を堅持するという曖昧な立場を示したことについても、米国の支持を要請していた日本政府にとって、釣魚島問題での慎重な対応を迫られたといえる。米国政府からの明確な支持を得られない以上、日本政府は釣魚島問題をエスカレートさせないよう、国内における言及を控える方針へと転じることを選択した。

2.2　日本政府による不言及方針の開始

　沖縄返還協定が調印される前後、日本政府が国会で米国政府の立場に対する理解を求めている間にも、国会内では釣魚島諸島に関する油田開発や主権問題に関する議論がしばしば行われていた。しかし、沖縄返還協定が発効する1972年5月の直前に、日本政府は突如として釣魚島問題に関する国会での討論を控えるよう求め、また発効直後に政府は事を「荒立てない」と、積極的な釣魚島問題の脱争点化と沈静化に転じたのである。

　1972年4月6日、参議院予算委員会において、自民党の山本利寿は、政府に釣魚島問題においてより強い態度で臨むよう求めた。山本は「中国や台湾政府がどういう理由でこの領有権を主張するのかということについては、国民は知らないのであります。外務省においては、これらのことを十分調べておられると思いますので、ここでお聞かせをいただきたいと思

います」[149]と、釣魚島問題に関する踏み込んだ説明を求めた。

　これまで、国会討論においてこのような質問が提起された際、政府は日本側の史的および法的根拠を説明することが一般的だった。しかし、この日の委員会では福田外相から意外な答えが返ってきた。応答に立った福田外相は、はじめに釣魚島諸島が日本の領土であることには一点の疑義もないことを前置きしたうえで、次のように続けた。

　　第三国からいろいろ意見がある。そういう状態に対しまして、わが国がこれに一々応酬する、こういうことになると、何かこちらに落ち度でもあって、陳弁でもするような印象にもなりかねない。私はこの際はいもう、一点の疑義もないこの問題でありますので、泰然自若というか、われに確信あり、こういう態度で終始するということのほうがむしろいいじゃないか。私は、もうこの領有権問題につきましては、国会においてあまり話題にならぬほうがいい。話題が出ますと、また第三国のほうから話題を提供する、これがまた関係国との間にいろいろ応酬をしなきゃならぬという悪循環を招来する、そういうふうに考えるのです。（中略）国会で深入りしないほうが、わが国の国益に合致するゆえんである、そういうふうに考えますので、どうか深入りすることを差し控えさしていただきたい。[150]

　釣魚島に対して、説明すればするほど、日本政府に何らかの落ち度があるとの印象を与えかねないという懸念から、日本の主権の正当性を強調するためにも、国会のような公の場でのこの問題についての言及を控えるようにとの、政府側からの初めての呼びかけだった。

　沖縄返還協定が発効して間もなくの５月25日の衆議院内閣委員会にお

149　「第68回国会　参議院予算委員会会議録第6号（1972年4月6日）」参議院事務局、1972年4月13日、3頁。
　　http://kokkai.ndl.go.jp/SENTAKU/sangiin/068/1380/06804061380006.pdf

150　同上。

いて社会党の木原実が再び釣魚島問題にふれ、次のように質問した。「この尖閣列島の問題につきましては、何か中国のほうからも国連のほうに領有権を主張する文書が提起された。わが国としてはそういうものに対してどういうふうに領有権を主張していくつもりですか」[151]。この質問に対して、福田外相は日本政府も諸行政措置を講ずると簡単に状況を説明した上で、次のように話した。

　これは荒立てないほうがいいと思っております。荒立てないような措置、これは国府側に対しましても、わが国としては要請をしております。そういう御主張があるにしても、これは荒立てないような態度で善処してもらいたいということを要請して、わがほうにおきましても、ことさらこれを荒立てるというようなことはしないようにいたしながらも、わが国の領有権につきましては、これが誤りなくそういうふうな結論になるように万全の対策をとっておるというのが現状でございます。[152]

　福田は4月のように国会での言及を控えるよう呼びかけるのみならず、釣魚島諸島における日本政府の措置も「荒立てない」ようにすることを原則として今後進めていく考えを示した。木原と福田の質疑応答の間に、福田は4回も「荒立てない」という言葉を口にしたことで、木原から福田が強調する「荒立てない」とはどのようなことを指しているのかについて、次のように尋ねた。

　事を荒立てないという大臣の御答弁の中には、やはりセーブすべきものはこちら側としてもセーブして、そしてこの領土権の主張についてはしかるべき話し合いをする場なり主張する場があるわけですから、少な

151　「第68回国会衆議院　内閣委員会議録第26号（1972年5月25日）」衆議院事務局、1972年6月6日、19頁。
　　http://kokkai.ndl.go.jp/SENTAKU/syugiin/068/0020/06805250020026.pdf
152　同上。

くともそれに影響を与えないようにいろいろな面ではセーブしていく。大陸だなの開発の問題につきましては、大臣からいまたびたびお答えをいただきましたように、これは別個の経済問題として、半分に割るというような原則があるそうですけれども、そういうような形で処理をしていく。そういう段取りで、特に大事なことは、事を荒立てないという中に、パトロール等についても一定のセーブを加えてなるべく穏やかに持っていくのだ、こういうふうに解釈してよろしゅうございますか。[153]

　木原の解釈について、福田は「大体そういうことですね。当面の必要最小限の措置を講ずるにとどめておく、そういう考えでおります」と木原の理解した大枠について賛同しながらも、政府がとるのはあくまでも「必要最小限の措置」であることを強調した。
　福田は、言及を控えるように求めたのは釣魚島諸島が日本の領土であることを確信しているからこそ、台湾当局や中国政府と主権にめぐって応酬するのは、日本が本来有する釣魚島主権の合法性に疑問を感じさせる可能性があり、逆効果であると説明している。しかし、日本政府はすでに1970年から公式に釣魚島諸島に対する主権を主張し、台湾当局と中国政府との応酬も今になって始まったことではない。なぜ、1972年になって、いまさら言及を控えさせ、事を荒立てないように求めたのか。
　日本政府が国会において特に不言及方針を強調したのは、沖縄返還協定が発効される前後の2度である。したがって、日本政府の態度変化は沖縄返還協定の発効の時期と大きく関係していると考えられる。
　実は、沖縄返還協定が発効する5月15日の約2ヶ月前に、日本政府は米国政府に対して協定が発効する当日に、米国政府に釣魚島問題において日本側に有利となる発言を要請していたのである。福田は3月21日の閣議後の記者会見で、釣魚島諸島の帰属問題について「尖閣列島の帰属の問題を証言の形で示してくれるように、米側にいっている。5月15日は良い機会だ。核ぬき保証を並べていってくれれば一番よいと思う」と話し

153　同上、20頁。

た[154]。しかし、日本の要求を受けた同日に、米国務院筋は「沖縄返還に伴い、尖閣列島の施政権は日本に返還するが、主権の帰属については中立の立場をとるとの米国従来の方針は今後も不変だ」との見解を明らかにしたのである[155]。また、同じく 21 日に辞任の挨拶に佐藤を訪ねたマイヤー駐日米国大使も釣魚島問題について「沖縄施政権の返還」と言う以上の言及は避けたという[156]。米国側の反応を受けて、佐藤は 23 日に首相官邸で内閣記者団に対し、釣魚島諸島の帰属問題について「米国の態度はよくない。米国は中国を気にし、台湾にも気をつかっているのではないか」と話した[157]。米国政府の態度に対して、日本政府は明らかに落胆と不満を見せたといえる。また、米国の確固とした態度を突きつけられた日本政府は、釣魚島問題において、これ以上米国が日本側の立場を強化させる手助けをすることはないとも確信したといえる。

　米国の態度転換が見込めないなか、日本政府にとって釣魚島問題が争点化するのは極めて不都合なこととなったといえる。第 1 に、中国側が国連で大々的に釣魚島問題を提起する中で、米国が護身のために「中立」的な態度をより明確に示せば示すほど、釣魚島諸島の主権問題において、争議が存在すると世界に印象づけてしまうことになる。第 2 に、ここで日本政府が中国や台湾側と主権問題において全面的に対抗をすれば、同様に争議が存在することを印象づけることになる。このまま争議が白熱化した場合、沖縄返還協定にも影響が生まれかねない。日本政府にとって最も不利となるのは、残存主権による主権が主張できなくなることであるといえる。問題が白熱化すれば、沖縄返還協定にある南西諸島の残存主権と釣魚島諸島における施政権と主権の違いをより明白にさせようとする動きが表れる可能性がある。したがって、いずれにしても、米国政府の協力を要請できな

154　「尖閣列島で米の証言を要請　外相語る」『朝日新聞』、1972 年 3 月 21 日夕刊、2 面。

155　「米は中立を変えず　尖閣列島問題の帰属問題　国務省筋見解」『朝日新聞』、1972 年 3 月 22 日夕刊、2 面。

156　「首相、米の態度を非難」『朝日新聞』、1972 年 3 月 23 日夕刊、1 面。

157　同上。

い時点で、日本政府にとって、釣魚島問題において、慎重な態度をとり、脱争点化させることが最も無難な選択であったといえよう。

日本政府の不言及方針は顕著な効果を見せるに至った。上述のように、福田による1972年5月25日の不言及要請発言以降、「尖閣」ということばは、国会討論において1973年まで現れることはなかった。また、国会のみならず、日本国内の大手新聞の報道においてもこれまでの熱気が冷め、報道数は激減した。

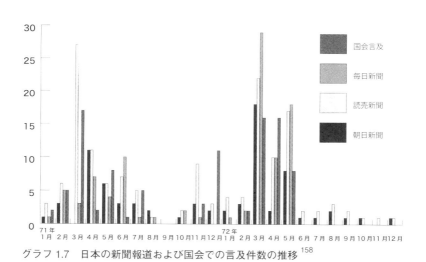

グラフ1.7　日本の新聞報道および国会での言及件数の推移[158]

第3項　台湾当局の態度変化と妥協

3.1　台湾当局の態度変化

台湾当局は1970年9月に日本政府が正式に釣魚島諸島の主権について

---

[158] 1970年代に日本で発効された新聞の内、発行部数上位3社である『朝日新聞』、『読売新聞』、『毎日新聞』の報道件数および国会会議事録検索システムのデータを基に筆者が作成。

国会で明言するまで、日本政府の主権は認めないとしながらも、主権問題を重点とするのではなく、台湾漁民が従来から漁場として漁業を営み、また避難所として用いられていたことを強調していた[159]。また、日華条約を締結した時に、サンフランシスコ平和条約を追認する形で、米国政府による釣魚島諸島を含めた地域の信託統治を認めていた[160]。

　しかし、1970年9月に立て続けに起きた予想外の展開が、それまで曖昧だった台湾当局の態度を変化させた。そのきっかけとなった一つは、台湾島民が釣魚島に上陸し、国旗を立てる事件が起きたことである。いま一つは、米国政府が釣魚島諸島を南西諸島の一部として、日本に施政権を返還すると公式に発表し、同日に日本政府が釣魚島に対する主権宣言を行ったことである。

　1968年8月に、台湾漁民は突如として、琉球政府法務局出入り管理庁係官から釣魚島海域からの退去要請を受け、加えて翌年11月に日米間で交渉開始が決定された沖縄返還協定に釣魚島諸島も含まれていたことで、台湾内部では日米の行動に対する不満が高まっていた。1970年9月1日、『中国時報』の記者4人と漁民十数名、および水産学校の卒業生らが台湾の基隆から出発し、翌2日に釣魚島に上陸した。上陸後、彼らは青天白日旗を立て、岩に「蔣総統万歳」と書き残した。記者らの行動は、『中国時報』の上層部も関与した計画的な行動だった。しかし、これは穏便に問題を処理したいとする台湾当局の態度と大きくかけ離れており、台湾当局からの取り締まりを防ぐため、上陸を計画した『中国時報』の役員は上陸する者の人選にも慎重な配慮を行い、台湾当局中枢に近い者を優先的に選んだ[161]。この事件を重要な契機として、台湾をはじめとする華人圏に「保釣」運動の熱気が一気に広まることになった。

　この事件が起きてから間もなく、前述のように9月10日にマクロス

159　「金吉隆号漁船非法侵入琉球海域」『外交部档案』、中央研究院近代史研究所档案館所蔵、档案号：019.14/0002、140頁。

160　同上、142頁。

161　「70年台記者登島保釣 插旗書写"蔣総統万歳"」環球網、2012年8月31日。
　　http://firefox.huanqiu.com/history/globaltimes/2012-08/3083719.html

キー米国務省報道官は記者会見で「中立」的立場を明示したのみならず、「米国政府は釣魚島を琉球の一部として施政権を行使しているが、琉球における残存主権は日本にあると考えている。したがって、1969年11月の佐藤総理大臣とニクソン大統領の間の合意により、琉球列島の施政権は1972年中に日本に返還されることとされている」[162]と、間接的に日本に残存主権があるとも受け取れるような発言を行った。また、愛知外相も同日に日本政府の釣魚島諸島に対する主権主張を明示したのである。

　台湾民衆の不満の高まり、そして日米両政府の態度表明を受けて、同じく釣魚島に国益があると認識している台湾当局は、主権を明確に主張しなければならなくなった。

　蔣介石の日記には、この頃から、釣魚島諸島についての言及が頻繁に現れるようになった。9月9日から14日にかけて、蔣介石は4度にわたり釣魚島諸島への処理に関する考えを記述している。2日の上陸事件によって高まった「保釣」運動を受けて、9月9日に蔣介石は日記に「釣魚島主権問題を検討する」[163]と書き残した。10日の米国政府の態度発表と日本政府の主権宣言を受けて、9月11日に蔣介石は「尖閣群島と大陸棚問題、大陸棚について我が所有するということを先決し、島の主権問題はしばらく言及しない。しかし、米国に対して、琉球問題について中国は不同意であり、中米協議を経ずに日本に返還することについて私は発言権を保留する」[164]と、日米協議について反対の意を示しながらも、釣魚島については主権問題と大陸棚の開発問題を分けて、問題の悪化を回避しようとしていたことがうかがえる。

　しかし、翌日の日記から明らかに態度に変化が現れ始める。9月12日「一、大陸棚油田探索問題、米国が会社との協約を批准する。私の判断から、米国は琉球返還後に、日本が大陸油田を独り占めすることを恐れてい

162　"Telegram from State Department to Embassy Tokyo on Senkaku Islands, September 10, 1970," POL 32-36 Senkaku, Box2589, RG59, National Archieves.

163　『蔣介石日記』1970年9月9日。楊天石「蔣介石与釣魚島的主権争議」『炎黄春秋』、2014年9月、39頁。

164　『蔣介石日記』1970年9月11日。同上。

る。二、釣魚台群島は我が国の国防に関係しているため、琉球に属することを承認することはできない」[165]、「午前に、大陸棚問題と釣魚台主権問題について検討し、決定を下す」[166]と、11 日には主権問題について蒋介石は言及しないとして、曖昧な態度をとってきたにもかかわらず、12 日には釣魚島の国防における重要性を強調し、台湾にとって死守しなければならない場所であるという考えを明確にした。そして、9 月 14 日、蒋介石は釣魚島問題についての政策案について「釣魚台列島問題政策草案――（甲）大陸棚主権はすべて我が国にある；（乙）釣魚島陸地について紛争を起こさない、同時に日本の主権も承認せずに、懸案とする」[167]と、これまで言及しない方針をとってきた島の主権について、日本の主張を否定する一方で、釣魚島周辺海域を含む大陸棚に対する台湾の主権を主張した。しかし、蒋介石の日記からも読み取れるように、台湾当局の態度は少しばかり明確になったものの、結局、この問題については「懸案」として、すなわちすぐに解決を求めずに、問題をのこしたままに置いておくことにしたのである。

　同日、台湾当局は釣魚島問題に関する最初の政府声明を出し、初めに琉球群島についての立場に言及した。「声明」は次のように述べている。

　　日本が琉球を併合させたことに対して承認をしない立場をとってきたが、第二次世界大戦後に西太平洋地域の安全を考慮したことで米国政府による信託統治に異議を申し立てなかった。しかし、1969 年にニクソン大統領と佐藤首相が 1972 年中に琉球の「返還」を実現させるとした内容の共同声明を出したことに対して、中国政府はこれを受け入れることはできない。当時中国政府は米日両国との友好関係を考慮したことから、これに反対する立場を公にしなかったが、米国が共同声明を発表す

165　『蒋介石日記』1970 年 9 月 12 日。同上。

166　同上。

167　『蒋介石日記』1970 年 9 月 9 日。同上。

る前に適切な過程を経なかったことは遺憾である。[168]

このように、これまで台湾当局がとってきた態度とその原因について説明した。「声明」は琉球に対する認識を踏まえた上で、日本政府の言動についての経緯を示し、日本政府が台湾、澎湖および他の1895年以前に台湾に付属する各島の一切の権利、権利名義および要求を放棄したとことを説明した。また、「中華民国政府は、釣魚台列島はこれらの付属諸島の一つであると認識している」[169]と、明確に釣魚島諸島が台湾の付属諸島と声明し、最後に次のように述べた。

　中国政府は釣魚台列島に対する日本の主権主張を受け入れることはできない。米国政府には中華民国政府のこの問題に関する立場について十分に注意することを期待する。中国政府は今後この問題に関するいかなる進展についても、随時米国政府に通達することにする。[170]

米国政府に仲介させることで日本政府に圧力をかけることができるとの期待が色濃くあらわれた。

その後、9月17日に周書楷台湾当局駐米国大使がグリーン東アジア・太平洋担当国務次官補と会談し、周は上記の「声明」の内容について説明し、米国政府に対して日本に肩入れしないよう注意喚起を行った。一方グリーンは、台湾の漁民が釣魚島海域に出入りしていることに言及し、米国政府がこの問題の処理に困惑していることを、周に伝えた。これを受けて、魏道明台湾当局外交部部長は「中米、中日間で厄介な状況を避けるた

168　『釣魚台案』蒋経国総統文物、台北国史館所蔵、所蔵番号：005-010205-00013-011。

169　同上。

170　同上。

89

め」[171] に「この微妙な時期に、我が方は漁民の渡航を控えるべき」[172] とする意見を示した。

このように、日本政府が 8 月に初めて主権に言及してから、台湾当局が初めて表した反応は、自らの主権を主張するのではなく、日本の主張に対して「反対する」という消極的な表現であった。その後、事態の展開を経て、9 月 14 日になってからようやく「台湾の付属諸島である」とした明確な態度に変化したのである。この点からもうかがえるように、台湾当局は政府が主体となって釣魚島諸島の主権を明確に主張したというよりも、民間の行動、日米の動静を受けて、世論の圧力のもとで主権に関する声明を出さざるを得なかったと理解することができる。その際にも、台湾当局は、日本と米国との関係に亀裂が入らないように慎重になっていたといえよう。

3.2 慎重態度をとる台湾当局の思惑

台湾当局は釣魚島諸島の主権について明確な態度を示した一方で、釣魚島問題によって日米との関係が悪化しないように慎重な態度を示していた。これには、沖縄返還協定が締結される以前に米国の石油会社と提携し釣魚島海域における石油探索を始めようと考えていた背景がある。

釣魚島問題の文脈において、主権問題と関連して台湾当局が特に関心を示していたのは大陸棚問題だった。1970 年 12 月 7 日蒋介石は日記で「釣魚台群島案主権問題は目下言及しないほうが良い」と、釣魚島諸島の主権問題は一旦沈静化させたいとの考えを示した。その上で、「中米間の石油協定は放棄してはならない」[173] と述べている。実際に、台湾当局は「国営企業」である中国石油会社について、1970 年 7 月 27 日に米国のアモコ石油会社、28 日にパシフィック・ガルフ石油会社、8 月 13 日にオーシャン

---

171 「金吉隆号漁船非法侵入琉球海域」、『外交部档案』、中央研究院近代史研究所档案館所蔵、档案号：019.14/0002、175 頁。

172 同上、179 頁。

173 『蒋介石日記』1970 年 12 月 7 日。前出、楊天石、40 頁。

ニック探索会社とそれぞれ、釣魚島海域内の東シナ海における石油資源探索の契約を結んでいた[174]。

蒋介石がこれほど米国との共同開発あるいは米国政府の介入を望んだのには大きく以下の理由が挙げられよう。第1に、釣魚島諸島を実質的に統治しているのは米国政府であるため、問題の行方は米国政府がカギを握っている。第2に、蒋介石が強調したように、米国との石油採掘における協力がある限り、米台は共通した利益で結ばれるようになる。このようにして、米国政府を自らの陣営に経済利益をもって結びつけようしたと考えられる。すなわち、米国政府を使って日本を牽制するという目的があった。日本は台湾と同様に米国の同盟国であるため、米国政府が決めたことに対し、日本政府も強硬な態度はとれないだろうという考えでいたと推測できる。実際、蒋介石は8月14日の日記に台湾と米国の油田開発について、「中米の釣魚島諸島における海底油田探索について既に調印した、これで日本はもう異議を呈することはできない」[175]と、米国との油田共同開発によって、日本政府を牽制しようとする考えを明白にしていた。

このように、蒋介石をはじめ、台湾当局は、実質的に釣魚島諸島を統治している米国政府を自らに有利な形で巻き込むことによって、日本政府への施政権の移行を阻止しようとしていたのである。また、石油で米国をつなぐことによって、日本と台湾の関係に介入させ、日台関係自体も安定化させる思惑があったのではないかと考えられる。

台湾当局は釣魚島問題で日米両国と隔たりがあったことはいうまでもない。しかし、主権問題の解決をすぐに求めないとしても、台湾当局は米国と日本との関係に亀裂が入らないよう慎重に配慮していた。その背景には、台湾当局の中国政府に対する警戒が大きく関係していた。まず、台湾当局は中国内戦に敗れて、台湾に撤退したが、ずっと「反攻大陸」[176]の機会を伺っていた。また、1970年12月に、中国政府が石油の共同開発に抗議す

---

174 李慶成「釣魚島争端初起時的台美交渉」『米国研究』、2014年4月、92頁。

175 『蒋介石日記』1970年8月14日。前出、楊天石、39頁。

176 中国大陸への光復は、台湾当局にとっての最重要課題であった。

る声明を発表したことで、釣魚島問題に中国政府が関心を寄せていること
が明白になった。さらに、この声明は、釣魚島問題において一つの中国を
提唱する動きを生みだしていた。香港で発行される親台湾系新聞である
『天天日報』の社説において、釣魚島諸島の主権について「目下の国際情
勢を鑑み、中国が運命のターニングポイントを実現するには、中国人民の
団結と国家統一しかない」[177]と呼びかけられた。加えて、釣魚島上陸事件
に反映されているように、台湾内部でも行動しない当局にいらだちを見せ、
釣魚島問題におけるナショナリズムが高揚しつつあった。蒋介石は「中共
が米国で義和団、紅衛兵を組織し、近頃また釣魚島問題を掲げてデモを行
い、問題を引き立て、中米関係に水を差そうとしている」[178]と、中国政府
が釣魚島問題を利用し、台湾当局と米国政府の分離を図ろうとすることに
危機感を抱いていた。

　中国政府への警戒と対抗を強めるため、1971 年 3 月 6 日に台日韓の共
同海洋開発について、台湾側の谷正綱台日合作策進会会長が談話を発表し
た。談話では、共同海洋開発は純粋な研究と開発を目的とするものと前置
きしながらも、後半部分ではこの共同開発によって「反共」人士の団結を
一層促進させることに重要な意味があると述べた。谷正綱は、海外での華
僑による「保釣」運動は、中国政府が海洋資源問題と釣魚島問題を一緒く
たにしたことで、海外華僑同胞および青年学生の誤解を招いたことに端を
発しているとした。すなわち、谷によれば、中国政府が釣魚島海域におけ
る日台韓また米国を巻き込む形の共同開発に反対した理由は、第 1 にこれ
を口実として台湾当局と米国の共同海洋資源探索活動の進行を妨げるため
である。第 2 に、台日韓三者の団結協力を打破するためである。なぜなら
これら東北アジア三国の協力は共産党の侵略陰謀に深刻な打撃を与えるか
らである[179]。つまり谷正綱は、釣魚島問題がエスカレートしたのは、中国

---

177 "Telegram from Am consul Hong Kong to State Department, December 7,
　　1970," POL 32-6 Senkaku, Box2589, RG59, National Archives.

178 「上星期反省録」『蒋介石日記』、1971 年 1 月 30 日。前出、楊天石、42 頁。

179 中国国民党中央員会第四組編著『釣魚台列島問題資料彙編』海峡学術出版社、
　　2011 年 8 月、24 頁。

92

政府による陰謀であり、目的は台湾、日本関係に杭を打ち込むことである
と批判したのである。

　台湾当局はまた日中民間の接近の動きに敏感になっており、次第に拡大
しつつある日本の民間企業と中国との貿易を牽制しようとしていた。

　「今後中共と貿易を行う日本商社または公に周恩来の『四原則』[180]を受け
入れる工場とは、我々は取引を拒否する。同時に、周恩来の『四原則』を
拒否したいずれの工場とも、我々は相互の貿易関係を強化することにする。
これは中華民国政府と民間が共通して抱いている厳正たる立場である」[181]
と、谷は中国政府に反対することを、台湾当局が日本企業と経済的に協力
をする前提条件として提示した。石油開発協力に関する談話のうち、約半
分が中国政府に対する批判であったことでも分かるように、台湾当局は中
国政府の影響力の拡大を非常に警戒し、それを回避するためにも日米等関
係諸国との連携を強める必要があったのである。

　このように、釣魚島問題で中国政府も台湾当局も同様に台湾に付属する
諸島であると主張しているにもかかわらず、台湾当局は主権よりも、中国
政府が優位に立つ事態を一番に恐れていた。したがって、中国政府と対抗
できる力を保持する為には、台湾当局にとって米国政府の安全保障と日本
との関係維持が必要であった。

　しかし、事態は蒋介石の望まない方向へと進んでいった。1970 年 12 月
4 日に石油開発への中国政府による抗議を受けて、米国政府はすぐに反応
した。1971 年 1 月 8 日に米国国務院から米国駐台湾大使館に送られた機
密公電には次のように記されていた。

180　「1970 年 4 月 19 日に日中貿易継続の条件として周恩来が示した四つの原則 (1) 南
　　朝鮮、台湾を助けようとしているものとは貿易できない (2) 台湾、南朝鮮の企業に投
　　資しているものとは貿易をしない (3) ベトナム、ラオス、カンボジアへの米国の侵略
　　戦争のために武器を送っているものとも貿易しない (4) 日本における米系合弁企業と
　　も貿易をやる意思はない。」「日中覚書貿易会談に関する周恩来総理発言メモ」鹿島
　　平和研究所『日本外交主要文書・年表(2)』原書房、1983 年、961-963 頁。

181　中国国民党中央員会第四組編著『釣魚台列島問題資料彙編』海峡学術出版社、
　　2011 年 8 月、25 頁。

米国政府は中共が黄海、東シナ海の大陸棚の主権を強く主張している
ことに鑑み、この地域における緊張状況を増幅させないために、既に秘
密裏に中国石油会社と契約して探索作業を行っているオーシャンニック
会社に通達した。仮に当該会社が探索作業中に中共海軍の介入を受けた
時、米国海軍の支援を期待しないこと。他二区において中国石油会社と
契約を結んでいる米国会社についても、探索を再開する際に、米国は上
記臨時決定を秘密裏に通達する。[182]

　1971 年 4 月 9 日にチャールズ・ブレイ（Charles W. Bray Ⅲ）米国務省
報道官は「東シナ海、黄海の石油開発事項について、日本、中国、中華民
国、韓国等四国の主張が対立しており、この海域における米国のアモコ石
油会社、パシフィック・ガルフ社の石油開発は適しないため、米国政府は
開発の中止、かつ東シナ海から当該会社の調査船を呼び戻すように提案す
る」[183] との開発中止勧告を発表し、米国務省から正式に各石油会社に対し
て危険の可能性があるセンシティブな地域における探索をしないよう呼び
かけた。米国政府の決定と同月、日本政府もまた、釣魚島周辺の石油開発
を「凍結」する方針に転じることを明らかにした。
　日本政府が石油の共同開発を凍結することにした背景には、以下の理由
が挙げられる。まず、石油開発によって釣魚島周辺大陸棚の帰属および釣
魚島諸島の主権問題がクローズアップされることは沖縄返還に摩擦を生む
恐れがある。次に、中国大陸が強く非難している時に釣魚島周辺の石油開
発で日本が性急な動きを示すのは得策でないという判断に基づく決定であ
ると考えられる[184]。特に、日中間で進めていた日中覚書貿易会談コミュニ
ケが 3 月 1 日に北京にて調印されたことも、日台の共同開発の中止に重要
な牽制をかけたと考えられる。コミュニケにおいて、日中双方は明確に日

182　「關於大陸礁層與釣魚台列嶼案之重要事件表」『外交部檔案』、中央研究院近代史
　　研究所所蔵、檔案号：412.7/0012。

183　同上。

184　「沖縄返還まで『凍結』『尖閣』周辺の石油開発　政府方針」『読売新聞』、1971 年
　　4 月 10 日、1 面。

台韓の共同開発に言及し、中国政府による反対に日本側は賛同する態度を示したのである。コミュニケにおいて以下のようなやりとりがあった。

　中国側は日本反動派が蒋介石、朴正熙かいらい集団との結託を強めて、東北アジア新軍事同盟をつくり上げ、侵略のほこ先を中国と朝鮮民主人民共和国に向けていることをはげしく非難した。さきごろ成立したいわゆる日蒋朴「連絡委員会」はこともあろうに中国に近い浅海海域の資源を「共同開発」することを決定したが、これは中国の主権に対するあからさまな侵犯であり、中国人民の絶対に容認できないものである。[185]
　日本側は、中国側の厳正な立場を理解するとともに、いわゆる日蒋朴「連絡委員会」は日本反動派が日米共同声明の路線にそって結成した反動的組織であることを認めた。この「連絡委員会」が中国に近い浅海海域の資源の「開発」を決定したことは、中国の主権に対する侵犯である。日本側は、これらすべての反動的な活動に対し断固反対すると表明した[186]。

　ここで述べられているように、日中間の貿易促進によって、日本側でも中国との関係改善を優先させる動きが表れたことは明白である。
　このように、日米両国とも共同開発に対して慎重な態度をとるようになり、台湾当局が期待していた早期の共同石油探索は実現できず、また共同開発によって周辺国との連携を強めることによる、中国政府の封じ込めも画餅に終わった。
　その後、上で述べたように、台湾当局は繊維問題における妥協を交換条件に、釣魚島諸島を米国の管理下にとどめることを求めたが、米国政府はこれをのむこともなかった。もはやこれ以上、台湾当局はどうすることもできなかった。結局、台湾当局は1971年6月11日に釣魚島諸島に関す

185　鹿島平和研究所編「日中覚書貿易会談コミュニケ」『日本外交主要文書・年表3』原書房、1985年6月、473頁。

186　同上。

る「外交部声明」を発表し、主権主張を再確認した。その6日後、1971年6月17日に日米間で沖縄返還協定が調印され、釣魚島諸島の施政権は米国政府から日本政府に渡った。当日、蒋介石は日記で「今日、米日が琉球書を調印交換した」、「息子の経と釣魚台列島問題について話し、米国は既に我々と商談するよう日本を促した」と書き残し、思いながらも、少しの慰めを感じていた[187]。

釣魚島諸島の主権を主張し始めた台湾当局は、公の場での態度が次第に強くなった一方で、中国政府に対する警戒が引き続き、釣魚島問題で妥協し日本との間で主権問題をしばらく凍結させることを選択したといえる。

3.3　国連代表権問題と釣魚島問題の沈静化

台湾当局は釣魚島問題において、米国政府に自らの主張を支持させることはできなかったが、米国による安全保障が必要であるために、米国政府との関係を維持する必要があった。一方、日本政府とは主権問題において対立し、かつ東シナ海における共同開発も日本側が断念したことで実現することはできなかった。では、なぜ台湾当局は日本政府との関係を維持しようとしていたのか。そこには台湾当局にとって国際的な死活問題ともいえる、国連代表権問題が関わっていたのである。

1949年10月1日に中華人民共和国が建国されてから、中国政府と台湾当局は国連中国代表権をめぐり争っていた。1950年に英国が率先して中華人民共和国と国交を樹立してから、中華人民共和国を「中国」と承認する国が次第に増加したことで、台湾当局にとって非常に不利な状況となっていた。一方、1970年に入るまで、日本政府と米国政府は台湾当局が国連における代表権を有するとする立場をとる強力な支持者であったが、中華人民共和国の国際的影響力が増加するにつれ、米国の台湾に対する関心が低くなっていた。この時期にはいわゆるチャイナロビーは米国内にもはや存在せず、米国にとっての台湾の戦略的重要性はますます低下しており、

---

[187]　『蒋介石日記』、1971年6月17日。楊天石「蒋介石与釣魚島的主権争議」『炎黄春秋』、2014年9月、44頁。

極東防衛にとって台湾は不可欠ではないという認識が米政府内部で一般化しつつあった[188]。1970年7月にキッシンジャーが秘密裏に訪中したことが明るみに出てから、米国政府が中華人民共和国との関係改善を求めていたことが明らかになった。したがって、国連の代表権問題においても、当初日本政府は中国政策において米国に同調することで日米協力体制の維持と日米関係の改善をはかろうとしていたが、1971年に入ると米国の台湾への関心が低下したことにより、日本が台湾支持のイニシアティブをとる形となった。そのため、台湾当局としては、何としても日本政府の協力を確保しなければならない状況に追い込まれ、国連代表権問題において米国政府より、日本政府との協力を求める方向に傾いたのである。

1971年1月16日に、東京で台湾当局駐日本大使館の鈕乃聖公使と日本外務省中国課長の橋本恕が、代表権問題をめぐって打ち合わせを行った。この時、国連において、日本政府はまだ最終的に共同提案国[189]となる態度を示していなかったこともあり、台湾当局は日本政府の態度に依然として懸念を抱いていた。この状況を踏まえ、会談で鈕公使は蒋介石の次の発言を橋本恕に伝えた。

　　本年の国連における中国問題について、中心的役割を果たすのは、米国よりも、むしろ日本であり、日本に米国を引っ張って行ってほしいと思う。国府にとって今後は米国との関係よりも、日本との関係の方が重大であり、対日の仕事に外交の重点をおく必要がある。[190]

---

188 日本外務省中国課「米国の中国政策（出張報告）」『日中国交正常化』、外交史料館、1971年4月12日、整理番号2011-0719、5頁。

189 「中華人民共和国の国連参加を認め、安保理常任理事国の席をこれに与えると同時に、中華民国の議席も認めるといういわゆる二重代表制決議案（共同提案国19ヵ国）および中華民国の追放は憲章18条に従い重要問題であり、3分の2の多数によって決めるべきであるとする追放反対重要問題決議案（共同提案国22ヵ国）の共同提案国。」『わが外交の近況　昭和47年版（16号）』外務省、1972年7月。

190 「代表権問題等に関する蒋介石等国府首脳の考え（1971年1月18日）」『日中国交正常化』、外交史料館、整理番号2011-0719、1—2頁。

国連代表権問題において台湾当局は日本政府を頼りにしている考えを伝えたのである。蒋介石がわざわざ米国と比較して、日本の重要性を強調したのは、米国の中国代表権問題への関心の低下に対する不満と日本政府に対する切望の現れでもあったといえる。

　このように、台湾当局にとって釣魚島諸島は譲れないながらも、国連代表権問題で日本政府の支持を獲得することがより重要であった。日本政府も台湾当局の考えを汲み取っていた。会談後、橋本は鈕の内話にも明らかな通り、蒋介石以下、当局首脳は「今後、全力を挙げて日本にすがりついてくることは確実であり、とくに代表権問題については、蒋総統自ら『重要事項で行ってほしい』と考えているので、この線で日本に、あるときは泣きを落し、あるときは強圧をしてくるものとみられる」[191]と台湾当局の言動に対する理解を明らかにしていた。

　この状況下、日本との関係に悪影響を及ぼす可能性のある釣魚島問題は、台湾当局にとって厄介な問題と見なされていたともいえる。1971年4月19日、蒋経国副首相の右腕として台湾の政策決定にも参画していた李煥[192]国民党台湾省党部主任委員が東京で橋本恕と会談し、釣魚島問題での台湾当局の難点を次のように話した。

　　昨日、蒋経国から本件に関して台北、台中等においてデモがあったので急遽帰国せよとの電話があり、韓国の大統領選挙視察をキャンセルして帰国することとなった。尖閣諸島の問題は、我が国政府として極めて頭の痛い問題である。学生達は、愛国心からデモなどを行っており、心情的には理解できる面があるが、本件問題はそれほど簡単で、ただちに解決しうる問題ではない。また、本件に関し、必ず中共が関心を示すであろうし、我が国としては、そのことをも考慮して、慎重に対処しなけ

191　同上、6頁。

192　李煥（1917 ─ 2010）、中国国民党党員、1968年から1972年まで中国国民党台湾省党部主任委員をつとめた。

ればならない。[193]

　この発言はすなわち、釣魚島問題をめぐり台湾内部の国民感情が高まっている現状があり、台湾当局としては事を大きくしたくないが、国民感情に配慮する必要もある。目下の釣魚島問題を取り巻く状況は台湾当局の望む状況ではなく、台湾当局としては問題をエスカレートさせたくない、という考えを伝えるものであった。

　このように述べた上で、李煥は、台湾内部における釣魚島問題をめぐるナショナリズムの高揚は「尖閣諸島プロパーの問題に留まらず、現在中華民国がおかれている国際情勢に対する国民のフラストレーションが問題をエスカレートさせている」[194]と述べた。この発言における「現在中華民国がおかれている国際情勢」とは国連代表権の問題をめぐるものだといってよい。デモの沈静化問題とからめながら、李煥は、日本政府に中国国連代表権において台湾当局の立場を支持するよう暗に求めたのである。李煥はデモが広まる背景には、釣魚島問題自体に加えて、台湾の国際的に孤立を招き得る状況、すなわち国連代表権問題に根源があると指摘し、日本政府が台湾当局を支持し代表権を勝ち取ることができれば、釣魚島問題も自然と沈静化するとの予測を述べることで、日本政府の国連代表権問題における確固たる協力を求めようと考えていたといえる。

　李・橋本会談での台湾側のメッセージを日本側は的確に理解した。その約１ヶ月後、1971年５月７日に、東京で愛知外相と沈剣虹駐米大使が中国代表権問題に関する会談を行い、日本政府が国連代表権問題において台湾当局と緊密に協力をする考えを明らかにしたのである。会談の最後に愛知は「ところで日本の世論のことですが、この際尖閣諸島のことについては、静かにして頂ければ、日本の人々に刺激を与えない意味で有難い」[195]

193　「国民党実力者の内話（1971年４月19日）」『日中国交正常化』、外交史料館、整理番号 2011-0719、１―３頁。

194　同上。

195　「愛知大臣　沈駐米国大使会談要旨（中国代表権問題）（1971年５月８日）」『国連中国代表権問題／中共』外交史料館、整理番号 2014-2736、13頁。

と述べた。愛知は、日本政府がよりスムーズに台湾を支持できる環境造りのためにも、先に台湾当局から釣魚島問題の沈静化をはかることを求めたのである。これに対して沈剣虹は「この問題ではわれわれとしても"cool off"に持っていくよう努力したいと思います」と、日本政府の要求に同意を示した。

　釣魚島問題が存在しながらも、日本政府が国連代表権問題について台湾に協力的な態度を示した重要な理由の一つは、台湾が日本にとって友好的な政権の支配下にあることが日本の国益にとって望ましいとする考えが日本政府に広がっていたからである[196]。日本の佐藤首相をはじめ、政府与党内には、台湾とは国交正常化以来、20年以上の国交があることもあり、日本の国際的信用を失わないためにも信義を重んじるべきだとする考えが根強く存在していた。また、日本の安全保障の面においても、1969年の佐藤とニクソン共同声明で佐藤が述べたように、台湾地域における平和と安全の維持も日本の安全にとってきわめて重要な要素である[197]という考えから、台湾の政権は日本の安全保障上譲ることのできない生命線であるとみなす考えもあった[198]。

　日本政府は、国会など公な場では日台関係と釣魚島問題を直接関連づけるような言論は避けてきた。しかし、1971年7月に日本外務省中国課が作成した新任大臣報告資料の中では、この両者は明確に紐づけられていた。

　　尖閣諸島領有問題をめぐって日華双方が反発し合うことは、日華間の友好協力関係に悪影響を及ぼす恐れがあり、かつ、またこの問題を巡って日華の対立が浮き彫りにされることにおいては、中共として日華の友好関係に楔を打ち込む絶好の口実を与えることになるので、日華双方の

---

196 「中国政策検討の現状（1971年7月5日）」『日中国交正常化』、外交史料館、整理番号 2011-0719、11頁。

197 「佐藤栄作総理大臣とリチャード・M・ニクソン大統領との間の共同声明（1969年11月21日）」『外交青書』第14号、日本外務省、399 - 403頁。

198 「中国政策検討の現状（1971年7月5日）」『日中国交正常化』、外交史料館、整理番号 2011-0719、11頁。

政府は本問題を重大問題としないよう極力配慮する必要がある。[199]

　ここには釣魚島問題に乗じて中国政府が優勢に立つことへの懸念が示されており、日本政府もまた釣魚島問題をめぐる処理については、領土問題を沈静化させ、日本と台湾の友好関係の維持を優先させるべきとする方針を確定したことが示されている。
　前述のように日本政府はもとより沖縄返還協定のため釣魚島問題の沈静化を望んでいた。それゆえ、国連代表権問題での協力条件として、日本政府は釣魚島問題において台湾側の問題沈静化を求めたのである。また、台湾当局も激化を避けたいとの日本側の意図を承知していたため、釣魚島問題の沈静化を引き換えに国連代表権での日本政府の協力を求めたのである。このように、日本政府と台湾当局は釣魚島問題においてどちらも譲れないとする一方で、中国国連代表権をめぐるそれぞれの思惑のために、その交換条件として釣魚島問題の沈静化が利用されたといえる。

第4項　中国政府の反対声明

　釣魚島問題をめぐる米国政府、日本政府、台湾当局のそれぞれの思惑が交錯している状況を見極めつつ、中国政府は、改めて釣魚島諸島に関する自国の立場を表明した。
　1971年12月30日、中国政府は中華人民共和国外交部声明を発表し、次のように述べた。

　　中華人民共和国外交部は厳正に声明する。釣魚島、黄尾嶼、赤尾嶼、南小島、北小島等諸島は台湾の付属諸島である。これらは台湾と同様、古来より中国領土不可分の一部である。米、日両政府は沖縄「返還」協定において、我が国の釣魚島等諸島を「返還区域」に設定するのは、完全に違法であり、中華人民共和国の釣魚島等諸島に対する領土主権を一

---

[199]　「中国問題（新大臣用報告資料）（1971年7月5日）」『日中国交正常化』、外交史料館、整理番号2011-0719、7頁。

切変えることはできない。中国人民は必ず台湾を解放する！　中国人民は必ず釣魚島等台湾の付属諸島を回復する。[200]

　これは、中国政府は台湾の付属諸島としての釣魚島諸島を回復するという、強い決意の表れであった。
　この姿勢は、1972年3月3日に国連海底委員会においても示された。小木曽本雄日本政府代表が、釣魚島諸島の主権は日本にあると発言したことに対して、中国政府は3月5日と9日に同委員会の答弁において反論した。また、沖縄返還協定が発効した3日後の5月18日には『人民日報』は社説を発表し、次のように日米の行動を批判した。

　　米日両国政府がいわゆる「沖縄返還」を利用し、公然と中国領土である釣魚島列島を「返還区域」に入れた。これは中国領土主権に対する厳重な侵犯行為である。米日両国政府は中国の領土を持って贈答する行為は完全に不法でかつ無効である。（中略）日本反動政府に再度警告する。中華人民共和国の釣魚島等台湾付属諸島の権利への侵犯は容忍しない。また、いかなる中国領土を併呑しようとする企みも必ず失敗する。[201]

　さらには、5月22日に中国外交部長黄華は国連事務総長と安全保障理事会会長宛に釣魚島問題に関する日米に対する抗議文章を出し、安全理事会正式書類として配布するよう要求した[202]。
　この時期、中国政府は釣魚島問題について積極的に国際社会に訴求すると同時に、日米台三者の問題としての性格付けが進んでいたことに対する牽制としても、釣魚島諸島は中国の領土であるという認識を全面的に押し出していたといえる。

200　「中华人民共和国外交部声明一九七一年十二月三十日」『人民日報』、1971年12月31日、1面。

201　「日本人民一定要完全収回沖縄」『人民日報』、1972年5月18日、1面。

202　「黄華代表致函联合国民舒張和安理会主席」『人民日報』、1972年5月22日、1面。

第4節　ソ連政府の関心

　日本政府、台湾当局、中国政府が釣魚島諸島に対して、自国の主権を主張し合い、米国政府が「中立」の立場を保とうとしている時、ソ連政府はこれらの敵対国の係争状況の展開に注意を払っていた。

　ソ連政府と中国政府は、1970年代初頭にはすでに全面的に対立していたが、東シナ海における釣魚島問題は、ソ連とは直接的な利害関係になかった。したがって、ソ連政府としても特に釣魚島問題に関して言及することはなかった。

　しかし、1972年3月19日、ソ連共産党機関紙『プラウダ』は東京発のタス通信[203]の報道として、釣魚島問題について初めて言及した[204]。記事は次の2点に注目していた。第1に、釣魚島諸島をめぐる係争は、石油の埋蔵が探知されたことを発端として表面化したということであり、第2に、沖縄返還協定発効後も米側は引き続き釣魚島を含む地域を基地として利用するという事実であった[205]。そして、続けて24日にソ連の国際問題専門誌である『新時代』も、中国『人民日報』の記事と地図の写真を付して釣魚島問題について紹介するなど、ソ連のジャーナリストや政府当局者も釣魚島問題に対する関心を露にし始めた[206]。これらの報道ではソ連政府の立場が明示されることはなかったが、釣魚島問題は元をただせば石油利権争いであり、そこに米国が一枚かんでいる可能性もあるという観察が示されていた[207]。

　ソ連政府はなぜ突然関心を向けたのか。一つの可能性は、1972年2月21日のニクソンの訪中によって、中米関係が急速に接近したことで、そ

203　タス通信はソビエト連邦の国営通信社。現在のロシア国営通信であるイタルタス通信の前身である。

204　「ソ連も興味を隠さず『日中に水』ひそかに期待？」『読売新聞』、1972年3月26日、2面。

205　同上。

206　同上。

207　同上。

れに先導されて日中が接近する可能性に対する懸念から、日中両国間の懸案事項に興味を示すようになったのではないかということである。いま一つは日ソ間で問題となっている北方領土問題と関連して、釣魚島問題にも関心を寄せたのではないかと考えられる。日ソ両国は、1956年に発表された日ソ共同宣言において、日ソ平和条約の締結後、歯舞群島および色丹島を日本に引き渡すことに同意していた。その後、ソ連側の立場は、日ソ間に「領土問題は一切存在しない」という態度に変化した。しかし、1972年になってソ連政府は再び1956年の宣言に立ち戻る姿勢を示した。1972年1月に訪日したアンドレイ・アンドレーエヴィチ・グロムイコ（Андрей Андреевич Громыко）ソ連外相は、佐藤首相に歯舞と色丹の2島を返還するという内容の秘密提案をしていたのである[208]。

　名越の記述によれば、ソ連で公表された佐藤とグロムイコ会談のソ連外務書議議事録によると、1972年1月28日の会談においてグロムイコは「日本側から何度も提起された内容では平和条約は結べない。1956年の日ソ共同宣言後に一定の事実、声明があったが、平和条約の締結につながるなら、この宣言を基礎に解決を検討できる」と持ちかけ、これに対して、佐藤は「両国には立場の違いがあり、すぐにソ連の提案に賛成することはできない。今の見解の表明を差し控えたい」と答えた。さらにグロムイコは「誤解を避けるために、ソ連には問題を日ソ共同宣言に沿って解決する用意があることを繰り返したい。ほかに解決の基礎となるものは存在しない」と強調し、佐藤は「我々は小笠原を解決した。沖縄も返ってくる。次は北方領土だ」と話したという[209]。また、当時グロムイコ訪日にソ連外務省極東部長として同行したミハイル・カピッツァ東洋学研究所所長が、佐藤との会談の終わりに「将来のことを話したい」と前置きし、「56年共同声明に回帰し、二島を返還して平和条約を締結する構想を共産党政治局に提起したい。政治局も私に賛成するだろう。この線で平和条約交渉を進め

208　名越健郎『クレムリン秘密文書は語る』中公新書、1994年、231頁。
209　同上、233頁。

たい」[210] と述べたという。

2島返還秘密案は1972年10月の大平正芳外相の訪ソ時にグロムイコが示唆したとされるが、結局ソ連軍部が反対したことで挫折したのである[211]。ソ連政府が釣魚島問題への関心を表明する前に、日本政府は、日ソ間の領土問題について一定の譲歩の姿勢を見せていた。さらに、翌2月にニクソンが訪中したことにより、ソ連政府は日中関係の動向に一層注目するようになったといえよう。

このようにいえるならば、後に述べるが、ソ連政府が度々北方領土問題を利用して日本政府に対し日ソ関係の打開を図り、さらには釣魚島問題における日本政府の対処にも言及したところから見れば、ソ連政府が釣魚島問題に注目し始めた背景には、中日接近を警戒したソ連政府が、北方領土問題における対日姿勢を軟化することで、中日間に楔を打とうとする意図があったといえる。もっとも、ソ連政府はこの時点では本格的に釣魚島問題に介入することはなかった。実際、ソ連国内では政府機関紙から専門雑誌、また一般メディアまでの広い範囲で釣魚島問題に関する報道がされていたが、ソ連政府として特に日本の立場に言及するものではなかったためか、あるいは北方領土問題と連関させることを懸念し、あえて言及を控えたのかは定かではないが、この行動が特に日本政府の関心や懸念を招くことはなかった。しかし、のちに日中が加速的に接近するにつれ、釣魚島問題に対するソ連政府の言及によって、釣魚島問題と北方領土問題が関連づけられ、国内でも大きな懸念事項として取り上げられるようになる。

210　同上、231頁。

211　同上、234頁。

第2章　日中国交正常化過程における
　　　　釣魚島問題

　沖縄返還協定における施政権返還の範囲内に釣魚島諸島が含まれたことにより、日、米、台、中の間で複雑な応酬が展開されたが、米国政府の「中立」方針と台湾当局の国際的地位の低下によって、釣魚島問題をめぐる争議の焦点は日中両政府間のやりとりに集中することになった。米国政府の対中接近に衝撃を受けた日本国内に変動が起こり、日中関係は改善へと急速に向かっていった。一方、同時期に日中接近に懸念を示したソ連政府は日北方領土問題をめぐる態度の軟化を通して、日中接近をはかる日本政府に圧力をかけ始める。この間、釣魚島問題の取り扱いとその位置づけが日中政府間で変化し始めた。

　本章では、1972年9月29日の日中共同声明の発表に至る日中国交正常化の過程を通じて日中関係が改善し始めた時期から、1974年11月に開始した日中平和友好条約の交渉が1975年9月24日になって停滞するまでの期間に分析の光をあてる。この時期、日中両国政府は釣魚島問題に対する処理方針とこの問題の位置づけをどのように変化させたのか、またそれはなぜか、が分析の中心に据えられる。さらに、ソ連の圧力に対して日本政府はどのような反応を示したのかについても分析を試みたい。

第1節　日中関係の転機と釣魚島問題の新段階

第1項　新しい日中関係への期待
　1972年4月に佐藤栄作首相が引退を暗示する発言をした頃から、中国

国内では日中国交回復に対する期待が高まっていた。4月17日に、周恩来と北京を訪れた三木武夫日本自民党顧問との会談で、周が平和共存五原則と日中国交回復三原則に基づき両国関係の正常化を実現させるべきである[1]と話したように、中国政府は対内的にも、対外的にも日中関係の改善を期待していた。さらに、周は、「もし日本政府に日中関係問題を解決する準備があり、自ら中国を訪れて話し合いできる現任首相がいれば、当然私たちも拒む事はできない。むしろ、このような勇気ある人を私たちはなぜ拒むのでしょうか」[2]と、新政権への歓迎と期待を示した。

　周恩来は連日にわたり日本社会党、自民党、民社党と公明党との会談において日中国交回復について話し、中国政府の両国国交正常化への期待を表した[3]。翌月15日に、周恩来と二宮文造ら日本公明党第2回訪中団との会談で、中日国交問題にはまだ多くの複雑な問題がある、もし両国首脳が誠心誠意に問題を解決したいのであれば、形式を優先せずに、中日友好を真に促進し、中日国交を回復するという内容こそが第一となる[4]と、周は日本の新しい政権に対する期待を述べた。そして、田中政権が誕生して間もなく、毛沢東から「積極的な態度をとるべきである。話がまとまっても、まとまらなくても、とにかくその時が来ているだけに、急ぐべきである」[5]との指示が出された。毛の命を受けて、周は7月はじめに中国農業代表団とともに訪日した陳抗外交部日本課長に、田中と面会し、北京への招待を伝えるよう要求した。新しい日本政権が「二つの中国」を堅持する佐藤路線を継承しないことを前提として、中国政府は、佐藤引退後の関係改善にこれまでにない積極的な姿勢を見せ始めた。日中の国交回復を確実に実現することは、中国政府にとって長期的な外交目標であり、台湾問題における政治的尊厳と国際地位の象徴に対する追求、そして、ソ連脅威への抑制

1　金冲及主編『周恩来伝（第四巻）』中央文献出版社、1998年、2069頁。

2　同上。

3　同上。

4　同上、2069—2070頁。

5　孫平化『中日友好随想録』世界知識出版社、1987年、92頁。

を担う最重要課題に位置づけられていた。

　一方、日本では 1972 年 7 月 7 日に佐藤政権は幕を閉じ、田中角栄を首相とする日本の新政権が発足した。田中は首相就任当日の総理大臣談話において「中華人民共和国との国交正常化を急ぎ、激動する世界情勢の中にあって、平和外交を強力に推進してまいります」[6] と述べ、国交正常化の早期実現への意欲を示した。これに対して、周恩来は田中内閣の成立と日中国交正常化の実現に向けての表明を歓迎し、9 日にイエメン民主人民共和国指導者を歓迎する宴会の式辞において「田中内閣が 7 日に発足し、外交面において中日国交正常化の実現を加速するとの声明を行った。これは歓迎すべきことである」と述べた。さらに、その頃フランスのジョルジュ・ポンピドゥー首相の訪中を実現するために、北京入りしていたモーリス・シューマン外相が率いる訪中団と 10 日に行った会談の中で、周は「日本では対中関係において新しい状況が生まれた。これは戦後 27 年来に日本政府でははじめてのことである。私たちは田中政府を歓迎しない理由がない」[7] と述べ、田中政権の対中友好な政策方針に大きな期待を寄せていることを表明した。

　実は、対中政策の方向転換は、突如として表れたものではなかった。米中接近に影響をうけた佐藤政権の末期には、すでに政府内部で対中改善戦略が構築され始めていたのである。1971 年 8 月 25 日付の日本外務省調査企画課が作成した「中国代表権と我が国の施策（案）」によれば、中国の国連代表権をめぐり、日米関係をどのように調整するべきかについて日本政府内では以下のような見解があった。すなわち、「日本としては対中関係においてあくまでも米国と共同歩調を取ることが緊要である」[8] とした上で、日中関係については「現内閣（佐藤内閣）が対中関係において妥協姿勢を示しても、日中関係には決してプラスとはならず、却って後継内閣が

6　田中角栄『田中内閣総理大臣演説集』日本広報協会、1975 年、4 — 5 頁。

7　金冲及主編『周恩来伝（第四卷）』、2070 頁。

8　「中国代表権とわが国の施策（案）（1971 年 8 月 25 日）」『日中関係』、外交史料館、整理番号 2013-1903、11 頁。

対中交渉立場を弱めることになろう。したがって、現在は対中強硬政策をとり、後継内閣になってはじめて対中柔軟政策に転換する方が交渉戦術上から行っても得策である」[9]というのである。つまり、日本政府としては、対中関係改善へと舵を切りつつも、そのスケジュールを戦術的に考慮するという姿勢を示していたのである。

　このような対中改善計画を立てたのには少なくとも次の三つの理由があったと考えられる。第1に、佐藤自身は台湾当局との国交継続を望み、自身の政権内に新中国政府と国交回復をする意欲がそもそも弱かった。第2に、佐藤は「二つの中国」論を掲げていたため、中国政府も佐藤政権と国交回復の交渉を用意する意向がなかったことを日本側は察知していた。1971年2月11日にアジア局が作成した「中国政策検討の現状」の中で、「わが国が国連等の場において、『二つの中国』ないし『一つの中国、一つの台湾』構想実現のため、（たとえば国府説得等において）主導的役割を演ずることが、北京政府とわが国との関係改善によりマイナス要因であろうことについてはコンセンサスがある」[10]と述べている。第3に、キッシンジャー米国大統領補佐官の訪中によって、米中が確実に歩み寄り始めている状況のもとで、米国と同調することを方針に掲げている佐藤政権としては、日中の関係改善を考慮せずにはいられない国際環境となっていたことが挙げられる。

第2項　釣魚島問題に対する不言及方針

2.1　日本政府の不言及方針の継続

　日中関係改善の兆しが見え始めたことから、釣魚島問題をめぐる日中関係は消極的な対立から、積極的な「協力」へと移行し始める。

　第1章で述べたように、佐藤政権時の日本政府は沖縄返還協定の発効を

9　同上。

10　「中国政策検討の現状 1971年2月11日」『日中国交正常化』外交史料館、整理番号 2011-0719、11頁。

無事に成立させるため、1972 年に入り、国会における釣魚島問題に関する言及を控えるよう呼びかけ、それに呼応して日本国内での釣魚島問題に関する議論は一斉に息を潜めていた。その後、政権をかけた衆議院選挙が白熱化し、日中関係改善を唱える田中が首相になったことで、日本国内では中国との友好ムードが支配的になりつつあった。

　国会答弁ではもちろん、新聞記事でも釣魚島問題に関する言及はほとんどなされなくなる。田中政権が発足した当日 7 月 7 日に日中友好協会（正統）[11] が「尖閣は中国の領土である」[12] との見解を表明するなど、これまでの日本国内であった「主権は日本が保有している」という見解と明らかに対立する見解が出された際も、この問題が再び大きく取りざたされることはなかったのである。

　実は、このように釣魚島問題が再燃することがなかったのは、一つに佐藤政権末期における政府の呼びかけが功を奏している面がある一方で、田中が外務省筋を通じて、マスコミに釣魚島問題を取り上げないようにひそかに働きかけた[13] ことが原因である。日本政府が北京政府を刺激するような釣魚島問題に関連する言動を控えるように働きかけていたことは、のちに述べる 1978 年に釣魚島海域で中国漁船問題が起こった際にも、自民党参議院議員玉置和郎の発言からも確認することができる。1978 年 4 月 12 日に発生した釣魚島海域に中国の漁船が集結した事件を受けて、参議院法務委員会において、親台湾派、日中平和友好条約締結の慎重派でもある玉置和郎自民党参議院議員は釣魚島問題について言及した際に、「このような事件が起こらなかったら、私は外務省との約束もあったし聞かなかっ

11　日中友好協会は中国との関係改善を設立の主旨として日本側の団体である。1966年 10 月、従来の日中友好協会は日中両共産党の決裂により分裂し、反日共系は日中友好協会正統本部を結成した。宋堯「日中友好協会と中日友好協会」『国際文化研究紀要』（13）、2006 年、133 — 135 頁。

12　「"尖閣は中国領土"友好協会正統派が見解」『読売新聞』、1972 年 7 月 8 日朝刊、3 面。

13　「『尖閣列島侵犯』の『真相』情報」『週刊新潮』、1978 年 4 月 27 日、33 頁。

た」[14]と、外務省から釣魚島問題に関する発言をとめられていたことを明らかにしていた。

　表面上、佐藤政権末期でも釣魚島問題について同様な不言及方針がとられていたように見える。しかし、その内実には大きな違いがあったといえる。佐藤政権時の不言及方針の目的は、この問題が大きく取り上げられることで沖縄返還協定の発効にとって大きな障害が生じることを回避することにあった。一方、のちに詳しく述べるように、田中政権時の不言及方針は、日中関係改善と国交回復に向けて、日中関係改善の環境をつくるためにとられた方針であったといえる。

2.2　中国政府の不言及方針への同調

　日中国交回復の機会を逃さないために、中国政府は日中国交正常化に向けて全力で臨み、これまで日本政府と完全に対立していた釣魚島問題の扱いについても新たな方針へと転換した。

　日中国交回復に際して、中国政府が最も重要視した課題は台湾問題だった。台湾問題は政治的問題である一方で、最も重要な領土問題の一つでもある。日本政府は政治から地理においても台湾と中国大陸を区別し、台湾にいる蒋介石政府と国交があることから、台湾と中国大陸は一つの中国に属するという立場をとる中国政府にとって、台湾問題の解決は中国の統一を実現する上で最も重要な領土問題であったといえる。したがって、中国政府としては日中間で激しく対立しているもう一つの領土問題、すなわち釣魚島問題をも考慮する必要があった。中国政府は 1970 年 12 月に日台による釣魚島主権帰属問題の「凍結」を批判し、また 1971 年 12 月に中国への主権帰属を主張する政府声明を発表したことで、釣魚島問題において日本政府と一方の利益が相手側の損失になるゼロサムの関係にあった。しかし、国際情勢が変化し、中国の大局的な外交戦略の視点から考えて、

14　「第 84 回国会　参議院法務委員会会議録第 7 号（1978 年 4 月 13 日）」参議院事務局、1978 年 5 月 10 日、11 頁。
　　http://kokkai.ndl.go.jp/SENTAKU/sangiin/084/1080/08404131080007.pdf

日中国交回復を優先させるためには、ナショナリズムの台頭を招きやすいこの領土問題を、国交回復の交渉に持ち込むことは得策ではなかった。北方領土問題が原因で行き詰まっている日ソ平和条約交渉がその実例である。

　既に述べたように、1972年4月頃に佐藤の引退暗示から、中国政府の対日政策も柔軟性を見せ始めていたが、佐藤の引退がほぼ確定した6月になると、中国政府はついに釣魚島問題においても方針に変化を見せ始める。それ以前には『人民日報』において、釣魚島問題に関して日本を批判する記事は、毎月平均4件掲載されていたが、6月には報道件数が急減し、朝鮮『労働新聞』の社説を転載した記事1件のみとなった。そして、7月になると『人民日報』で釣魚島問題に関する報道は姿を消すに至った。

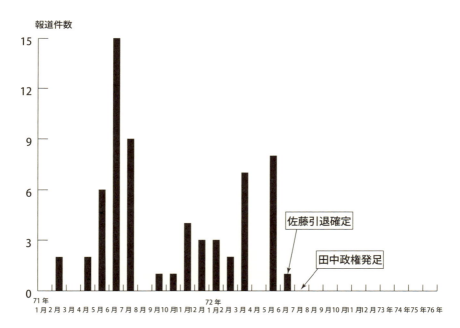

グラフ2.1　『人民日報』報道件数推移 [15]

15　1971年から1976年の『人民日報』で釣魚島に言及した報道の件数を基に筆者が作成。

112

田中政権が発足してすぐ、日中間の懸案事項の第一項目に釣魚島問題を挙げ、日本政府は釣魚島諸島の帰属問題について言及しない方針が確認され、大陸棚問題についても国交正常化の段階で言及する考えがないことを明らかにした[16]。同月7月28日に田中の依頼を受けて北京を訪問した竹入義勝公明党中央執行委員長は、周恩来と会談を行った。竹入が委員長を勤める公明党は、1964年設立当初より中国に対して友好的な姿勢を示しており、1968年に公明党の設立者である池田大作は日本の追米外交政策を批判し、中国との関係改善を訴えた。竹入は公明党委員長として、1971年6月末に中国を訪問した際に、周恩来総理と会見したことがあり、さらに7月2日に日本側代表として「日本公明党訪中代表団と中国日本友好協会代表団の共同声明（日中国交回復五条件）」を調印した。竹入は中国政府にとっても信頼できる人物であったといえよう。

1972年周恩来と会談した際、周は初めて国交回復における、釣魚島問題の扱いに関する中国政府の公式見解を述べた。竹入と周恩来の第2回会談の中で、まず竹入が「田中首相が訪中し、外交関係の樹立、大使交換をした場合、日台間の国交はなくなります。（中略）細かい問題は残りますが、大筋の問題は時間をおいてはいけないと思います」[17]と、日本政府が台湾当局と断交することで合意すれば、国交回復は有望であると述べた。周は竹入が話した「細かい問題が残るが」ということばをとらえて、次のように述べたのである。

　釣魚島の問題にもふれる必要はありません。竹入先生も関心がなかったでしょう。私もなかったが、石油の問題で歴史学者が問題にし、日本

16　1972年7月10日に日本外務省アジア局中国課が作成した内部文書に日本政府は「如何なる国の政府とも同諸島の領有権問題について話し合う考えはないとの立場を堅持している」また「東シナ海大陸棚問題については、政府は関係諸国との円満なる話し合いにより解決すべきであるとの立場を表明している。（中共とは国交正常化の後に話し合うこととなろう）」と書かれている。（「日中間の懸案事項（1972年7月10日）」『田中総理中国訪問』外交史料館、整理番号2011-0721。）

17　「竹入・周会談　第二回　1972年7月28日」外交史料館、整理番号01-298-1、24―25頁。

113

でも井上清さんが熱心です。この問題は重く見る必要はありません。平
和五原則に則って国交回復することに比べると問題になりません。新聞
でかくことは横やりを入れたことになりますね。台湾問題は以上で、日
米関係に入りましょう。[18]

　すなわち、周は中国政府には釣魚島問題を日中国交回復の交渉事項とす
る考えがないことを伝えたのである。これは、中国政府がこれまでの釣魚
島問題における強い態度を一転し、国交回復において言及しないと提案し
てきたことを意味する。
　では、中国側の態度はなぜ変化したのか。この態度変化には大きく以下
の三つの要因があったと考えられる。第1に、1960年代に入ると、中ソ
関係が悪化し、1969年の珍宝島をめぐる軍事衝突が勃発したことで中ソ
は敵対関係に陥った。ソ連に対抗するために、中国は日本を含む周辺各国
との連携強化を必要としていた。第2に、日本とは台湾問題によってそれ
まで関係改善は実現できなかったが、日本政府の政権交代によって日中国
交正常化に積極的な田中政権が誕生したことは、中国政府にとっても日本
との連携を強める千載一遇の機会であった。第3に、中国政府は釣魚島諸
島を台湾の付属諸島と見なしているため、釣魚島問題を台湾問題の枠組み
の中に含むことが可能だったからである。
　このうち3点目が釣魚島問題を言及せずにしても、中国政府の立場を害
することなく、日中国交回復を実現できた重要な点であるといえる。確か
に中国政府は日中国交回復によってソ連への圧力を強めたい考えはあっ
たが、中ソの対立は1972年になって始まったことではない。したがって、
中ソ対立は中国の釣魚島問題において必要条件であるが十分条件ではない。
中国政府が不言及方針をとることができたのは、以下に述べるように、釣
魚島問題に言及せずとも日中双方の政府立場を害することなく、国交回復
を実現できる枠組みがあったからと考えられる。
　まず、中国側から見れば、釣魚島諸島は台湾の付属諸島である。周と竹

18　同上、25頁。

入の会談からも分かるように、周は竹入が釣魚島問題に対して応えた後に、「台湾問題は以上」と改めてまとめていることから、釣魚島問題に関する内容を台湾問題の一部として認識していた。そうであるならば、日中国交回復の過程でわざわざ別個の問題として言及する必要がないという立場をとっていたといえる。一方、日本側からすれば、これまで通り沖縄返還協定によって釣魚島諸島は日本に返還された以上、それ以上言及する必要がないとの立場を通すことができる。無論、双方ともにお互いの立場を受け入れたことにはならないが、竹入がいうように日中国交回復は日中間の全ての問題を解決しなければに実現できないものではないため、また周も小議を残して大同につくという大局的な見地から、両者とも日中国交回復の過程において釣魚島問題に言及する必要がないという立場を明示したのではないかといえる。

釣魚島問題については、日中双方の目的に異なる部分はあるが、不言及方針は日中双方ともにそれぞれの領土的主張を害することがないという点で、利害の一致するものであった。

第3項　日中首相による不言及方針の確認

竹入・周会談での合意を受けて、その後の日中国交回復の準備および交渉過程においても不言及方針が守られ、釣魚島問題に一切言及されることなく順調に下積みが行われた。外務省はもちろん大平正芳自身も国交回復の過程において釣魚島問題に触れたくない考えは明らかだった。大平が外相に就任してから、国会討論の場において北方領土問題について何度か言及していたが、釣魚島問題について全く議論を行ったことがないことからもそのことがうかがえる。しかし、9月25日に始まった日中首脳会談において、思わぬ事態が起きた。日本政府内部で主権問題について言及する考えはない[19]としていたにもかかわらず、周との会談の中で田中が釣魚島問題に言及し、これは大平も外務省も寝耳に水であった。ところが、田中

19　「日中間の懸案事項1972年7月10日」『田中総理中国訪問』外交史料館、整理番号2011-0721。

が言及したことで、これを機会に日中の首脳間で不言及方針について公式に確認されることになった。

　1972年9月25日、日中国交回復の最終交渉のために、田中は北京を訪れた。27日に行われた第3回日中首脳会談で、田中は外相である大平や日本外務省に事前報告がないまま、突然釣魚島問題に言及した[20]。

　中国側の記録では、会談が終わりに差し掛かった時、田中は突然「私はもう一言申し上げたい。私は中国側の寛大な態度に感謝しつつ、この場を借りて、中国側の尖閣列島に対する態度を伺いたい」と話を切り出した。これに対して、周恩来は「この問題について私は今回話したくない。今話してもいいことがない」と、釣魚島問題に触れたくないとの態度を示したが、田中は続けて「私が北京に来た以上、提起しないで帰ると困難に遭遇することになる。今私がちょっと提起しておけば、彼らに申し開きできる」と、周恩来の理解を求めた。田中の立場を考慮し周恩来は「最もだ。そこは海底に石油が発見されたから、台湾はそれを取り上げて問題にする。現在アメリカもこれを問題として取り上げようとして、この問題を大きくしている」と話した。これを聞いた田中は「よし。これ以上話す必要はなくなった。また今度にしよう」、そして周恩来も「またにしよう。今回我々は解決できる基本的な問題、例えば両国関係の正常化問題をさきに解決する。これは最も差し迫った問題である。ほかの問題は時の推移を待ってからから話そう」と、田中に賛同した。これに答えて田中は「一旦国交が正常化すれば、私はその他の問題も解決できると信じる」と、他の問題、すなわち釣魚島問題は国交正常化後にまた解決をはかることで田中と周恩来は一致したのである[21]。

　詳細な中国側の記録と異なり、日本外務省が1988年に公開した同年9

20　服部龍二「尖閣諸島領有権の原点と経緯」『外交』、2012年1月、42頁。栗山尚一「尖閣諸島問題を考える」『霞関会会報』5月号、2013年5月1日、8頁。

21　張香山「日中復交談判回顧」『日本学刊』、1998年第1期、47頁。張香山「張香山回顧録（下）国交正常化25年目の証言」『論座』33号、1998年1月、207頁。倪志敏「釣魚島（尖閣諸島）領有権問題に関する日中間の『棚上げ合意』の史的経緯」『社会科学研究年報』第43号、2012年、84頁。

第2章　日中国交正常化過程における釣魚島問題

月に改めてタイプした国交正常化当時の記録[22] では、田中と周は会談において一言ずつしか言及していない。公開した資料では「田中総理：尖閣諸島についてどう思うか。私の処に、いろいろ言ってくる人がいる。周総理：尖閣諸島問題については、今回は話したくない。今、これを話すのはよくない。石油が出るから、これが問題になった。石油がでなければ、台湾も米国も問題にしない」[23] と記録されている。日本外務省の記録によれば、田中の問いに周恩来は言及したくないとしながらも、石油問題や台湾と米国の態度に自ら触れるなど、不自然な会話となっている。また、周恩来の回答に対して田中は何も反応せずに話が次に移っているようにみえる。

　しかし、田中と周の首脳会談に実際に出席した日本側の当事者である二階堂進官房長官、外務省の橋本恕中国課長の証言により、その欠落した部分を補うことができた[24]。首脳会談に出席した二階堂は当時の状況について「田中さんが会談の最後に、『尖閣列島の共同開発をやりましょう』と言ったところ、周さんが『田中さん、その話はあとにしましょう』とハッキリ言い、田中さんがそれ以上突っ込まなかったということである」[25] と話した。また、国交正常化交渉の全過程に参加した橋本は2000年にインタビューを受けた際に、田中首相が持ち出した釣魚島問題に対して、「周首相は『これを言い出したら、双方とも言うことがいっぱいあって、首脳会談はとてもじゃないが終わりませんよ。だから今回はこれは触れないでおきましょう』と言ったので、田中首相の方も『それはそうだ、じゃ、こ

22　「田中総理・周恩来総理会談記録（1972年9月25～28日）——日中国交正常化交渉記録」『田中総理中国訪問』外交史料館、整理番号2011-0721。

23　同上、24頁。

24　倪志敏「釣魚島（尖閣諸島）領有権問題に関する日中間の『棚上げ合意』の史的経緯」『社会科学研究年報』第43号、2012年、85頁。

25　二階堂進「日中国交秘話　中南海の一夜」大平正芳記念財団 編『大平正芳　政治的遺産』大平正芳記念財団、1994年、402頁。倪志敏「釣魚島（尖閣諸島）領有権問題に関する日中間の『棚上げ合意』の史的経緯」『社会科学研究年報』第43号、2012年、85頁。

117

れは別の機会に』、ということで交渉はすべて終わったのです」[26]と吐露した。このように、当時首脳会談に参加した当事者の証言を補完すると、日中双方の記録はほぼ一致することがわかる。したがって、田中と周の会談において、双方ともに釣魚島問題について触れない方針をとることを明確に確認したといえよう。

　話を戻すが、この会談において、釣魚島問題につい触れないとした政府方針があるにもかかわらず、田中が突然釣魚島問題に言及したため、日本側の関係者一同に緊張が走った[27]が、田中の言葉からは周恩来から何らかの譲歩を引き出そうとした意図は全くなく、まして具体的な協議をするつもりも全くなかったことがわかる。したがって、釣魚島問題の言及目的は、第1に、国内で釣魚島問題において強硬的な態度をとる人たちの口を塞ぐための建前としての行動である。日本国内では釣魚島問題に関する言論は自主的に控えられていたとはいえ、一部の人がこの問題をはっきりさせるよう政府に要求していることは田中の話からうかがえる。第2に、首脳会談の場において周に中国側の態度を確認させることにある。会談前に竹入と周の会談はあくまでも非公式なチャンネルであることを憂慮し、田中が周との会談で提起することで、不言及方針について公式の確認をとりたかったのではないかと考えられる。

　しかし、なぜ周は田中の質問に回答し、またなぜ田中は周の回答に全く難色を示すことなく納得したのだろうか。実はここにも周が田中に送ったメッセージがあったと考えられる。国会で釣魚島についての言及が控えられるようになる少し前、当時通産相だった田中は資源問題と釣魚島問題の関連性について答弁に立っていた。1972年5月9日沖縄及び北方領土問題に関する特別委員会において、自民党の國場幸昌が沖縄周辺の天然ガスの開発問題について田中に質問したところ、田中は次のように述べた。

26　清水幹夫「橋本恕氏に聞く──日中国交正常化交渉」大平正芳記念財団 編『去華就實　聞き書き・大平正芳』大平正芳記念財団、2000年。http://www.ohira.or.jp/cd/book/kyokasyuujitsu/ky_09.pdf　倪志敏「釣魚島（尖閣諸島）領有権問題に関する日中間の『棚上げ合意』の史的経緯」、85頁。

27　服部龍二「尖閣諸島領有権の原点と経緯」、42頁。

東シナ海を中心にしてエカフェ（引用者：ECAFE＝アジア極東経済委員会）が長いこと調査を行なった結果、われわれが考えておったよりも膨大もない石油資源が存在をするということが確認をせられました。しかし、この沖縄、特に尖閣列島の問題などはこの問題から起こったわけであります。石油があるとか天然ガスがあるとかということが確認されないうちは、尖閣列島問題などたいしたことはなかったのですが、これは、相当膨大もない埋蔵量を有するということが公になってから、急遽いろいろな問題が起こってまいったわけでございます。[28]

　田中は釣魚島問題の係争化の発端が石油問題にあると考えていたことがわかる。またその上で、田中は「これは話し合いをしながら、円満に地下資源というものは開発をしていかなければならないということは事実でございます」[29] と、釣魚島問題の核心が石油にあるのであれば、石油開発問題を解決するためには関係諸国との会談や交渉が必要である。したがって、釣魚島問題を解決するためには主権をめぐる主張で扉を塞ぐのではなく、中国政府や台湾当局との話し合いが必要であるという考えを示していた。

　田中の国会における答弁と、周恩来が会談で田中に返した言葉とは酷似していることがわかる。それまで中国政府が釣魚島問題に言及する時は、主に歴史的根拠に基づく主権をめぐる主張であり、1971 年 12 月の政府声明においても「石油」などについて一言も言及がない。にもかかわらず、周が田中との会談で釣魚島問題を石油問題として帰結しているように話したのは、田中のかつての発言を意識して援用し、中国側も国交回復後の話し合いによる問題解決に同調していることを田中に示すためではないかと考えられる。

28　「第 68 回国会衆議院　沖縄及び北方問題に関する特別委員会議録第 11 号（1972 年 5 月 9 日）」衆議院事務局、1972 年 5 月 18 日、3 頁。
　　http://kokkai.ndl.go.jp/SENTAKU/syugiin/068/0710/06805090710011.pdf

29　同上。

このように、日中国交回復前の最後の会談において、田中と周恩来は日中国交回復に最も重要な基本的問題の解決を先行すべしとして、釣魚島問題について両国間の交渉過程において言及する必要がない考えを事実上確認し合った。このような相互理解の確認のもと、1972年9月29日に北京にて、釣魚島問題は国交回復の障壁となることなく日本政府代表の田中角栄首相、大平正芳外相と中国政府代表の周恩来総理、姫鵬飛外交部長によって日中共同声明が調印、発表され、日中国交回復が実現された。

第2節　日中接近に懸念を示すソ連政府

日中関係改善が進む一方で、ソ連政府も対日工作を積極的に行っていた。この時期、ソ連と中国において共通しているのは、どちらも日本との関係を強化することで相手に対する牽制を強めようとする考えである。一方、ソ連も中国と同様に日本との間に譲れない領土問題を抱えていた。

日ソ両政府による平和条約の交渉はすでに1950年代に始まっていたものの、日ソ両政府ともに主権を主張する北方領土が障害となり、前進できないままであった。北方領土問題において、日本政府はソ連政府に両国間に領土問題が存在することを前提として、日本に北方領土を返還すべきだとしていた。一方、ソ連政府は領土問題についてはすでに解決済みだとして、平和条約の交渉において領土問題を議題にすることを拒否し続けて、双方は平行線を辿っていた。

しかし、1972年に入り、日中関係改善および国交回復のムードが高まるにつれ、ソ連政府に動揺が現れ始めた。それまでソ連政府は、日中国交正常化はそう簡単に行くはずがないとして、今すぐ「北海道の沖合諸島」で日本に譲歩しなければならないほどの緊急ではない[30]と考えていると見られていたが、第1章ですでに述べたように、1972年1月にグロムイコ・ソ連外相は佐藤に北方領土問題における妥協案を打診し、1956年の日ソ

30　「日ソ・日中関係の今後　米学者2人に聞く」『朝日新聞』、1971年4月6日朝刊、4面。

共同宣言で述べた二島返還の線への帰復を提案してきたのである。しかし、日本政府はすぐに態度を表明せず、聞きとどめたのみだった。その後、2月に米中が接近し、4月から中国政府が積極的に日中関係の改善に動き始めると、ソ連政府の対日態度は再び急速に柔軟化し始めた。

1972年4月には、日本外交筋とソ連当局者の会談の中で北方領土に関連して「このほどソ連の一当局者と外交筋との話の中で平和条約交渉での日本側からの歯舞、色丹、国後、択捉四等返還要求にソ連はどう答えるかとの質問に対して、日ソ間の国益は一致しており、長期的観点からの妥協は可能だとの答えがあった」[31] と報道された。そして、日中国交正常化を掲げた田中政権が発足した1週間後の7月14日には、ソ連消息筋から日ソ間の懸案である北方領土について、ソ連が日本にこれらの諸島またはその一部を貸与する形で問題の解決をはかる方法があり得るとの情報が伝えられた[32] とも報じられた。この情報によるとソ連側は「北方領土を日本に返還することはソ連と他の国との関係にも影響があり、問題は多いが、これはソ連・フィンランド間のサイマ運河条約[33] のような形で解決できると思う」[34] として、「問題の島には昔からの住民と言えるものは極めて少ない。だから領土の返還でなくても実際に島を使用できるようになれば、日本は満足できるのではないか」[35] と述べたとされた。これはすなわち貸与という形をとるものの、日本政府が北方領土の島を使用可能にするというソ連政府の譲歩とも捉えられる提案であった。1月のグロムイコの打診の流れ

---

31 「『北方領土』に理解か 日ソ平和条約交渉に楽観論 モスクワ外交筋」『朝日新聞』、1972年4月8日夕刊、2面。

32 「北方領土の解決 貸与方式も一案 ソ連側消息筋が示唆」『朝日新聞』、1972年7月15日朝刊、1面。

33 サイマ運河はフィンランド南東部にあるサイマ湖とフィンランド湾を結ぶ運河。第二次大戦後、部位ボルク周辺地法のフィンランド領がソ連に割譲された結果、運河の大きな部分がソ連に属する事になったが、ソ連は1962年の条約で同運河を50年間の起源でフィンランドに貸与した。

34 前出、脚注32。

35 同上。

から考えると、ソ連側からこのような提案を出す可能性はあったといえる。

　このソ連側の妥協案に対して、さっそく翌日15日に日本外務省から批判が上がった。朝日新聞によれば、外務省関係者は「ソ連のどういう筋の考え方か分からないが、問題にならぬ非常識なものであり、このような案を日本側に打診してくるとは考えられない」[36] と全面的に否定し、田中も当日午後に北方領土は日本の固有領土であり、ソ連側のいう「貸与方式」は日本側として受け入れられないものであると明言した[37]。

　日本政府の批判的な態度に反応してか、21日にソ連外務省から「これはデッチあげられた情報であり、日本の世論を惑わせ、日ソ関係の改善を妨げるものである」と述べ、ソ連政府の発言では「氏名を明記するのがソ連の伝統であり、ソ連で活動する以上はこれに従うべきだ。ソ連には無名の消息筋なるものは存在しない」[38] と、これまでの情報はソ連政府が発信したものではないと情報そのものを否定したのである。「貸与方式」による領土問題での取引は日本政府の提案拒否とソ連政府の情報否定という形で幕を閉じた。

　しかし、なぜ7月14日に情報が報じられ、15日に日本政府が反対を示したにもかかわらず、ソ連政府は6日も経った21日になってから、情報の信憑性を否定したのだろうか。この空白の可能性として考えられるのは、第1に、日本側の反応を探るためである。この情報は一種の観測気球として揚げたものの、日本側がすぐに反発を強くみせたために、理由をつけて遠回しに、日本に対する「譲歩」を考えていないと否定した。第2の可能性として、この情報の信憑性は別として、日本の新政権が中国と急速に接近するなか、ソ連政府または何物かが北方領土問題をもって日本政府の注目を中国から分散させたかったため、日本政府の様子をしばらくうかがっていたという可能性も考えられる。

36　同上。

37　「北方領土は固有　貸与方式受入れられぬ　田中首相語る」『朝日新聞』、1972年7月16日朝刊、2面。

38　「北方領土貸与説　ソ連が否定」『朝日新聞』、1972年7月22日朝刊、2面。

第 2 章　日中国交正常化過程における釣魚島問題

　いずれにしても、結果として日本政府は妥協の余地を全く見せなかった
ため、ソ連政府は北方領土で妥協する考えを諦め、同時に日中共同声明の
発表も重なり、ソ連政府は北方領土における柔軟化が実質的には功を奏さ
なかった。

　10 月 3 日発売のソ連誌『極東の諸問題』第 3 号ではイフコフという署
名のつけられた、「厳しい試練に直面する日本」と題した長い論文が掲載
された。イフコフとはソ連の対日政策決定に大きな影響力を持つと言われ
ているソ連共産党中央委国際部日本課長イワン・イワノビッチ・コワレン
コ（Иван Иванович（Ивановић）Коваленко）のペンネームとされている[39]。
論文では北方領土について「残念ながら日本には日ソ関係の一層の発展を
妨げ、それを押しとどめ、さらには後退させようとする勢力がある」と
前置きし、その勢力がいわゆる北方領土の返還を企む報復主義的なキャ
ンペーンを行っている政治的グループであるとして、「北方領土の行方は、
日本も調印したサンフランシスコ平和条約その他の国際的文書や取り決め
によって、ずっと前に解決されている」と結論づけた[40]。また、10 月 21 日
から大平外相がソ連を訪問した際に発表された日ソ「共同発表」において
も、北方領土問題は全く言及されることなく、日本政府筋によると、日本
側は共同発表に「領土問題を含めて交渉を継続する事に合意した」との一
項目を入れたいと主張し、これが受け入れられないのであれば、領土問題
をめぐって対立した双方の主張を併記することにしたいと要求したが、ソ
連はいずれも受け入れず結局領土問題についてこの態度は硬化したまま
だったという[41]。

　このようにソ連は、日中国交回復交渉の過程において日中接近を牽制す
るために日ソ領土問題において話し合いの余地もあるとした柔軟なシグナ
ルを日本に対して送ったものの、田中を振り向かせることはできず、日中

39　「領土は解決済み　ソ連誌がきびしい論調」『朝日新聞』、1972 年 10 月 6 日夕刊、
　　2 面。

40　同上。

41　「（解説）北方領土　急進展は望めず」『朝日新聞』、1972 年 10 月 25 日朝刊、2 面。

123

国交回復にともない、ソ連は再び態度を硬化させたのである。

第3節　日中平和友好条約への道

　日中国交回復実現の 17 年も前から日ソ国交回復交渉は始まっていたにもかかわらず、日ソ国交回復が難航している一方で、日中間では国交正常化の最後のステップである日中平和友好条約の締結に向けて、1972 年から 1974 年にかけて事務当局間の予備会談が着々と進んでいた。これはソ連政府にとって、敵対国である中国の影響力を助長することに等しく、決して座視できなかった。

第1項　対日揺さぶりをかけるソ連政府

　このようななか、ソ連政府は突如として釣魚島問題に言及し、日本政府に北方領土においても柔軟な姿勢をとるよう要請した。1974 年 11 月に日中間で平和友好条約に関する第 1 回予備会談が行われた。同月にソ連政府は「（日本政府は）中国との間では領土問題を『棚上げ』し、ソ連に対して領土の返還を前提とする平和条約を結ぼうというのは理解できない」[42]と強い反発が表明された。これは、日中国交回復の際に釣魚島問題についての扱いに言及し、同じく領土問題を抱えていながら、日本が異なる対処をしていることに不満を示したのである。さらに、1975 年 1 月 16 日からの日中平和友好条約の第 2 回予備会談と同時期に、 1 月 15 日から 17 日に日ソ平和条約再開に関する交渉のためにソ連を訪問していた宮澤喜一外相に、グロムイコ・ソ連外相は突然これまで言及を避けてきた北方領土問題を持ち出し、日ソ間で北方領土問題を「棚上げ」にして「日ソ善隣協力条約」の締結をしてはどうかと非公式に打診をしてきたのである[43]。グロ

---

[42] 「駐日ソ連大使、椎名・自民党副総裁に日中平和友好条約締結の再考を促す」『毎日新聞』、1975 年 2 月 4 日日刊、 1 面。

[43] 「ソ連『善隣友好条約』を提案　ブレジネフ書記長から親書　平和条約と別に　三木首相、拒否を表明」『朝日新聞』、1975 年 2 月 14 日朝刊、 1 面。

ムイコ外相は日ソ善隣協力条約について、これまで交渉を重ねて来た戦後処理問題を扱う日ソ平和条約と並行して、将来にわたる日ソの善隣友好関係を約束し合う条約であると説明し、日本とソ連の間で平和条約は停滞しているがそれに先立ち、友好関係を深めるための条約であると述べた[44]。しかし、注目すべきはソ連政府が出した日ソ善隣協力条約の提案で最も重要なポイントは、北方領土問題に言及しないことが前提であるとソ連側が述べた点である。つまり、日ソ平和条約が北方領土問題で停滞しているのであれば、日ソ間で結ぶ条約の名義を変えて、日ソの間で北方領土問題に言及しない新しい条約を新たに進めれば良いというのがソ連側の考えだった。しかも、日中共同声明という前例がある以上、日ソの間でもそれは可能であるというのがソ連側のロジックであった。

　ソ連政府はこの提案を実現させるために、日本側に積極的に働きかけると同時に、日中国交正常化の交渉過程にも圧力をかけようと動いた。1975年1月のグロムイコの打診に続いて、2月13日オレグ・トロヤノフスキー（ТРОЯНОВСКИЙ Олег Александрович）ソ連駐日大使が首相官邸に三木首相を訪ねて、ブレジネフ・ソ連共産党書記からの親書を手渡した。この親書でブレジネフは、「（日ソ）平和条約交渉を継続しながら、善隣協力条約の検討をしたい」[45]と日ソ善隣協力協定の締結について、強く日本政府に要請したのである。この間、トロヤノフスキーは政府外交関係者に折衝を行う傍ら、2月3日に自民党副総裁の椎名悦三郎とも会談を行っていた。会談においてトロヤノフスキーは年内のグロムイコ外相訪日の実現とグロムイコ外相が提案した日ソ善隣協力条約の締結を再度呼びかける一方、約1時間半に渡り日ソ問題ではなく、日中平和友好条約について語ったのである。

　ここで、トロヤノフスキーが折衝の相手に外交関係者ではなく椎名副総裁を選んだことにも、ソ連の思惑が克明に表れている。トロヤノフスキーが椎名を相手に選んだ理由には、椎名の対中認識が関わっていたのではな

44　同上。

45　同上。

いかと考えられる。椎名悦三郎は親台湾派[46]の一員であり、日中国交正常化に関しても慎重派として知られていた。かつて日中国交復交の際に、大平は椎名を特使として台湾当局と断交交渉のために送ったが、椎名は大平が進める日華断交の台湾処理の基本方針に背き、台湾当局とは「従来の深い関係を継続して行くとの観点に立ち、中共との国交正常化の話合を進めて行く」と述べた、いわゆる「椎名発言」[47]を行った経緯がある[48]。

　ソ連政府が突如として釣魚島問題に言及し、北方領土問題の「棚上げ」を前提とした日ソ善隣協力条約案を出し、また親台湾派の議員と接触を図った背後には三つの意図があるといえる。

　第1に、日中平和友好協定交渉を牽制する意図である。ソ連側が提案した日ソ善隣協力条約の特徴は日ソ両国の将来の友好を謳うものであり、特に領土問題には触れないという点から見ると、日中平和友好条約の性格と非常に似ていることがわかる。そこで、ソ連は北方領土問題の「棚上げ」を前提とする日ソ善隣協力条約を日本に提案することで、以下の二つの目的を果たそうとしたと考えられる。一つ目は、北方領土におけるソ連側の態度が緩和したと日本政府に思わせ、日本側に領土返還への期待を抱かせ

46　中華民国との関係を重んじる親台湾派には岸信介、賀屋興宣、灘尾弘吉、石井光次郎ら戦前派の長老組と中川一郎、渡辺美智雄、藤尾正行、中尾栄一、浜田幸一らの戦後派組があって、それぞれニュアンスは異にしていたが、中華民国と日本の関係断絶が日米安保に影響すること、終戦直後に日本に示された蒋介石総統の恩義を忘れるべきではないことなどで、日中関係の早急な正常化に消極的な点では一致していた。有馬元治『有馬元治回顧録』第一巻、太平洋総合研究所、1998年、462頁。

47　「1972年9月18日午後に三軍倶楽部で開かれた中華民国民意代表との座談会の席上で、ようやく一週間前、貴国との従来の深い関係を継続して行くとの観点に立ち、中共との国交正常化の話合を進めて行くべきであるとの決定を見るに至った。この『従来の関係を維持する』との言葉は相当に含蓄のある文句であって、自民党の正常化協議会においても鋭い議論が交わされたが、［従来の関係］とは、外交関係も含めてあらゆる関係を維持するとの前提で、日中正常化交渉を進めるべきであるとの意味である」との考えを公にし、後に問題となる発言である。」倪志敏「田中内閣における日中国交正常化と大平正芳（その四）」経済学論集、Vol.48 No.3.4、2009年3月、67—68頁。「宇山大使発大平外務大臣宛第451号電（極秘・大至急）（1972年9月18日）」『特使同行議員関係行事（報告）』外交史料館、整理番号01-1933-18。

48　倪志敏「田中内閣における日中国交正常化と大平正芳（その四）」、67頁。

ることで、日ソ関係の改善に日本政府の注意力を引き付けることである。二つ目に、日中間に釣魚島問題があることを日本の国内に再確認させ、対中慎重派を勢いづかせることである。ソ連の提案での北方領土問題の扱いと日中平和友好条約での釣魚島問題の扱い方と酷似させることで、北方領土問題と釣魚島問題を関連づかせ、日中交渉に牽制をかけようとしたのではないかとも考えられる。

　第2に、日本政府に日ソ関係を進展させるよう圧力をかける口実を作ることである。仮に日ソ善隣協力条約を受け入れた場合、ソ連政府にとっては領土問題において日本と「棚上げ」する前例ができ、日ソ平和条約でも北方領土問題において日本の口を塞ぐ口実ができる。一方、日本政府が拒否した場合、ソ連政府はこれを口実に日本政府が中ソに対する扱いが違うとして、日本政府に圧力をかけ、何らかの譲歩を引き出すことができる可能性があると考えられる。したがって、ソ連政府はこれまで言及してこなかった日中間の釣魚島問題を日本政府に再考させることで、日中接近の牽制を行うと同時に、日ソの交渉打開のための一つの試みだったのではないかといえる。

　第3は、ソ連はシベリア開発における日本の協力を必要としていたことである。日本はソ連の重要な経済的パートナーの一つであり、日ソ貿易額は1968年の64億2530万ドルから1974年には4倍の251億3785万ドルに増加していた[49]。したがって、1972年に日中が国交回復したことにソ連は不快感を抱いていたが、それでも翌年1月に日ソ関係改善のために田中からブレジネフに送られた親書に応える形で、1973年10月に田中の訪ソは実現した。しかし、北方領土問題を課題として会談に臨んだ田中とは異なり、ブレジネフは延々と2時間かけて、シベリアにおける日ソの経済協力の必要性について語った[50]。ここからも、ソ連側にとって、日本はシ

49　服部倫卓「2007年の日ロ貿易——高まる双方にとっての重要性」『ロシアNIS調査月報』5月号、2008年5月、38頁。

50　Hasegawa, Tsuyoshi. The Northern Territories Dispute and Russo-Japanese Relations. Vol. 1. University of California, International & Area Studies, 1998, p.155.

ベリア開発において欠かせない力だったことが分かる[51]。このように、ソ連政府にとって、日本との関係改善と促進させることには大きな経済的重要性を伴っていたのである。

　しかし、先に述べたように、釣魚島問題と北方領土問題における日本政府の立場が異なるため、両者を同様に扱うことは日本政府にとって得策ではない。ソ連の提案に応じれば、北方領土を確実に返還させる確信が得られないのみならず、日ソの今後の関係発展においてもソ連側に口実を与え、北方領土問題がうやむやのままにされかねない。また、この時にソ連の提案に応じれば、日中関係に水をさすことになることは明らかだった。ソ連側の不確実な約束と確実に進展している日中関係とを比較した場合、日中関係を優先させることは合理な選択だったといえる。したがって、日本政府はソ連が提案した日ソ善隣協力条約の提案を受け入れることなく、一方で日中平和友好条約の準備は着々と進んだ。1975年3月4日から平和友好条約に関する第3回予備交渉が行われ、4月14日からいよいよ条約の案文作成に入り、日中平和友好条約に関する具体的な交渉が始まった。この状況に直面し、ソ連政府はこれまでの宥和政策を転換し、対日警告と対中批判へとエスカレートし、日中平和友好条約に書かれる予定の覇権条項に焦点をあて猛烈な抗議と批判を行うようになる。

　ソ連政府はまずメデイアを通して日本国民に呼びかけた。1975年4月24日のソ連政府機関紙『イズベスチヤ』、25日のソ連共産党機関紙『プラウダ』は「毛主義者の陰謀」と題し、中国が日本を反ソ外交へと誘い込み、ソ連に敵対する覇権条項を日本に押し付けていると批判した[52]。そして、24日の日本向けモスクワ放送では、「日本は中国側が主張している条件で条約を結ぶことは日本にとって非常に危険であり、民族的利益に反する」[53]と中国の陰謀にのみ込まれないよう警告した。さらに30日の日本向

51　久保田正明『クレムリンへの使節——北方領土交渉1955-1983』文藝春秋、1983年、234—235頁。

52　「ソ連、けん制の論陣　日中条約の『覇権』批判　プラウダ」『朝日新聞』、1975年4月26日朝刊、2面。

53　「モスクワ放送も警告」『朝日新聞』、1975年4月26日朝刊、2面。

けモスクワ放送では「北京は自分の反ソ的方針に日本を合流させ、ソ連に向けられた日中軍事同盟を作ろうと企んでいる」[54]として、日中平和友好条約は日本が中国の反ソ政策に加担することを意味し、日本に対するソ連国民の態度に影響を与えることになると警告した。

　5月に入るとソ連側は、直接日本政府に対して圧力をかけ始めた。5月14日、モスクワで開かれたワルシャワ条約機構結成20周年記念式典の演説の中で、グロムイコ外相は、中国指導部が日本を反ソ、反レーニン主義路線に巻き込もうとしているとして、日本は「国家の真の安全に反する企て」への熟慮と「ソ連を含むあらゆる国との友好、善隣関係」の重要性を考慮すべきだと呼びかけ、「もし日本が中国と手を組めばそれは反ソ的な態度を取るという事になる」[55]と、中国と国交正常化することはすなわちソ連を敵にまわすことであると明言した。

　さらに6月17日には、ソ連政府はタス通信を通して日本政府宛の公式声明を発表した。声明は、はじめに「現在締結交渉が行われている平和友好条約に、中国指導者も認めるように何よりもソ連邦に対して向けられた条項をあらゆる手段をもって無理やり挿入せんとする」[56]と、日中平和友好条約の覇権条項はソ連へ向けられた非友好的なものであると批判した上で、この情勢に対処するため「ソ連邦及び日本国は善隣友好関係を強化し、両国関係は真の友好、善隣及び互恵的協力の途に沿って発展することが客観的必要性の求めるところである」[57]と、日本政府の態度変更を呼びかけた。

　このように、日中交渉の進行とともに、ソ連側の批判もエスカレートし、呼びかけと警告を併用して日中の急速な接近にブレーキをかけようと試み続けた。これらの行動に対して、日本国内ではソ連による内政干渉だと怒

54　「日中条約交渉　再び中国非難　モスクワ放送」『朝日新聞』、1975年5月1日朝刊、9面。

55　「ソ連外相が日中関係を非難」『朝日新聞』、1975年5月15日夕刊、2面。

56　「日本国政府に対するソ連政府声明（1975年6月17日）」『外交青書』20号、日本外務省、1976年、86頁。

57　同上。

りの声も上がった[58]が、一方では後に述べるが、確実に日本国内において日中国交正常化に慎重な態度をとる親台湾派や対中慎重派を勢いづかせることになった。

第2項　日中国交正常化推進における要人の人事異動

1972年9月、日中共同声明の発表後、日中両国は平和友好条約の締結に向けて、貿易、航空、海運、漁業に関する実務協定の締結を先行させ、その上で平和友好条約の締結をすることで一致し、順調にすべりだしたかに見えた。しかし、日中平和友好条約締結への過程は、日中両国の政府要人の人事異動によって大きな壁にぶつかることになる。

中国政府では、日中国交回復を実現させた周恩来総理が1972年頃に重い癌に侵され、周の支持のもとで、鄧小平が党中央の職務に復帰し、中国の外交政策決定における中核となった。この時期、中国は文化大革命という特殊な国内政治環境をかかえていた。文化大革命の最中、「四人組」[59]の江青が主席になろうと企んでいることを懸念した毛沢東は、人を介して「（全人代常務員会は）朱徳、董必武の後に宋慶齢を配し、鄧小平、張春橋、李先念らを国務院副総理としたらよい」[60]と周に伝えていた。毛の命を受けた周恩来の手配のもと、1973年3月29日の政治局会議で鄧小平が外交担当の副総理につくことが発表された。4月から鄧小平は周の補佐役として正式に外交任務につき、8月24日に中国共産党第10次全国代表大会にて中央委員に選ばれ、12月12日に毛沢東の推薦のもとに中国共産党中央軍事委員会副主席に任命され、鄧小平は党の中核的指導者に復帰した。1974年初めから周恩来の病状が悪化したことで、代理として鄧小平がこれまで周恩来の党と政治局における日常業務を引き継ぐことになっ

---

58 「第75回国会衆議院　沖縄及び北方問題に関する特別委員会議録第5号（1975年7月2日）」衆議院事務局、1975年7月10日。http://kokkai.ndl.go.jp/SENTAKU/syugiin/075/0710/07507020710005.pdf

59 中華人民共和国の文化大革命を主導した江青、張春橋、姚文元、王洪文の四名のことを指す。

60 金冲及・主編『周恩来伝1949−1976（下）』岩波書店、2000年、364頁。

た[61]。このことは日中国交正常化過程においても、対日外交の主導権が周から鄧小平に移行することを意味した。

　一方、日本政府でも大きな変動が生じた。日中平和友好条約に向けた第1回日中準備折衝が行われている最中に、異例の速さで日中国交回復を実現させた田中角栄の、金権的体質と金脈スキャンダルが日本のジャーナリズムによって暴露され、1974年12月には、辞職に追い込まれたのである。田中の後任には、三木武夫が総理総裁に選出された。ここに、日本政府における日中国交正常化をめぐる対中政策決定の中心は田中から三木に移ったのである。

第3項　日中平和友好条約と二つの領土問題

　1974年に日本政府に先立って要人変動がほぼ完了していた中国政府は、さっそく1月から日中平和友好条約の交渉準備に入った。1974年の1年間に鄧小平は14の日本訪中団と会談を行い、そのいずれの会談においても、日中間で締結する四つの実務協議[62]と日中平和友好条約については必ず意見を交わす内容となっていた[63]。

　中国副主席となった鄧小平は、1974年1月に行われた木村武雄議員が率いる自民党議員訪中団との会談の中で、実務協定の締結を早めると同時に、必ずしも四つの実務協定を締結してからでなくとも、日中平和友好条約と並行して行っても良いと述べ、実務協定と同時に平和友好条約の交渉を進めることを提案した[64]。この時点で田中政権下にあった日本政府は、中国政府のこの提案に対して積極的に応じていった。

　5月には、日本の松永信雄条約局長と中国の陳楚駐日大使が会談を行

61　Ezra F. Vogel 著、馮克利訳『鄧小平時代』香港中大学出版社、2012年、82頁。

62　日中国交正常化を実現するために、1972年から1975年にかけて行われた日中実務協定交渉の末に締結された航空、海運、貿易、漁業の四つの協定のことを指す。

63　張香山「鄧小平同志与『中日和平友好条約』」人民網・中国共産党新聞網、2004年7月14日。
　　http://cpc.people.com.cn/GB/69112/69113/69116/4724854.html

64　同上。

131

い、双方は今後非公式な接触を通して、平和友好条約の案文について協議を始めることで一致した[65]。約半年後の 11 月 13 日には海運協定調印のために訪日していた韓念竜外務次官と木村俊夫外相との間で、平和友好条約の締結交渉に向けての第 1 回目の準備折衝が行われた。木村外相は冒頭で日中漁業協定について、「もしこれが手間取るようであれば、平和友好条約の話し合いを始めても良い」[66] と鄧小平の提案に沿った発言を行い、漁業協定の交渉と並行して日中平和友好条約に関する準備折衝を始める意思があることを中国側に伝えた。これによって、平和友好条約の交渉に向けて、国交回復後に既に調印が完了した貿易、航空、航海協定に加え、残る漁業に関する事務協定と並行して平和友好条約に関する準備交渉が始められることとなった。韓外務次官と木村外相との会談の中で、まず双方は平和友好条約に関する基本認識を確認し、条約の交渉は共同声明の精神に基づいて、政治的および大局的立場から話し合いを進めることで合意した。さらに平和友好条約の基本性格は、日中両国の関係を扱うものであって、第三国とは全く関係ないことについても一致をみた。

　この時点では、準備交渉はスムーズに進み、妥結には時間もかからないと見られていた。日中経済交流協会の稲山嘉寛新日鉄会長らが、6 月から入院していた周恩来を訪れた際に、周は日中平和友好条約について「調印の問題を解決するには、半年もかからない、恐らく 3 ヶ月で十分だろう」[67] と非常に楽観的な見通しを述べるなど、日中平和友好条約交渉は順調に進んでいたことがうかがえる。しかし、1974 年年末の日本政府要人の入れ替わりによって、日中平和友好条約交渉は迷走し始めるのである。

3.1　日本政府と二つの領土問題

　田中角栄は金脈問題によって総理を辞職し、代わりに椎名副総裁の指名によって党内では決して権力地盤の強くない三木武夫を首相とする新政権

65　「大臣と韓次官との会談（1974 年 11 月 13 日）」外交史料館、整理番号 04-0797-1、1 頁。

66　同上。

67　王泰平主編『新中国外交 50 年（上巻）』北京出版社、1999 年、469 頁。

が 1974 年 12 月 9 日発足した。

　三木は就任当初、自分の任期内に日中平和友好条約を締結させたいと積極的な姿勢を見せていた。しかし、三木派は自民党内においても小さな派閥であり、自派閥のみによる内閣形成はできず、三木とは見解が異なる閣僚の起用が必要とされた。最も重要な党三役のうち、自民党副総裁の椎名悦三郎は親台湾派であり、またその椎名の推薦で党総務会長のポストに同じく親台湾派の灘尾弘吉氏がついた[68]。日中平和友好条約を締結し、日中の完全な国交正常化を遂げたい三木にとって、内閣の中枢に親台湾派を多く抱える政権となったことは非常に不利であったといえる。三木自身も日中平和友好条約を進めることは容易ではないと認識していた。そのため、日中平和友好条約交渉を開始する前に、三木は対中国慎重派の中枢的存在である日華関係委員懇談会の会長であり、かつ党総務会長でもある灘尾総務と会談を行い、日中交渉を再開することについて了解を取り付けた[69]。これを受けて外務省は、三木が親台湾派に先手を打ったことで「日中平和友好条約交渉を推進することに、自民党から異論が出てくる事は考えられない」[70] と判断し、中国政府に正式に条約に関する交渉再開を申し入れた。

　党内での調整にとりあえず成功した三木だったが、今度はソ連が難題を突きつけてきた。本節第 1 項ですでに述べたように、ソ連政府は日中の事務交渉の時期に合わせ、また日本の新政権が固まった頃合いを見計らい、1975 年 1 月 15 日から 17 日にソ連を訪問した宮澤喜一外相に打診し、2 月 13 日に北方領土問題を「棚上げ」にした「日ソ善隣協力条約」を日本政府に要求したのである。ソ連政府の要求と水面下での折衝活動の結果、これまで不言及方針のもとで隅に置かれていた釣魚島問題が再び注目され始めた。そして、さらに厄介なことに、これまで別々の問題として扱われてきた釣魚島問題と北方領土問題が、ソ連の揺さぶりによって、連動する

68　杉本信行『大地の咆哮——元上海総領事が見た中国』PHP 研究所、2006 年。

69　「日中交渉、東京で　対ソ交渉も積極推進　政府・自民 一致」『朝日新聞』、1975 年 1 月 14 日朝刊、2 面。

70　同上。

問題として国会内で懸念の声が上がりはじめたのである。

　1975年2月10日の衆議院外務員会で自民党慎重派の石井一は「ソ連側の主張だと、日ソの関係では領土問題をたな上げせずして友好条約は結べない、ところが、日中の関係では、これは尖閣を指すわけですが、たな上げしてこれをやるということは遺憾だ、こういうふうなことを言っておるわけでございますが、（中略）両者は別に考えるべきだ、こういうお考えなのか、そこにはやはり日ソと日中の平和条約というものに関して何らかの関連性がどうしても出てくるというお考えなのか」[71]と発言し、また、2月14日の衆議院外務員会で同じく慎重派の水野清も、ソ連政府が不満を示した二つの領土問題に対する日本の異なる扱いについて「これは国会の中でもきちっと明確にされていかれないから、この二つの問題が同次元で扱われていて、そのためにいま日本の外交方針というのがどうも少しはっきりしませんね」[72]と、政府が釣魚島問題と北方領土問題の関係に対する考えを明示するよう求める場面がしばしばあった。

　この状況に対して、日本政府としては、釣魚島問題と北方領土問題を同等に扱うことはできなかった。釣魚島問題から見れば、まず、日本政府はこれまで釣魚島には領土問題は存在しないとして強く主張してきた経緯があり、いまさら解決といっても話し合いをすれば、領土争議が存在することを認めることになる。次に、日本側にとっての解決は中国に日本の主権を認めさせることであるだけに、中国政府に納得しろと言っても無理な話である。したがって、国会で要求されているような「解決」などできないことは明らかであった。さらに、何よりも釣魚島問題の解決を日中国交正常化の前提として提起すれば、交渉は間違いなく停滞かまたは決裂することは目に見えていた。一方、北方領土問題においても、ソ連が北方領土問

71　「第75回国会衆議院　外務委員会議録第2号（1975年2月10日）」衆議院事務局、1975年2月10日、2頁。
　　http://kokkai.ndl.go.jp/SENTAKU/syugiin/075/0110/07502100110002.pdf

72　「第75回国会衆議院　外務委員会議録第3号（1975年2月14日）」衆議院事務局、1975年2月14日、2頁。
　　http://kokkai.ndl.go.jp/SENTAKU/syugiin/075/0110/07502140110003.pdf

題において本質的な譲歩をするとは期待できない。したがって、日本政府は、あくまでも日ソの北方領土問題と日中の釣魚島問題に一線を引かざるを得なかった。

　日本政府は、北方領土問題と釣魚島問題の関係について以下の見解を説明した。第1に、問題の違いについて、釣魚島諸島は日本が施政権を有しており、有効管理の下にある。釣魚島諸島においては実際に紛争が起こっている状態ではないので、領土問題ではない。一方、北方領土では日本の領土が戦後ソ連に不法占領されている状態であるため、釣魚島問題とは性質が違う。第2に、北方領土問題は戦後処理問題であり、釣魚島問題は戦後処理問題ではない。すなわち、北方領土は戦争によってソ連に占領された領土であることに対して、釣魚島諸島は戦争によって生じた領土問題ではないため、二つの問題は一概にできないということである。第3に、日ソ平和条約は戦後処理に関する条約であるが、日中間の戦後処理に関しては既に1972年の日中共同声明において完了しているため、日中平和友好条約は戦後処理に関する条約ではなく、両国関係の友好発展を目的とする条約である。したがって、中国との共同声明または日中平和友好条約において釣魚島問題を持ち出さなかったのは、戦後処理に値する問題ではないからである。日ソ平和条約で扱う北方領土問題は戦後処理問題であり、両者は根本的に異なっている、と両者の違いを強調した。また、ソ連が新たに提案した日ソ善隣協力条約について、日ソ善隣協力条約は戦後処理をする平和条約を飛び越えるものであるとして、日ソ間の領土問題を最終的に解決することが先決であり、それを差しおいて日ソ友好善隣というような

条約を結ぶということは、物事の順序が間違っているとの立場を表明した。[73]

　日本政府は釣魚島問題と北方領土問題の違いを示し、日中平和友好条約と日ソ善隣協力協定との違いにも焦点をあてることで、二つの問題は連動させる根拠も必要もないとの考えを明白にした。この背景には、それまで北方領土問題において、断固として領土問題の存在を認めないとしてきたソ連政府に対する不信感が大きく影響したのではないかと考えられる。

3.2　日中平和条約の締結をめぐる二局対立

　ソ連政府の揺さぶりは釣魚島問題をめぐる対立を日中間で巻き起こすことはできなかったものの、ソ連政府が次に切った覇権条項のカードは、確実に日本政府を動揺させた。

　1972 年に日中首脳によって発表された共同声明は、日中国交回復を実現させた重要な一歩であったが、そこに「両国間の平和友好関係を強固にし、発展させるため、平和友好条約の締結を目的として、交渉を行うことに合意した」[74] と明記されているように、共同声明はあくまでも国交正常化の始まりであり、最終的には日中平和友好条約を締結することで、ようやく国交正常化が達成されるのである。しかし、条約は共同声明と異なり、締結と発効に際して日本では国会審議を通す必要がある。

　政府与党内では、1974 年の間に政権の交代、役員の入れ替えがあり、条約締結についても意見が分かれた。一つはこれまで通り条約の早期締結

73　「第 75 回国会衆議院　外務委員会議録第 2 号（1975 年 2 月 10 日）」、2 頁。
　　「第 75 回国会衆議院　外務委員会議録第 3 号（1975 年 2 月 14 日）」、3 頁。
　　「第 75 回国会衆議院　予算委員会議録第 15 号（1975 年 2 月 18 日）」衆議院事務局、1975 年 2 月 25 日、6 頁。
　　http://kokkai.ndl.go.jp/SENTAKU/syugiin/075/0380/07502180380015.pdf
　　「第 75 回国会衆議院　予算委員会第二分科会議録（外務省、大蔵省及び文部省所轄）第 3 号」衆議院事務局、1975 年 3 月 12 日、11 頁。
　　http://kokkai.ndl.go.jp/SENTAKU/syugiin/075/0386/07502260386003.pdf
　　1975 年 2 月 10 日から 2 月 26 日までの国会における政府発言を筆者が整理したもの。

74　「日本国政府と中華人民共和国政府の共同声明」外務省、1972 年 9 月 29 日。
　　http://www.mofa.go.jp/mofaj/area/china/nc_seimei.html

を促すべきであるとする国交正常化促進派と、もう一方は慎重に問題を一つひとつ詳細に話し合い、急がずに慎重に交渉を重ねるべきだとする親台湾派を中心とする国交正常化慎重派である。

　日中平和友好条約の締結に慎重な態度をとる自民党の北沢外交調査会長は、「外交問題で時間を惜しむべきでない。先に日中共同声明を国会審議なしに急いですませましたが、あの時審議してさえいれば、覇権問題も議論され、今頃この問題で党内外の意見が分かれる事も無かったろう」[75] と、田中政権が国会を通さずに政府決定で中国との国交回復を急いだことがソ連の日中国交正常化への反発を生み出したと批判した。また、日華関係議員懇談会自民党員の玉置和郎は「このまま日中平和友好条約をもしやっていった場合に、ソ連との間で合意が得られるのかどうかということは、北方領土の要求が半永久的にたな上げされるじゃないか」[76] と、釣魚島問題に言及しないまま日中間で条約交渉を進めれば、北方領土問題に波及する恐れがあるということをほのめかしながら、「この尖閣列島というものが日本の領土であるということ、主権が存在するということを北京が天下に向かって宣言をしてほしい。それを宣言しない間は日中平和友好条約を進めるわけにはいかない」[77] と述べ、釣魚島諸島の主権問題を明白にさせることが優先であると強調した。その他にも、覇権条項を盛り込むと米国に対する基地提供が制限を受け、中国は覇権条項をテコに、安保、米軍基地の存在に反対を唱えてくるのではないかなどの懸念を示したり、覇権条項を明記するとソ連の反発を招く事になるから日本の等距離外交の立場から好ましくないと主張する者もいた。他に、ソ連を刺激して北方領土や漁業交渉で高飛車に出る口実を与えることになる、「日中平和友好条約」の名称が領土問題を含む戦後処理としての「平和条約」と紛らわしいとして

75　「覇権　自民党内の両論を聞く　積極論　坂本外交部会長　友好形成こそ先決」『朝日新聞』、1975 年 5 月 4 日朝刊、2 面。

76　「第 75 回国会　参議院予算委員会第二分科会（防衛庁、経済企画庁、外務省、大蔵省及び通商産業省所管）会議録第 2 号」参議院事務局、1975 年 4 月 14 日、24 頁。
　　http://kokkai.ndl.go.jp/SENTAKU/sangiin/075/1386/07503311386002.pdf

77　同上。

「平和」の文字を削るべきことや、「覇権」の概念を明確化した上で交渉を進めるべきと主張する者など、日中平和友好条約の早期締結において反対の理由は様々であった[78]。

　一方、与党内の日中平和友好条約締結促進派は、慎重派が重点的に指摘した、日ソ関係と日中平和友好条約を関連付ける考えを批判した。自民党の坂本三十次外交部会長は、「覇権条項を入れるか入れないかが、日中平和友好条約締結交渉を左右する決定的要因にはならない。同条約の目的は日中両国が子々孫々にわたる友好、信頼関係を築く事にある」[79]と、覇権条項の挿入問題が日中平和友好条約の核心ではないため、条約の精神を再度確認すべきであることを強調した。また、覇権条項が問題とならない理由について、坂本は中国の憲法には覇権規定が入っており、米中共同声明でも覇権反対が明記されていることから中国側はこれを入れて当然と考えたと、理解を示した。その上で、条約については「仮に軍事同盟とか政治同盟と曲解されるのを避ける為にも明記は避けた方が良いが、ただ、覇権という字句がはいったらすべてダメになるという事ではない。あまりに拘っては、両国の友好関係を形成するうえで害あって益なしだ」[80]と、覇権条項の問題については文面にこだわるのではなく、もっと柔軟な方法で対応可能だとする考えを示した。その他、慎重派の日米安保にかかわる懸念に対して、促進派は「日米安保条約は日米両国の合意に基づくもので、米国の覇権を許しているわけではない。中国が日米安保と絡めて覇権問題を提起しているとは思えない」[81]と、日中平和友好条約には根本的な問題はないとして、早期の交渉と締結を促すべきだとする姿勢を示した。

　日中平和友好条約をめぐり自民党内の慎重派と促進派の間で溝が広がる中、野党内部でも動揺が生じ始めていた。社会党では日中平和友好条約の

78　「『台湾帰属』明記を　『平和友好条約』で中国見解　親台派とソ連刺激　政府苦慮」『読売新聞』、1975 年 2 月 6 日朝刊、1 面。「覇権　自民党内の両論を聞く　積極論　坂本外交部会長　友好形成こそ先決」『朝日新聞』、1975 年 5 月 4 日朝刊、2 面。

79　同上。

80　同上。

81　同上。

138

早期締結について、野党第一党の立場から早期実現を促進するために社会党代表団を訪中させる事になっていたが、条約の最大の懸案となっている覇権条項について、党内の意見は分かれていた。代表団の訪中に先立ち、社会党の中では覇権条項について、ソ連敵視と受け取られるようなことを避け、「いかなる国の覇権にも反対」という線を守ることで一致していたが、万が一の場合に備え、もし中国側がソ連の覇権主義に言及した場合に、代表団は具体的な問題について例えばソ連のアジア集団安保構想、日本近海での演習、漁船操業問題、北方領土問題などについて個別に批判的な立場を表明する準備をしていた[82]。しかし、その一方で、社会党代表団の訪中より先に、５月３日に社会党の中の親中派である「新しい流れの会」が中国を訪れた。「新しい流れの会」は中国の中日友好協会会長である廖承志と会談し、安井吉典社会党副委員長らは「二つの超大国（米、ソ）の覇権主義に反対することで、中国側と意見の一致をみた」[83]と述べ、「北方領土を返さず、公海とはいえ日本沿岸にまで漁船を進出させ、また大演習をするソ連は覇権主義であり、共同声明に米ソの覇権反対を謳うのは当然だ」[84]と、日中が手をとり合いソ連に対抗していくべきだとする見解を、中国側に示した。この態度表明は覇権条項について、社会党は盛り込むことで一致をみているものの、実際にどのように盛り込むかについて、またソ連に関する事項の扱い方について社会党の中で意見が分かれていることを明確に示すものだった。また、公明党の中では覇権条項を盛り込むことに反対の意見はないものの、覇権条項をどのように盛り込むかについて意見が分かれ、さらに野党のなかでも、覇権条項を日中平和友好条約に盛り込むことに賛成しない意見も存在していた。

　このように、覇権条項の扱いについて、異なる意見が浮き彫りになっていき、覇権条項の挿入に賛成であってもどのような形でもり込むのかにつ

82　「党内不一致を露呈　先発した親中国派議員団が意見交換」『朝日新聞』、1975 年
　　５月４日朝刊、２面。

83　「『二超大国の覇権主義に反対』　中国側と意見一致　社党親中派『流れの会』」『朝
　　日新聞』、1975 年５月４日朝刊、２面。

84　同上。

いて意見は一致せず、また与野党ともに挿入に反対する意見の存在が一層
覇権条項の条約への挿入を難しくさせた。ソ連の干渉によって、動揺が広
まりつつ日本国会で、日本政府は選択を強いられた。

　ソ連の揺さぶり、中国の覇権条項に対する堅持、政府与党内の意見対立、
これらは政権基盤の弱い三木内閣にとって重大な圧力となり、覇権条項の
扱いをめぐり日中間の交渉も硬直していった。

3.3　日中平和友好条約の停滞

　三木は党内基盤が弱いため、党内における影響力はごく限られていた。
このような状況の中、三木内閣に中国側に立って日中平和友好条約の早期
締結を進めるのか、それともソ連を配慮し日中平和友好条約の締結により
慎重な態度をとるのかという「選択」が迫られた。結果、三木政府の中で
首相である三木は中国を、そして外相である宮澤がソ連を選択するという
奇妙な状況が生まれた。

　三木は就任当時より、日中国交正常化の早期実現を目標の一つに掲げて
おり、対中認識においては中国本意であり[85]、中国重視の姿勢は多くの場
面で見られた。

　たとえば、1975 年 4 月 6 日に蒋介石が他界した際に、自民党の親台湾
派は佐藤元首相を党代表として台湾に派遣する方針を内定していたが、三
木はこれに強く反発した[86]。この時期、平和友好条約の覇権条項をめぐり、
日中交渉が難航していたため台湾への与党代表の派遣に中国政府は強く非
難した。この状況を受けて、三木は自ら佐藤と外務省幹部に対して、この
台湾訪問を控えるよう説得を試みた[87]。結局、三木は佐藤の台湾行きを阻
止することはできなかったが、佐藤は党代表ではなく「友人」代表として
葬儀に参列することとなった。なんとか中国政府の不満を緩和したものの、
今度は三木の妥協方法に対して親台湾派議員から不満が上がったが、三木

85　中村慶一郎『三木政権・747 日』行政問題研究所、1981 年、86 頁。

86　同上。

87　同上。

は「自民党が台湾との人情論でいっているのは、私にはよくわかる。しかし、日本政府とすれば国策だ。中国と台湾との選択はもう済んでいることだ。この国策を変えるわけにはいかないんだ」[88] と、日中関係を犠牲にしない考えを示した。

三木の中国重視発言は党内に対してだけでなく、日ソ関係をめぐってもその態度を明白にしていた。1976年1月9日にグロムイコ・ソ連外相が来日したが、ちょうどその日は周恩来が他界したことが発表された日でもあった。グロムイコは三木との会談で「もし、日本が日中平和友好条約を結べば、ソ連としては日ソ関係を考え直す」と脅迫まがいの発言をし[89]、日本に対ソ関係を優先的に考慮するよう迫った。これに対して、三木は隣国である日本と中国との特殊な関係を説明した上で、日中平和友好条約の締結を第一とせざるを得ないことを婉曲的にソ連側に伝えた[90]。三木は台湾派のみならず、ソ連の圧力のもとでも、対中関係を優先する考えを堅持していたことがわかる。

しかし、前述のように三木はあくまでも椎名裁定によって首相の座につくことができた少数派首相である。そして、三木内閣に多くの親台湾派閣僚を抱えているのみならず、外交を担当する中核である宮澤も実は親台湾派だった。

宮澤は三木内閣において福田赳夫副総理、木村睦男運輸相らとともに、親台湾派の中枢の一人であった[91]。三木首相が日中平和友好条約の早期締結に積極的な姿勢を示す一方で、宮澤はむしろ日ソ関係の維持と日台関係の回復に熱心であった。1975年4月に日中平和友好条約の草案を交換した頃から、覇権条項をめぐる日中両政府の交渉は難航していた。硬直状況を打開するために、9月16日からニューヨークで開かれる第30回国連

88 　同上、87頁。

89 　久保田正明『クレムリンへの使節：北方領土交渉 1955-1983』文藝春秋、1983年、244頁。

90 　同上。

91 　「日台空路が再開した：きっかけは宮澤外相発言」『ASIAN REPORT』1975年7月15日号、マスコミ総合研究所、1975年7月、2頁。

総会を利用して、中国の喬冠華外交部長と宮澤外相が直接会談を行うことで、問題の打開を図ろうと両国の外交当局は動いていた。しかし、その一方で、直接会談に臨む宮澤自身は積極的な打開案のために意思疎通を図ることよりも「この会談は我が国に取って交渉を継続し進展させられるか、それとも当分見合わせるかのめどをつける為の場となろう」[92] と、中国側からの譲歩がない限り、交渉中断も念頭にあるという考えを示したのである。また、日中会談に先立ち、9月17日に日本への帰任報告をかねてトロヤノフスキー駐日ソ連大使が宮澤を訪問した際も、宮澤は「日本は軍事力もなく、ソ連を怒らせるようなことをしては、ひとたまりもない。その点は日本の国益に照らしても明らかで、ソ連の心配は無用のことだ」[93] と述べ、日本はソ連に背く行動をとらないと約束した。これは日中平和友好条約の促進を図ることはないことの暗示であるともいえた。

　9月24日にニューヨークで行われた第1回の日中外相会談で、覇権条項について、宮澤はいわゆる「宮澤四原則」を提案した。これは、日中平和友好条約に覇権条項を挿入するのであれば、次の四つの原則をその条件として付随させるというものだった。第1に、覇権反対は日中の共同行動を意味するものではない、第2に、覇権反対は特定の第三国に向けられたものではない、第3に、アジア・太平洋地域だけでなく、世界のどこでも覇権に反対する、第4に、国連憲章の精神と矛盾することは受け入れない、というものである[94]。宮澤の提案に対して、喬冠華は「反覇権問題を無理に相手に押し付けるのは良くない、双方の考えが一致しないのであれば、少し待てばよい。もしあなたたちに困難があり、調印できないようであれば、無理することもない。私たち両国関係はいずれ良くなるでしょう、

92　「ソ連へ慎重な配慮　日中外相会談　外務省首脳語る」『朝日新聞』、1975年9月9日朝刊、2面。

93　「覇権問題　ソ連の心配は無用　外相、ト駐日大使に言明」『朝日新聞』、1975年9月18日朝刊、1面。

94　倪志熊「大平正芳内閣と日中関係（その一）」『龍谷大学経済学論集』、2009年12月、54頁。

共同声明もあるので、条約がなくても天が崩れ落ちてはこないだろう」[95]
と、この付属条件は覇権条項を空洞化させるものであるとして、日本政府
と合意が得られないならば、中国政府も譲歩はできない、このまま平和友
好条約の交渉を続けても無意味であるとの考えを伝えた。

　宮澤と喬冠華の会談から双方ともに覇権条項について譲歩する意志がな
いことが明白となり、1972年の国交回復から順調に進んできた日中平和
友好条約の交渉は1975年9月24日の宮澤と喬の会談を最後に、中断を
余儀なくされた。このやりとりについて後に宮澤は回顧録で「喬冠華自身
は、そうあくせく平和友好条約を今しなくてはならない事もないだろうと
いうことでした。喬冠華とはウマがあったとでもいうんでしょうか、面白
かった」[96]と、日中平和友好条約の先延ばしという結果に満足していたか
のように述懐している。

　実は、喬冠華と宮澤の会談が順調に進まなかったのは、宮澤が提案した
四原則だけが原因ではない。もう一つ重要な原因は、宮澤の親台湾的な行
動が中国政府の不満を買い、三木内閣に対する不信感が中国側ですでに募
り始めていたからである。三木内閣に対する不信感の原因を作ったのは、
一つには、日中間で「反覇権条項」をめぐって意見が食い違ったまま前進
しないことと、いま一つ中国の不信感を深めたのは、三木内閣で外相を勤
めていた宮澤による日台の航空路線の再開であった。前述のように、宮澤
は三木ほど日中平和友好条約の早期締結に積極的ではなかった上、党内の
他の親台湾派と密接に連絡をとり、日中国交回復によって中断した日台空
路の再開に力を注ぎ続けていた。1975年2月に、日中平和友好条約に関
する準備交渉が事務レベルで本格的に動き始める一方で、宮澤は日華関係
委員懇談会の藤雄正行、玉置和郎の仲介で台北の亜東関係協会駐日代表の

95　江培柱「日中締結和平友好条約談談判和鄧小平訪日」中国共産党歴史網、2014年
　　8月5日。
　　http://www.zgdsw.org.cn/n/2014/0805/c244516-25405735.html

96　御厨貴、中村隆英編『聞き書　宮澤喜一回顧録』岩波書店、2005年、265頁。

馬樹礼と密会し、日台空路再開の糸口を探っていた[97]。そして、6月、7月に東南アジア諸国が相次いで中国と国交樹立したことで台湾の孤立化が進む中、宮澤は牛馬信彦外務省顧問、鹿内信隆産経新聞社社長等を通して、台湾政府と接触し、日台空路の再開のために国会答弁を通して台湾当局の尊厳を回復させたいという意向を伝えていた[98]。宮澤の考えに対して、台湾当局は四つの条件を提示し、日本政府がこれらの条件を遵守することができれば、日台空路の再開を検討するとした。第1に、日台断交は不幸であると表明すること、第2に、中華民国の存在を承認すること、第3に、中華民国の国旗を承認すること、第4に、相互尊重、互恵に基づき国際慣例にしたがって両国の関係を改善する明確な表現をすることである[99]。台湾当局との関係回復に積極的であった宮澤は、台湾当局の条件を受け入れ、日台空路路線の復航について馬樹礼と数回にわたり密かに協議をする傍ら、自民党の秦野章代議士とともに台湾に「体面」を与える作戦計画を練った[100]。そして、1975年7月1日の第75回国会参議院外務員会において実行した。

　参議院外務員会当日、事前に宮澤と「セリフ合わせ」をした秦野章は台湾に関連して、今後の台湾との関係をどのように進めて行くのか、また、「青天白日旗」[101]を国旗として認識しているのかどうかについて宮澤に質問をした。これに対して宮澤は「今後交流協会が一層拡充強化されまして、これによってそれぞれの立場から、国際慣例に従い、相互に礼を失うことなく、互恵ということで友好的交流が一層促進されることを希望するもの

97　李恩民「1970 年代における日台航空関係の変遷」『宇都宮大学国際学部研究論集』、2002 年、45 頁。馬樹禮『使日十二年』聯經出版、1997 年、66 ― 67 頁。

98　李恩民、前掲書、46 頁。

99　黄天才『日中外交的人与事』聯経出版事業公司、1995 年、296 頁。

100　李恩民「1970 年代における日台航空関係の変遷」、46 頁。

101　台湾当局が使用している「国旗」の別名である。

でございます」[102]と話し、また「青天白日旗」について「昨今の春の我が方の『青天白日旗』に対する言及が誤解を招いたことはまことに不幸なことであったと存じます。しかし秦野委員がご指摘になりましたような事実、すなわち、それらの国[103]が『青天白日旗』を国旗として認識しているという事実は我が国を含めて何人も否定し得ないところでございます。」[104]と、青天白日旗を依然として「国旗」として認識していると発言し、台湾政府が提起した四つの条件に応じた考えを国会にて明示したのである。

外相としての宮澤の発言は、日中国交回復以来の日中間で一致した認識を大きく覆すものだった。一例をとれば、日中国交回復後 1974 年に日中航空協定が調印された際に当時外相だった大平は「台湾機の旗の標識を国旗とは認めない」と、台湾当局の青天白日旗を国旗と認めない政府態度を明示していた。宮澤の発言は真っ向からこれを否定したことになる。宮澤は 1972 年に断交した日本と台湾の関係を再度構築し、対中政策を修正しようとしたとみることができる。宮澤発言の 1 週間後、7 月 9 日に「日台民間航空業務維持に関する取り決め」は、日本政府と台湾当局の間で調印された[105]。同日、中国中央委員である廖承志中日友好協会会長は、宮澤のこの言動は「中国敵視の言論であり、『二つの中国』を地でいったものだ（中略）三木首相も知らないとはいわせない。（中略）日中共同声明を踏みにじった」[106]と、三木政府を強く批判した。中国政府にとって、三木内閣は日中国交回復の根底にある台湾問題において逆走した。これは中国政府

---

102 「第 75 回国会　参議院外務委員会会議録第 17 号（1975 年 7 月 1 日）」参議院事務局、1975 年 7 月 17 日、22 頁。
　　http://kokkai.ndl.go.jp/SENTAKU/sangiin/075/1110/07507011110017.pdf

103 秦野議員が指摘した国連に加盟している国の中に、台湾にいる国民党政府を中国の唯一の合法政府と認めている国を指している。

104 「第 75 回国会　参議院外務委員会会議録第 17 号（1975 年 7 月 1 日）」、22 頁。

105 李恩民「1970 年代における日台航空関係の変遷」、47 頁。

106 「『青天白日旗』宮沢外相発言　廖会長が非難"日中関係に重大影響"」『読売新聞』、1975 年 7 月 10 日朝刊、1 面。田才徳彦「日中平和友好条約交渉――『反覇権条項』をめぐって」『埼玉女子短期大学研究紀要』（34）、2016 年 9 月、166 頁。

145

にとって、突破してはならない絶対的な条件であるだけに、三木内閣に対する不信感が高まったことは否めない。

　このように、宮澤がこれまでの日中政府の了解事項を覆し、台湾との関係の緊密化を図ったことで、宮澤は中国政府の信用を大きく損なったと考えられる。また、三木に対しても三木閣内に多くの親台湾派を抱えていたことで、中国政府は大きな期待をすることはできなかったと推測できる。実際、日本政府と台湾政府が民間空路の回復を調印する前日、三木は民間協定の調印について「明確なことは民間のことなのでよくわからない」と、この協議について知らされていたなかったという趣旨の発言をしている[107]。三木が本当に知らされていなかったのかは分からない。しかし、宮澤の動きを阻止できなかったのだとすれば、三木の力の弱さは明らかである。このように弱い首相と強い外相という内閣力関係のもと、三木はソ連政府と党内台湾派による内外二重の圧力のもとで、日中平和友好条約の早期締結という願望の実現は困難となり、開始から２年目に交渉は中断した。

　興味深いことに、三木政権期に党内の対中慎重派また親台湾派の動きが活発だったにもかかわらず、日中平和友好条約の推進を牽制する上で、釣魚島問題を持ち出さなかったのである。ここには、親台湾派の複雑な思いが関係しているといえる。釣魚島問題の核心は主権の帰属問題である。第１章ですでに詳細に述べたように、釣魚島諸島の主権問題において、日本と対立的な立場をとっているのは中国政府だけではなく、台湾当局も主権においてゆずれない立場を示していた。灘尾、宮澤らをはじめとする親台湾派は、対中牽制のためとはいえ、釣魚島問題を持ち出せば、台湾当局との関係改善を図る上でも釣魚島問題が足かせとなる可能性はある。一方、多くの親台湾派を抱える三木政権では、弱い首相と強い外相という構造のもとで、親台湾派は政府に対して大きな影響力を持っていた。ゆえに、わざわざ釣魚島問題を持ち出して政府を牽制するまでもなく、日中平和友好条約の推進を食い止めることができたといえよう。したがって、三木政権期に慎重派から釣魚島問題が出されなかったのは、政府に対して慎重派が

107　中村慶一郎『三木政権・747日』行政問題研究所、1981年、88頁。

第2章　日中国交正常化過程における釣魚島問題

十分な影響力を持っており、かつ台湾との関係改善に配慮したためではないかと考えられる。

1976年に入ると、中国では1月8日に周恩来が他界し、それに伴い「四人組」を反対する天安門事件が発生した。4月に、文化大革命を全面的に整頓しようとした鄧小平は党内外すべての職務を剥奪され、同年9月に中国最高指揮者だった毛沢東も他界した。中国上層指導部で立て続けに起きた大きな変動により、日中平和友好条約を処理できる人もいなくなった。一方、日本では三木は同年2月に発覚したロッキード事件の処理に明け暮れ、あまりにも真相解明と事件追及にこだわったために自民党を敵にまわし、行き詰まっていた。その為、景気回復を中心とした経済運営や日中交渉、日ソ関係の打開にも全く手をつけることができなかった[108]。2回のいわゆる「三木おろし」の結果、三木政権は1976年9月15日に幕を閉じ、日本国内では次の内閣選挙へと注目が移っていった。

第4項　二つの領土問題に関する中国政府の考慮

4.1　日本の北方領土主張を支持する中国政府

ソ連政府は釣魚島問題に言及することで、日中関係の疎遠化を図っていたが、実は中国政府も日ソ間の北方領土問題に言及していた。ただし、中国政府は日本政府に圧力をかける方法ではなく、北方領土問題での見解の一致を示すことによって、日本政府との共感と協力関係を強化することを目的に北方領土問題に言及していたのである。

そもそも中ソ関係が悪化し始めた1964年という早い時期から、毛沢東が北方領土問題において日本政府の立場を支持する態度を表明していた。1964年7月10日、毛沢東と日本社会党訪中団との会談において、毛沢東は、ソ連が辺境地帯に兵力を増強させ、周辺地域を自分の領域にしようと企んでいると批判し、「千島列島についてですが、われわれにとって、

108　同上、196頁。

147

それは別に問題ではありません。皆さんに返還すべきだと思います」[109]と、日ソ間の北方領土問題において中国政府は日本政府の主張を支持することを明言したのである。その後、中国政府は日ソ北方領土問題においては、一貫して日本政府の主張に賛同している。1974年に日中平和友好条約準備交渉が始まるとともに、ソ連は中国に対する批判を強め、北方領土問題と覇権条項を取り上げて日本に圧力をかけたことはすでに述べた。ソ連のこの動きに対して中国政府はソ連と同じく、北方領土問題を取り上げて日本政府への協力姿勢を示し、ソ連を牽制したのである。

　1975年3月8日、日中青年学生交流日本代表団との会談の席で、日中友好協会副会長である張香山は覇権条項の重要性を説明した後、「(ソ連が)日本の北方領土返還要求に反対していることや、日本近海においてソ連の漁船が相次いて出没するなど、これらは顕著な覇権主義の一環である」[110]と、ソ連が北方領土における行動が覇権主義の現れであると批判した。また、『人民日報』では、日本国内で掲載されているソ連の行為に反対する声を転載した。たとえば、『進路』という雑載に掲載されていた、「ソ連が北方領土を占領し、太平洋で軍事演習を行い、また飛行機や『漁船団』を日本付近で活動させ、日本沿岸の漁場を荒らすなどの行動から、日本人民はソ連の日本に対する覇権主義行為を目の当たりにした」[111]との内容を転載するなど、日本のソ連批判に関する態度や言論について継続かつ詳細に報道した。中国政府は日ソの北方領土問題を取り上げることで、日本国民もソ連のこれらの行動に対して反抗をしていることを主張すると同時に、中国は北方領土問題においては日本の立場に賛同しているため、日中が協力することは日本の北方領土問題においても有益であるというメッセージを発信していたといえよう。

109　鹿島平和研究所編「日本の北方領土返還要求を支持する毛沢東中国共産党主席の日本社会党訪中団に対する談話」『日本外交主要文書・年表2』原書房、1984年、518頁。

110　「覇権反対、譲れぬ原則　ソ連と台湾派の干渉非難　張香山氏表明」『朝日新聞』、1975年3月10日朝刊、2面。

111　「日本『進路』月刊支持社会党訪華団与日中友協代表団的連合声明」『人民日報』、1975年7月3日。

中国政府は60年代から北方領土問題における立場を明示しているが、新聞などの公式な方法で宣伝することはほとんどなかった。中国政府機関紙である『人民日報』の報道頻度を見ると、日中国交回復以前の1970年に北方領土に関する報道は0回だったのが、日中国交回復の過程にソ連が日中関係に牽制をかけ始めた頃から、報道回数が徐々に増え、ソ連が本格的に日中国交正常化を批判し、日本政府に圧力をかけ始めた1975年には報道回数は年間74件にのぼり、また交渉が行き詰まった1976年には151件に倍増していた。掲載された記事を見てみると、北方領土問題は中ソ間の問題ではないだけに、中国政府が直接発信したソ連批判のものはほぼないものの、記事の大多数が日本政府または日本国民がソ連の横暴と占領に反対していることを伝えるものだった。中国は日ソの北方領土問題において、日本政府を支持することを発信することで日中間の統一戦線を作り、ソ連に対抗しようとしていたことがうかがえる。

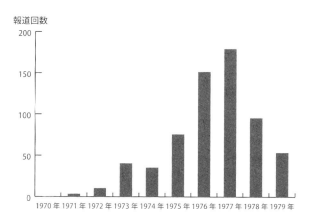

グラフ2.2　北方領土に関する『人民日報』報道件数推移[112]

中国政府のこの考えには三つの効果があったといえる。第1に、中国政

112　1970年から1979年の『人民日報』で北方領土に言及した報道の件数を基に筆者が作成。

府の日本政府を支持する姿勢を見せ、日中政府間の信頼を高めること。第
2に、北方領土問題を強調し、日ソ間で北方領土問題が存在することを日
本側に意識させることを通じて、ソ連政府が領土問題で日本政府に圧力を
かければかけるほど日本国内の対ソ反感が増幅されること。第3に、北方
領土問題と日中平和友好条約の覇権条項を関連づけることにより、覇権条
項が日本政府にとっても有益なものであることを認識させる目的があった
のではないかと考えられる。

　このように、中国政府はソ連政府のように直接領土問題をもって日本政
府に宥和したり圧力をかけたりすることはなかったが、間接的に日中協力
を強化させ、日ソの隔たりを大きくする手段として北方領土問題に言及し
ていたといえる。

4.2　釣魚島問題における不言及方針の再確認

　中国はソ連を牽制する為に、北方領土問題について積極的に報道を行っ
たが、釣魚島問題については、1974年に日中政府間で不言及方針を堅持
することを再確認した。

　中国指導者が国交正常化の過程において釣魚島問題について言及したの
は、1回目と2回目は前述の通り、日中交回復前の周恩来と竹入の会談、
また国交回復時の周恩来と田中の会談である。その後、両国政府の間で釣
魚島問題が話題にあがることはなかった。しかし、ソ連政府が日中平和友
好条約の交渉牽制に動き、その影響で1973年には日本国内で釣魚島問題
が再提起された。これに対して、1974年に復職した鄧小平の主導で、不
言及方針について再確認した。

　鄧小平は副総理に復職すると対日外交を全面的に担当し、1974年1月
と10月に計4回の会談で釣魚島問題に言及している。第1、2、4回目
は日本代表団との会談で言及し、3回目の言及のみ、「保釣」運動に参加
した華僑華人との会談だった。

　第1回目は1月11日に鄧小平が自民党議員団を率いて訪中した木村武
雄と会見をしたときである。鄧は次のように述べた。

第 2 章　日中国交正常化過程における釣魚島問題

　日中両国の友好関係を強化することは、両国国民の根本的利益に合致
するである。これは百年の大計画であり、1000 年の大計画であり、ま
た万年の大計画である。この中で、ある種の問題は条約締結の障害にな
るかもしれない。それは例えば釣魚島問題だが、これはわきに置いてお
けばよいではないか。そうしなければ、10 年交渉しても友好条約は締
結できない。[113]

　釣魚島問題を提起すれば、それは日中平和友好条約の障害となる問題と
なることを示唆し、今すぐに解決を急ぐ問題ではないことを鄧は強調した。
　そして、第 2 回目は翌 12 日に日本社会党友好訪中団との会談である。
鄧は台湾問題を中心に中国統一の必要性と軍国主義復活への警戒について
語った時に再び釣魚島問題に言及した。鄧は、「例えば、釣魚島のような
問題に関しては、公正で客観的な態度をとらなければならない。歴史資料
もある。このような問題を処理するには、必ず方法はあるでしょう！　こ
の問題についてはまだ研究する時間はある」[114] と、日本側で釣魚島問題を
穏便に処理したいとしているのであれば、中国政府も方法を考えないわけ
ではない、しかし、今は議論を急ぐ必要はないと話した。
　鄧小平が日本訪問団との会談で、最後に釣魚島問題について言及したの
は 10 月 3 日の会談だった。鄧小平は、日中友好協会（正統）代表団およ
び日中文化交流協会代表団との会談の中で平和友好条約を促進することの
重要性を語った際に次のように述べた。

　事務協定が調印された後にすぐ平和友好条約をやっても良い、大きな
困難も無いでしょう。一部の問題は今話してもまとまらない、例えば釣
魚島問題、日本は「尖閣諸島」と呼ぶのですが、これはすぐに解決はで
きない。少し置いても良いではないですか！　でなければ、十年話して

---

[113]　張香山『日中関係の管見と見証——国交正常化 30 年の歩み』三和書籍、2002 年、
137 頁。

[114]　中共中央文献研究室編『鄧小平文集（下巻）』人民出版社、2014 年、327 頁。

151

も、平和友好条約もまとまらない。我々双方ともに「共同声明」を尊重し、この基礎の上で問題解決をするべきである。[115]

　すなわち、交渉過程において障害となりうる釣魚島問題に言及すべきではない、また日中国交回復を果たした際の双方がこの問題で不言及方針をとったように、今後もこの方針を堅持すべきとする考えを鄧は明白に述べたのである。

　このように、鄧小平はそれまでの日中国交正常化の過程を振り返り、周恩来と田中の間で一致した不言及の方針が、両国が今後日中平和友好条約を進める上でも必要不可欠な条件であると見なしていた。復職後早々に、自らこの了解を再確認する必要があると考えて、2日立て続けに釣魚島問題について不言及方針の内実を確認したのではないかと考えられる。確かに、中国政府は不言及方針を堅持しているので、再び言及するまでもなかったが、日本国内で釣魚島問題が再提起されたこともあり、復職した鄧小平は、自ら日中政府間の意思を確かめる必要があったと考えられる。鄧小平から見れば、問題を係争化しないことを日中政府間で確認することが、不言及の前提であるといえる。

　鄧小平が釣魚島問題において不言及方針を堅持する態度は、上記の日中間の会談で再確認したのみならず、中国内部においても、同様にその考えを明示していた。日中友好協会（正統）代表団との会談の前日、鄧は国慶節に参加するために北京を訪問中の台湾団体と華僑華人と会談した。

　1974年10月2日に鄧小平は次のように述べた。

　　釣魚島、日本は「尖閣列島」と呼ぶが、これは中国の領土であり、我々は放棄することはできない。各位は「保釣」面に置いて大量の積極的な仕事をした。これはとても有意義なことである。この闘争は長期的になるでしょう。我々は日本と国交樹立の時に、双方はこの釣魚島の問題を避けて話さない事にし、この問題を残した。でなければ、国交樹立

115　同上、386頁。

も無理でしょう。そう遠くない将来に日本と平和友好条約を締結することになるかもしれない、そのときもこの問題を残すことになるかもしれない。とりあえず、この問題を置いておくということは、問題が存在しないということではない、また「保釣」運動が終結しても良いという意味ではない。この運動は続けなくてはならない、今後は時に高く、時に低くなるかもしれない。前に日本がこの場所を占領しようとしたときに「保釣」は高まり、現在暫くこの問題を話さないので「保釣」も低くなった。この運動は長期的で波状的なものになる。[116]

　この発言は、日本代表団との３回の言及とは異なり、中国政府の釣魚島問題についての具体的な立場を明示している。これは、1971年に米国では台湾の留学生を中心にはじまった「保釣」運動が依然として続いており、中国政府としてはこの運動を支持しなければならない立場にあったからといえる。しかし、鄧の発言からは、「保釣」運動を評価する一方で、日中両国政府が不言及方針を堅持している間には、「保釣」運動もこれに応じてその温度を変える必要があることを示唆し、また日中両国の大局的な関係を考慮した上での中国政府の不言及方針に華僑華人の理解を求めていることがうかがえる。鄧小平が「保釣」運動の活動家に中国政府の立場を明示したのは、第１章第３節ですでに述べたように、釣魚島問題で台湾当局が日本政府と米国政府に対して妥協をし続けた結果、海外に留学していた台湾学生を中心とした「保釣」運動活動家が、台湾当局に失望し、中国政府に期待を寄せ始めた背景があった。

　このように、鄧小平が復職後、釣魚島問題に言及するのは、日本政府との不言及方針を確認する目的がある一方で、「保釣」運動活動家が海外において活動を続けている中、日本政府の心配と誤解を招かないように、鄧小平が外交を担当する間もこれまでの釣魚島問題における不言及方針を堅持していく考えを日本政府に伝える目的もあったのではないかと考えられる。

116　同上、327頁。

第3章　日中平和友好条約交渉の再開と釣魚島問題の再燃

　1976 年に一時的に中断した交渉は、1977 年末からようやく再開の動き
が見え始めた。しかし、早期締結を促す中国政府とは逆に、日本政府与党
内では交渉再開をめぐって、慎重派と促進派が激しく対立し、条約交渉開
始に向けた党内調整は順調に進まなかった。そんな中、釣魚島海域に中国
の漁船が集結していることがメディアで取りざたされ、日本国内に動揺を
招いた。

　本章では、1977 年末から日中平和友好条約再開、条約締結まで、日中
平和友好条約をめぐる日本国内での慎重派と促進派の対立を素描する。ま
た、その間に起きた釣魚島漁船事件について、日本国内の反応と問題収束
の過程および要因について分析を試みる。

第1節　日中両政府の人事再編と条約交渉再開への働きかけ

第1項　中国政府の人事再編

　中国では 1976 年 1 月に周恩来が他界、同年 4 月には鄧小平が失脚し、
さらに同年 9 月には毛沢東まで他界したことで、国家の前途をめぐり中国
国内では大きな不安が募っていた。1976 年 9 月 9 日に毛沢東の後継人と
して指名された華国鋒が中国国家主席に就任した。しかし、27 年間中国
を統治した毛沢東の威信に取って代わることは容易ではなかった。またこ
の時期、1966 年から始まった文化大革命を主導した「四人組」も毛沢東
の生前から自分たちの地盤を固めようと懸命に動いていた。

第3章　日中平和友好条約交渉の再開と釣魚島問題の再燃

　中国指導部は政変を未然に防ぐため、各省、各軍区の主要責任者が北京で会議を開き、まだ政治基盤が弱かった華国鋒への支持を表明した。これを基盤として、華国鋒の指示のもとで、叶剣英元帥、李先念副総理などの共産党中央政治局が一丸となり、「四人組」からの政権奪還を成し遂げた。「四人組」が逮捕されたことで、迫害を受けた人々の冤罪が晴れ、党職に復職をするなど、中国内で新たな人事の編制が始まったが、鄧小平もその一人だった。「四人組」の逮捕当時から、鄧小平の党中央への早期復帰がささやかれていた[1]。また、もとより政局の現状に適応し、現実を受け入れることに前向きだった鄧小平も、華国鋒が主席に就任してから最も早く華国鋒に支持を示した指導者の一人だった[2]。

　しかし、まだ政治基盤の弱かった華国鋒にとって、周恩来と毛沢東に指名を受け周の後継者として外交を担当していた鄧小平の影響力は脅威でもあった。1976年10月6日に「四人組」の逮捕に成功した後、華国鋒は10月26日に中央宣伝部の責任者に次のような指示を出した。それは、「四人組」の批判に集中し、連帯して鄧小平の批判をも続けることだった[3]。華国鋒と比べて、鄧小平はあまりにも経験が豊富で自信に溢れ、いつでも政局をコントロールできる力を持っていたため、華国鋒にはまだ鄧小平を迎え入れる準備ができていなかった[4]。鄧小平への批判が継続される中、1977年1月6日に、ようやく政治局幹部の強い要請で鄧小平の復職が決まったものの、華国鋒はすぐに鄧小平を復職させようとはしなかった。

　ところが、このような華国鋒の方針に対して、長く中国政府の中枢にいた中共中央規律検査委員会第一書記だった陳雲や国務院副総理だった王震などが、鄧小平の復職を強く要請した[5]。これを受けて華国鋒は、政権が

1　Ezra F. Vogel 著、馮克利訳『鄧小平時代』、167頁。

2　同上、159頁。

3　冷溶、汪作玲主編『鄧小平年譜（1975 — 1997）上巻』中央文献出版社、2004年、152 — 153頁。

4　Ezra F. Vogel 著、馮克利訳『鄧小平時代』、159頁。

5　程中原「鄧小平両次復出的台前幕後」『伝承』第4期、2008年4月、7頁。

155

安定し始め、また多くの者が鄧小平の復帰を支持していることから[6]、1977年３月の中央工作会議において、これまでの鄧小平批判路線を変更するとともに、鄧小平が不公平な待遇をされてきたことを認めた。こうしてようやく鄧小平は、７月17日の第10回三中会議において、党における中共中央副主席、政治局常務委員、国務院副総理、中共中央軍副主席、解放軍参謀長というすべての党職に復帰することになった。鄧小平は、日中平和友好条約の締結と日中関係を促進する上で、最重要人物であったといえる。

　10年の文化大革命を経た中国は、近代的な発展を必要としていた。実用主義者として、鄧小平は中国の国家利益に基づき、中国の対外関係の修繕と発展に着手し、四つの近代化[7]を実現することをその重要な任務の一つに位置づけていた。その中で、日中関係の改善は、国際的安定と中国国内の経済発展のいずれの方面においても、非常に重要であった。日本は、アジアにおける唯一の先進国であり、経済大国であると同時に技術大国でもある。中国の四つの近代化を実現するためには、日本の財力と技術が必要であった。一方、国内の発展を迅速に進めるためには、安定した国際環境も必要不可欠である。日本との関係を強化することで、中国は対ソ牽制と対越牽制の強力な助っ人を獲得することになり、比較的に安定した国際環境を形成することができる。そのため、日中平和友好条約の締結について、鄧小平は「日中両国にとって有益な条約であるだけでなく、アジアと世界の平和にとっても有益である」[8]と評価していた。中国にとって、日本は政治、経済、国防のいずれにおいても非常に重要な存在であったといえよう。

　そして、日中関係を促進する上で、鄧小平がもう一つ重要視したのは、中国国民の歴史感情への配慮と日本国民の対中認識であった。鄧小平は、

6　Ezra F. Vogel 著、馮克利訳『鄧小平時代』、170 頁。

7　1964 年 12 月の第３回全国人民代表大会第一次会議の政府工作報告において初めて提起された。四つの近代化とは、農業の近代化、工業の近代化、国防の近代化と科学技術の近代化である。

8　『鄧小平与外国首脳及記者会談録』編集部『鄧小平与外国首脳及記者会談録』台海出版社、2011 年、50 頁。

日中関係を改善するためには、日本国民に中国が安定した、責任あるパートナーとなることを願っていると知ってもらう必要があることを認識していた[9]。また、そのためには、戦争の記憶がまだ新しい1970年代において、中国国民の認識に働きかけ、過去の敵国と協力関係を形成するという抵抗感を克服しなければならないことを強く感じていた[10]。鄧小平のこうした考慮が、後に釣魚島諸島をめぐって日中間で問題が生じた際に、鄧小平がとった冷静かつ自制的な処理方針に大きく影響したのではないかといえよう。

第2項　日本政府の政権交代と条約交渉再開への態度転換

　他方、日本では三木首相が、党内での2回の「三木おろし」の結果、1976年9月に政権を退いた。新たな自民党総裁として福田赳夫が選出され、同年12月24日に彼を首相とする福田内閣が発足した。しかし、福田は、佐藤政権の外相時に中国の国連加盟に反対しており、蔣介石が率いる台湾が「国際社会で非常に苦しい立場に立っている時、恩義を忘れることなく対応するのは当然だ」[11]と述懐したように、親台湾派であった。また、福田を中心とする自民党内の福田派は、岸派以来の約80名の親台湾派議員を抱えており、日中国交正常化においても慎重な姿勢をとっていた[12]。以上のことから、中国側では福田内閣が日中関係の改善に対して消極的であるというイメージが強く、また福田は日中平和友好条約の締結に対する態度が定まらずにいたため、条約の交渉再開に向けた動きは1978年になるまで、依然として停滞したままだった。

9　Ezra F. Vogel 著、馮克利訳『鄧小平時代』、255頁。

10　同上。

11　福田赳夫『回顧九十年』岩波書店、1995年、177頁。

12　田才徳彦「日華断交と日中国交正常化」『政経研究第』50巻第3号、2014年3月、443頁。

2.1 積極的な局面打開から消極的な対応への転換

福田内閣が発足した当初、福田は日中平和友好条約の交渉再開に積極的な姿勢を示していた。

福田の首相就任後まもなくの 1977 年 1 月 12 日には、河野謙三参議院議長の訪中が予定されていた。福田は、その訪中予定日の 2 日前に河野参議院議長と日中平和友好条約問題を中心として日中関係について意見交換を行った。その席で福田は、華国鋒主席への伝言を河野に託した。福田は、「日中両国間の友好増進に積極的に取り組みたいという福田内閣の対中姿勢を華国鋒主席に伝えてほしい」[13] と述べ、日中関係への熱意を中国側に伝えるよう要請した。また中ソが対立している中で、「福田内閣はソ連寄り」との印象を与えていることに、中国側の誤解を解くよう河野に依頼した[14]。

さらに、福田は、1 月 19 日に訪中する予定になっていた竹入義勝公明党委員長も訪中前日に首相官邸に招いて、河野の場合と同様に、中国政府に対するメッセージを託した。この会談で福田が中国側に伝えるよう依頼したのは、日中国交回復以来、日中関係は順調であるという福田の見解と日中共同声明を忠実に実行すること、そして平和友好条約において相互の立場における理解と意見が一致すれば早期に進めることの 3 点であった[15]。その上で福田は、「福田内閣は言ったことは実行する」[16] と念を押した。

このように、福田が河野と竹入に託した中国へのメッセージから、福田は就任当初に、日中平和友好条約の交渉再開に高い意欲を示しており、中国政府との意思疎通に積極的に働きかけ、中国政府との信頼関係の再構築を試みていたことが分かる。

福田が対中メッセージを送る一方で、日中平和友好条約の交渉再開への

---

13 「"日中条約急ごう" 首相、華主席あて伝言 河野議長に依頼」『読売新聞』、1977 年 1 月 10 日朝刊夕刊、1 面。

14 同上。

15 同上。

16 同上。

実質的な突破口を開くべく動いたのは、福田内閣に内閣官房長官として入閣し、後に外相となった園田直だった。

園田は、1950年代から、衆議院議員であると同時に日中友好協会常任理事も兼任しており、日中国交正常化の早期実現を切実に望んでいた。1954年、まだ国交がなかった北京を訪れ、周恩来総理、廖承志ら中国の政府要人と会見した経歴を持っている。当時の会談において、周は「中国は園田さんの意向に賛成します。私も中日国交正常化を一日も早く実現させたいと思います。お互いに頑張りましょう」と話し、双方は共感を覚えていた[17]。また、日中関係において重要な人物である廖承志が日本を訪問した際には、園田が自ら運転をして観光案内をするほど、園田は早くから中国の上層部の要人らと個人的な関係を持っていた[18]。かねてから日中国交正常化の早期実現を望み、中国要人とコンタクトを保っていたこともあり、園田の入閣自体が、福田の中国政府に対する一つのシグナルであったともいえよう。

園田が入閣するとさっそく、福田内閣は日中間の障害の取り壊しに動いた。第2章で論じたように、日中平和友好条約に関する交渉は三木武夫前首相時代に停滞していたが、その直接的な原因を作ったのが、当時の宮澤外相が覇権条項について提示した「宮澤四原則」だった。日中平和友好条約交渉を前進させるために園田がまず突破しなければならないのがこの四原則であった。前述の福田と竹入の会談には、園田も同席していた。その席で竹入が福田に、「福田内閣として」の「宮澤四原則」の捉え方を尋ねた際、園田は福田に代わって竹入に、「福田内閣はこれを条件とも原則とも考えておらず、それはあくまで宮澤氏の考えだ」[19]と答え、前政権時代

17　北村博昭「知られざる条約締結『秘話』——日中平和友好条約と園田直」宋堅之責任編集『忘れ難き歳月——記者の見た中日両国関係』五州伝播出版社、2007年、75頁。

18　同上。

19　「日中交渉　早期に再開『声明』は忠実に実行　首相、竹入氏に託す」『読売新聞』、1977年1月19日朝刊、1面。「日中条約進めたい　福田首相、竹入氏に伝達要請」『朝日新聞』、1977年1月19日、1面。

の立場を福田政権が踏襲しないことを伝えた。福田は園田の話に口を挟まず、それを是認した。

　このような下準備を経て1月19日に北京入りした竹入は、翌20日に廖承志中日友好協会会長と、21日には故周恩来総理の未亡人鄧穎超と、22日にも華国鋒中国主席と、相次いで中国政府要人と会談を行った。竹入は、日中国交回復交渉の時には、特使として中国政府要人との折衝にあたっており、廖承志と周恩来とも良好な関係を築いていた。また、華国鋒主席との会談は、彼の中国主席就任後、初の日本人との会談であり、中国政府が日中平和友好条約の締結に強い熱意を示していたことがうかがえる。

　竹入は中国の対日窓口となっていた廖承志と華国鋒にそれぞれ会談で、福田からの伝言と園田が述べた「宮澤四原則」に対する日本政府の姿勢を伝えた。廖との会談の後に開かれた記者会見で、会談に同席していた公明党の正木良明政審会長は、「中国側の福田内閣に対する考え方は、何の先入観もない。これは福田内閣に無関心とか、福田内閣がタカ派だとか、何もしないという見方ではなく、白紙の状態ということだ」と述べ、一方、宮澤四原則を変更するという趣旨の園田官房長官発言について「中国側は福田内閣なら何らか新しい空気が出てくるのではないかと、むしろプラスの見方をしている感触だった」[20]と述べた。

　正木が見る限り、中国側は、福田の対中姿勢をそれはそれとして受け入れつつ、園田が明言した「宮澤四原則」に対する福田内閣の姿勢については好印象を持っていた。

　竹入・廖会談を踏まえて、翌22日には竹入と華国鋒主席の会談が行われた。50分に及ぶこの会談でも、竹入は福田の伝言と園田の言葉を伝えた。これに対して、華は「福田首相の共同声明を忠実に実行するという伝言を歓迎する」[21]と述べ、日本政府の考えを肯定的に受け止めた。毛沢東の後継者として中国の最高指導者となった華国鋒がこのような態度を示したこ

20　「四原則変更で好感　中国、福田内閣を評価」『読売新聞』、1977年1月21日朝刊、
　　2面。

21　「条約進展　政府に期待感　竹入訪中団」『朝日新聞』、1977年1月23日朝刊、1面。

とは、福田内閣と積極的に交渉するという意図を示唆していた。これまで停滞していた日中平和友好条約の交渉に再開の可能性が生じたのである。

とはいえ、中国側は、園田の「宮澤四原則」解釈を好意的に受け止めた半面、内部で意見が統一されない日本政府の態度に対しては、懸念も抱いていた。竹入・華国鋒会談で、華は、福田の伝言を歓迎した一方で、「福田首相は最終的な決断をしているとは思えない」[22]と、福田が伝えてきた日中平和友好条約の締結に対する意欲に対する不信感を示したのである。

中国政府がこのような印象を抱いたのは、園田が宮澤四原則について「福田内閣はこれにこだわらない」と明言したにもかかわらず、その直後に外務省が異なる見解を表明したからである。外務省は、竹入と園田の話があった翌日に、「『覇権条項』問題で、宮澤外相が示した『宮澤四原則』は、外務省の考え方を、宮澤氏一流のやり方で分析、整理して中国側に伝えたもので、外務省の考え方は、いまでも基本的に変わっていない」、「締結の条件とはしないものの、条約にこうした考え方を盛り込みたい」意向を示し、依然として「宮澤四原則」に沿って日中交渉に臨む方針を強調した[23]。

さらに、外務省は、園田の発言だけでなく、福田の伝言についても、それが「非公式な"ことづて"」にすぎず、具体的な行動や政策決定を含んでいるものではない[24]として、積極的な態度を見せる福田とは異なり、抑制的な見解を述べた。外務省は、このような見解の理由として以下の点を挙げている。第1に、発足1ヶ月の福田内閣は、まだ具体的な政策決定や行動を決定できてはいないこと、第2に、竹入委員長は福田首相が招いたのではなく自ら挨拶に来たのであり、竹入氏が華国鋒主席と会うかもしれない状況にあって、福田首相としては「何もないよ」というわけにはいかなかったこと、そして第3に、公式の伝言であれば書簡という形をとった

---

22 「三木・宮澤路線を批判　竹入訪中団」『朝日新聞』、1977年1月23日朝刊、1面。

23 「宮沢四原則が基礎　外務省」『読売新聞』、1977年1月20日朝刊、1面。

24 「日中条約なお慎重　外務省首脳　首相伝言は礼儀上　具体行動や政策含まず」『朝日新聞』、1977年1月25日朝刊、2面。

はずであること[25]、であった。

　このように、外務省は福田の伝言があくまでも社交辞令であり、今後日本の日中平和友好条約における政策決定に影響を及ぼすものではないと強調した。

　外務省側がこのような態度をとった背景には、一つは「宮澤四原則」が宮澤外相によって提起されたものであるが、案文を作成して中国側に送ったのは外務省だったため[26]、外務省としては自身の姿勢を堅持したい考えがあったと考えられる。そして、もう一つは日中間に外務省を通した公式な外交ルートがあるにもかかわらず、福田が非公式の野党ルートを利用したことに対する不満があったのではないかといえる。このように、政府内部での「宮澤四原則」をめぐる明確な見解の相違が表出していたのである。

　それでも福田は、条約交渉再開に向けて積極的に動く姿勢を崩さなかった。福田は外務省からの反発をある程度予想していたからである。訪中を終えた竹入が福田へ報告する際に、「外務省が気に入ろうが気に入るまいが、伝えてほしいと首相が言ったからやったんだ。こんな外務省の態度は、わが国の外交にプラスにならない」[27]と吐露していたことから、福田は伝言を依頼した当初からこの事態を予測していたといえる。福田は、2月3日の衆議院本会議において、「共同声明を忠実に遵守する」と明言した上で、覇権条項について、これまでの外交方針としていた「宮澤四原則」についてあえて言及せずに、代わりに日本の「平和憲法」を覇権条項におけ

25　同上。

26　五百旗頭真、伊藤元重、薬師寺克行編『90年代の証言　宮澤喜一──保守本流の軌跡』朝日新聞社、2006年、139頁。

27　古沢健一『昭和秘史　日中平和友好条約』講談社、1988年、43頁。

る日中間の相互理解を求める基本とすることを表明した[28]。さらに、2月7日の衆議院予算委員会において、「宮澤四原則」は宮澤個人の「感想」であって、政府の方針ではなく、福田政権がこれに拘束されることはないことを改めて明言したのである[29]。すなわち、日中間の障害となっている「宮澤四原則」を政府の対中方針から切り離すことを示唆し、中国側の懸念を払拭しようとしたことが分かる。

そして3月3日、福田は、同月中旬に中国訪問予定の自民党の川崎秀二に、交渉妥結のために必要ならば、国会終了後の適切な時期に鳩山威一郎外相を中国に派遣してもよいとの考えを中国側に伝えた[30]。続けて、4月28日から5月8日までの間、元外務事務次官の法眼晋作国際協力事業団総裁を中国に派遣することにした。

福田が訪中団に伝言を託し、特使を派遣するなど、積極的な姿勢に出たことに中国側も好感を抱いた。4月26日に行われた中国の李先念副首相と自民党の古井喜実議員一行との会談で、李副首相は、福田首相が訪中するなら歓迎するとの意向も表明した[31]。また5月には、中国政府は華国鋒

---

28 「共同声明第七項は、当然条約本文に入れよというお話でございますが、これにつきましても、この共同声明挿入ということが、平和憲法に基づくわが国の基本的立場につきまして中国側の理解が求められるということであれば、これは前文に入れようが本文に入れようが、それは技術的な問題でありまして、こだわっておりません。さような方針で対処していきたい、かように考えております。」「第80回国会衆議院会議録第3号」『官報』（号外）、1977年2月3日、9頁。http://kokkai.ndl.go.jp/SENTAKU/syugiin/080/0001/08002030001003.pdf

29 「宮澤四原則という話でありますが、これは原則でも何でもないのです。また、当方から提出した条件でも何でもないのです。当時における宮澤外務大臣が自分の感想を述べた、こういうものでありまして、別にこれに拘束された、こういうような立場はとっておりませんけれども、とにかくわが国にはわが国の憲法があるわけですから、わが国の憲法について中国側に対しましても十分な理解を持っていただきたい、こういうことです。」「第80回国会　衆議院予算委員会議録第2号（1977年2月7日）」衆議院事務局、1977年2月12日、29頁。http://kokkai.ndl.go.jp/SENTAKU/syugiin/080/0380/08002070380002.pdf

30 「国会終了後に外相派遣も　日中条約締結　福田首相、"早期"へ初表明」『読売新聞』、1977年3月4日朝刊、2面。

31 「福田訪中を歓迎　李副首相言明」『読売新聞』、1977年4月27日朝刊、1面。

163

体制になって初めての駐日大使として、符浩を6月13日より着任させることを決定した。符浩は1972年に中国外交部副部長に任命され、1974年から駐ベトナム大使を勤めていた。これらの重要なポストを歴任した符浩を駐日大使に起用したことからも、中国政府の熱意がうかがえる。日中平和友好条約の交渉再開に向けて、ようやく日中双方が本格的に動き出したかに見えた。

　ところが6月に入ると、条約交渉再開をめぐる状況は再び迷走状態に戻った。5月29日に姫路市で開かれた自民党の政経文化パーティ後の記者会見で、保利茂衆議院議長の訪中について、福田は「議長と相談して、必要なら（親書を）書くのにやぶさかではない」[32]と、日中交渉への前向きな姿勢を維持していたにもかかわらず、6月4日に所沢市で開かれた自民党政経文化パーティ後の記者会見になると、福田は「親書を託すか、内容はどうかまで行っていない」[33]と、慎重な態度に転じた。さらに、6月10日に首相官邸で行われた内閣記者会見で、福田は日中関係については既定の路線を忠実に実行するといいながらも、肝心の条約については、「条約の内容をどうするか、頭を整理していない」、「5カ月間、殺人的日程をこなしてきたので、条約をどうするかまで検討していない」[34]と、ためらいの態度を示した。

　福田の態度の急変に、中国側も敏感に反応した。当初、符浩駐日大使の着任は6月13日に予定されていたが、「都合が悪くなった」という理由で急遽着任が延期された。結局符駐日大使が着任したのは、当初の予定から2ヶ月近く経った8月3日であった。また6月25日に、小川駐中国大使が離任の挨拶のために李先念副首相と会った際、李副首相は日中平和友好条約に関して「福田内閣になってから積極的な発言があったが、報道によると福田首相は日中関係を考える時間がなかったと言っている。これは

32　「日中条約、機運高まる　保利訪中に親書託す　首相表明」『読売新聞』、1977年5月30日朝刊、1面。

33　「日中条約　首相が慎重発言『親書の委託は未定』」『朝日新聞』、1977年6月5日朝刊、1面。

34　「『連合政権は不要』首相発言要旨」『朝日新聞』、1977年6月11日朝刊、2面。

中国の問題が重要でないという印象をあたえるものだ」[35] と述べて、福田に対する不満を露わにした。さらに同日に、横浜市友好訪中団長として北京を訪れていた飛鳥田一雄横浜市長は廖承志中日友好協会会長と会談し、廖は「福田首相は（日中平和友好条約締結について）決心していないにもかかわらず、決心しているようなふりをしている。しかし、その決心はできないでしょう」[36] と述べ、福田の態度の変化に不信感を抱いていることを吐露した。

　福田自身は日中関係について変わらず、条約を早く締結に持っていきたいと発言しながらも、具体的な行動に移すことなく、日中平和友好条約の交渉再開に向けた動きは再び停滞した。それにしても、福田はなぜ突如後ろ向きになったのだろうか。

2.2　日中停滞と日ソ漁業暫定協定

　日中平和友好条約に対する福田の態度が消極的に変わった背景には、福田がソ連を強く意識せざるを得ない状況があったといえる。

　日ソ両国政府は、1956 年の国交回復以来、北方領土問題が障害となり、平和条約の締結を実現できずにいた。また、1973 年 12 月 3 日に始まり、9 年間にわたり各国間で交渉が行われた第三次国連海洋法会議[37] で国際海洋法が修正されることを受けて、ソ連は 1976 年 12 月 10 日に「ソ連邦沿岸に接続する海域における生物資源の保存及び漁業規制に関する暫定措置に関するソ連邦最高会議幹部会令」を発表し、翌年 3 月 1 日の実施を公

35　「首相の『日中』後退批判　李先念副首相　離任・小川大使と会談」『読売新聞』、
　　1977 年 6 月 26 日朝刊、2 面。

36　「廖氏も不信表明　訪中の飛鳥田氏に」『読売新聞』、1977 年 6 月 26 日朝刊、2 面。

37　国際連合海洋法会議は 3 回行われている。1958 年 2 月 24 日から 4 月 27 日までの
　　第 1 回国連海洋法会議、1960 年 3 月 17 日から 4 月 26 日までの第 2 回国連海洋法会
　　議、1973 年 12 月 3 日から 1982 年 12 月 10 日までの第 3 回国連海洋法会議である。
　　第 3 回国連海洋法会議は 9 年間にわたって交渉が行われ、1982 年に「海洋法に関す
　　る国際連合条約」が発表された。

布した[38]。この暫定措置は、ソ連が、ソ連沿岸に接続する200カイリまでの海域およびソ連領海において、探査、開発、保存の名目で漁業およびその他の生物資源に対する主権を行使するというものであった[39]。すなわち、1956年に締結された日ソ漁業条約に基づいて、日ソがそれまで毎年取り決めていたサケ、マス等の漁獲量、操業水域、漁期などをめぐる両国の合意を廃棄することを意味した。くわえて、新たなソ連の適用水域に北方領土が含まれることも意味したのである。この事態に対処するため、鈴木善幸農相は1977年2月、4月、そして5月と三度にわたりモスクワに赴いて交渉を重ねていたが、交渉は難航していた[40]。

　日ソ交渉が難航する中、上述のように、福田は4月28日から5月8日にかけて元外務事務次官の法眼晋作国際協力事業団総裁を中国に派遣することを決めた。法眼の訪中は、福田が対ソ牽制を強く意識した行動だったといえる。なぜなら、法眼の反ソ的姿勢は広く知られており、ソ連が最も懸念している覇権条項について、日中平和友好条約で明記すべきだと主張していたからである。すなわち、法眼を中国に派遣することには、ソ連に対する牽制の意図が強く込められていたとみるべきであろう。

　法眼晋作は、第二次世界大戦中、ベルリン総領事を経て、駐ソ連公使在任中に終戦を迎え、1959年に駐ソ連日本大使館参事官、1961年に外務省欧亜局長を務めた。1970年には、カンボジア平和問題の特使として、モスクワでグロムイコ・ソ連外相と会談を行うなど、外務省では随一の対ソ問題の専門家だった。その法眼は、「私がソ連在勤を繰り返した約20年以上もソ連関係にかかわったが、ソ連はかつて、日本に友好的であったことはない」[41]と断言するほど、ソ連に対して良い印象を持っていなかった。一方、日中関係について、法眼は1972年の国交回復当時から、前向きな

38　五百旗頭真、下斗米伸夫、A.V. トルクノフ、D.V. ストレツォフ編『日ロ関係史――パラレル・ヒストリーの挑戦』東京大学出版社、2015年、8頁。

39　同上、495頁。

40　久保田正明『クレムリンへの使節――北方領土交渉1955―1983』、246頁。

41　法眼晋作『日本の外交戦略』原書房、1981年、228頁。

姿勢を示していた。法眼は1972年に外務事務次官に就任した時から日中国交回復に携わっていた。日中国交回復について、1972年9月29日に中国から帰国した大平外相とともに参加した国際関係懇談会で、法眼は日中間の外交交渉は120点満点だ[42]と話すほど、非常に高く評価していた。また、日中平和友好条約でも問題となっている覇権条項について、中国側に同調して日中平和友好条約の本文に明記すべきだと主張していた[43]。さらに、法眼は1977年11月号『正論』の対談で、日中平和友好条約を締結することで、「国家の態度として、日本の国の一つの立場、姿として、ああいう国交正常化の後、平和友好条約をつくる。そのことの一つの効果として、ソ連に対して、平和条約をつくる圧力にもなる」[44]との考えを吐露していた。すなわち、日中関係を促進させることがソ連の態度緩和を引き出す手段の一つであると、法眼が考えていた一面は確かに存在していたのである。

日ソ関係が依然として厳しい中、福田は反ソ的考えの強い法眼を訪中させることで、よりソ連が実感できる形で対中接近の姿勢をちらつかせ、対ソの漁業問題交渉過程においてソ連を牽制し、譲歩を引き出そうとしたと考えられる。

また、福田が態度を転換した時期からみても、福田がソ連を強く意識していたことがうかがえる。福田が対中姿勢を消極化したのは、日ソ漁業暫定協定が調印された直後からであった。当時党内から、日中平和友好条約を推進させることは日ソ関係に悪影響を及ぼしかねないとの、対中慎重論が出されていたのである。上述のように、日ソは、漁業問題をめぐって繰り返し会談を行った結果、1977年5月27日に日ソ漁業暫定協定[45]が調印され、6月10日に発効することになっていた。福田の態度に変化が表れ

42　同上、226頁。

43　「法眼"特使"あす訪中　日中条約で打診　対ソにらみ成果注目」『読売新聞』、1977年4月27日朝刊、1面。

44　法眼晋作『日本の外交戦略』、229頁。

45　正式名称「北西太平洋のソビエト社会主義共和国連邦の地先沖合における1977年の漁業に関する日本国政府とソビエト社会主義共和国連邦政府との間の協定」。

始めたのは、ちょうどこの頃である。

　日ソ漁業暫定協定が調印されてすぐ、5月30日に、自民党の椎名副総裁は中曽根元幹事長と会談し、「日ソ」から「日中」へと進もうという政府のやり方は「手のひら返しの外交」だと批判した。さらに、翌31日には、自民党役員会、総務委員会、党基本問題・運営調査会で、日中平和友好条約が対ソ関係に影響を与えるとの声が上がり、対中慎重論の表明が相次いだ[46]。この日の総務会では、青嵐会のメンバーを中心に対中慎重論が出された。日ソと日中の関連について、たとえば中川一郎は覇権条項を示唆しながら次のように述べた。

　　平和友好条約がうわさされるような内容で締結されるなら日ソへの影響は無視できない。ソ連は漁業の本協定でなお厳しい出方をすることが予想される。日中条約に反対ではないが、ムードで進めるべきではない。[47]

　すなわち、日中関係より日ソ関係を優先すべきであるから、これから交渉に入る日ソ漁業の本協定に悪影響をもたらす日中接近は望ましくないというのであった。その他にも、玉置和郎からは日中平和友好条約より中ソ同盟条約の廃止宣言が先だとする意見や、藤尾正行からは今国会で予定されている日中条約促進決議に関連して党内議論を優先すべきだとの要望など、政府の対中急接近の姿勢に歯止めをかけようとする多くの意見が出された[48]。

　さらに、自民党長老からも対中慎重的な意見が出された。6月7日に福田は、岸信介、石井光次郎、椎名悦三郎、船田中、灘尾弘吉、前尾繁三郎、安井謙といった自民党長老と会談を行い、内政、外交についての報告と意

46　「自民内なお慎重論も」『読売新聞』、1977年6月1日朝刊、1面。

47　「『日中』推進　自民、足元ぐらり　長老・青嵐会らが異論　日ソはね返りなど懸念」『朝日新聞』、1977年6月1日朝刊、2面。

48　同上。「自民内なお慎重論も」『読売新聞』、1977年6月1日朝刊、1面。

見を聞いた[49]。この会談において、岸は「日中平和友好条約締結について、日ソの現況に対抗して促進するというように伝わっているが、慎重にすべきだ」[50] と述べた。また、日華議員懇談会長を勤めている灘尾は、より明確に「日中条約は促進すべきでない」[51] と述べて、福田がこれまで中国と積極的に接近しようとしたことに不満を表した。

自民党長老をはじめ、党内部から対中慎重論が続々と出される中、7月10日に第11回参議院議員通常選挙の選挙期間が近づいてきたこととも重なり、福田は日ソと日中は分けて進める方針に変化はないとしながらも、これまでの積極的な対中姿勢から一転して消極的になった。そして、外務省首脳も日中外交について、「参院選後に自民党が基本方針を固める」と述べるなど、日中交渉再開に向けた動きは実質的に再び停滞したのである。

2.3 停滞から再び動きだす日本政府

この停滞状況に再び転機が訪れる。1978年3月に入ると、日本政府与党内では4月初めに年度予算を成立させた後に、同年12月に予定されている総裁公選に向けて一斉に動こうとしていた[52]。しかし、福田の経済政策が足手まといとなった。就任した際に掲げた政界経済のマクロ調整について、福田は、日本が積極的な貢献を示すことで国際経済秩序の参加者となることを期待したいとして、日独両国に財政拡大を迫るカーター政権に賛成姿勢を示し、大規模な公共投資を軸とした内需刺激策に加えて、実質経済成長率を6.7%に引き上げることを表明していた[53]。ところが、経済成長率目標という数値にまで踏み込んだマクロ経済政策強調が、国際支出不

49　「『日中条約は慎重に』自民長老、首相に"意見"」『読売新聞』、1977年6月8日朝刊、2面。

50　同上。

51　同上。

52　「灘尾氏らに協力要請」『朝日新聞』、1978年3月25日朝刊、2面。

53　増田弘編『戦後日本首相の外交思想——吉田茂から小泉純一郎まで』ミネルヴァ書房、2016年、257頁。

均衡や不況を打開する上で、経済的効果を生み出すことはなかった[54]。福田は、政権に就いて1年半になっても実績が出せず、「経済の福田」と掲げていた経済成長の目標も不況の長期化と円高によって改善の見通しはなかった。また、同年3月に『読売新聞』が行った世論調査では、福田内閣支持率は就任以来の最低値を記録した。不支持の理由の中で「経済政策が不満」が39％、「見るべき実績がない」が25％と、他の理由よりずば抜けて多かった[55]。さらに、福田が就任当時に、日中平和友好条約を推進させることを明言していながら、全く前進していない現状に、促進派が不満を募らせていた。福田周辺からも「中国問題が総裁公選に絡むと厄介なことになる」、「条約締結がないまま総裁選に突入すると、促進派（田中、大平、三木の三派など）がまとまり福田陣営は不利になる」[56]などの意見が上がった。このような状況の中、年末に総選挙を控えた福田は急いで何らかの実績を上げる必要があった。

　この時、福田がすぐにでも取りかかることができ、なおかつ短期間で最も大きな成果を期待できたのは、1972年に交渉が始まった日中平和友好条約締結による日中国交正常化の実現であった。すでに述べたように、中国では文化大革命が終焉し、毛と周の他界で混乱していた政局も1977年末には華国鋒を主席とする新政権が成立したことで、安定した。こうした中で、自民党内では、交渉再開を要求する促進派の声が次第に高まっていった。日中国交正常化に慎重な福田の側近からも日中平和友好条約について、「日中をあまり引っ張っておくと、総裁選挙を控えて日中をテーマに反福田連合が構築されかねない」[57]と、選挙のためにも日中平和友好条約の締結を考慮するべきとする声や、「問題は交渉再開より、むしろ交渉

54　武田悠『「経済大国」日本の対米協調――安保・経済・原子力をめぐる試行錯誤、1975〜1981年』ミネルヴァ書房、2015年、80―91頁。

55　「福田内閣支持は25％　不支持ふえ47％　経済策に不満　本社全国世論調査」『読売新聞』、1978年3月11日朝刊、1面。

56　「促進派がジリジリと慎重派の外堀埋める」『サンケイ新聞』、1978年3月1日、2面。

57　「日中『日米』後が本番」『サンケイ新聞』、1978年3月26日、2面。

第3章　日中平和友好条約交渉の再開と釣魚島問題の再燃

の内容や条約の中身だ」[58]と交渉再開に反対しない意見も出始めた。

　このような情勢の中で、福田は、これ以上日中交渉再開を渋り続ければ、田中、大平両派を中心に、12月の総裁公選をにらんだ政局関連の動きに火をつけかねない[59]ことを懸念した。総裁公選を勝ち取るためにも、自らの有力な手札として日中平和友好条約の交渉再開を試みることにした福田は、4月初めに党内の了承を取り付け、佐藤正二駐中国大使と廖承志あるいは韓念竜外務次官との第三次会談を経て、4月中旬には外相を訪中させるべきと考えていた[60]。そのため、一刻も早く党内調整を行い、交渉再開への意見を統一させることに取りかかる必要があった。

　また、日本国内の調整のみならず、政権がようやく安定した中国政府の意向を再確認する必要もあった。1978年3月10日、福田は公明党の竹入義勝院長と矢野絢也書記長の訪中の機会を利用して、「日中条約締結については熱意をもって早期に断行する」、「いずれの国とも平和友好を進める日本外交の基本的立場について、中国側の理解を求める」との決意を中国側に伝えるよう要請した[61]。3月11日午前、中国入りした公明党代表団は、中日友好協会の張香山副会長と孫平化秘書長と会談を行い、矢野は会談で福田から示された伝言を中国側に伝えた。福田の伝言に対して、中国側は14日に4点の見解を示した。第1に、中日条約は中日共同声明を踏まえて早期に締結する。第2に、中日友好関係樹立と発展は第三国に対するものではない。第3に、覇権に反対することは中日両国が共同行動をとることを意味するものではない。双方とも外交政策があり、相手の内政に干渉するものではない。第4に、交渉再開について中国側には如何なる障害もなく、いつ進めてもよい。11月28日の福田改造内閣で外相に就いた園田

58　「慎重派からも柔軟論」『サンケイ新聞』、1978年3月20日、1面。

59　同上。

60　「きょうから本格化」『朝日新聞』、1978年3月27日朝刊、2面。

61　「交渉再開への動きを探る　外務省注目　訪中団」『朝日新聞』、1978年3月10日　朝刊、2面。「中国見解全文／日中条約」『読売新聞』、1978年3月15日朝刊、1面。

171

について、訪中の意思があれば歓迎する、という4点である[62]。

　同日の会談で、鄧小平は（日中平和友好条約に対する4項目の）中国政府見解は公明党に対するものではなく、福田首相に対するものであるとの態度を明示した。また、福田の心配を察するように、鄧小平は福田と中国の関係について、福田首相に（これまで対中関係が良くなかったことを）お気になさらずに、と伝えてほしい、（福田首相が）われわれの友人になることを心から望んでいると話した[63]。中国側の反応から、日中平和友好条約の締結について、中国政府は依然として積極的な姿勢をとっていることが分かる。

　福田にとって、中国の反応は促進剤となった[64]。福田はさっそく1978年3月22日に内閣首脳会談を開き、23日には大平と会談を行い、党内調整に動き出した。外務省は自民党内向けに日中平和友好条約を再開するための説明資料をまとめ、慎重派の集まりであるアジア問題研究会[65]、日華議員懇談会らの合同幹事会に提出した。その説明資料では、日中平和友好条約を締結した場合のメリットと締結しない場合のデメリットについて、次のように分析した。

　　条約締結のメリットとしては、日中関係が安定することで、アジアにおける平和と安定を確保でき、それによって今後日本の対アジア外交の空間が広がる。締結をしない場合に生じるデメリットとしては、日中間での条約を未締結のまま放置すれば、中国の対日不信感が増大する上に、

62　「日中条約　中国が4項目見解　『覇権・第三国』で平行線　独自外交には理解」『読売新聞』、1978年3月15日朝刊、1面。

63　「方針転換意味せぬ　廖会長、答礼宴で語る／日中条約・中国見解」『読売新聞』、1978年3月15日朝刊、3面。

64　古沢健一『昭和秘史　日中平和友好条約』、116―126頁。

65　1974年12月に中国政策をめぐり、二つのグループが結成された。12月6日に「アジア問題研究会」（A研）が発足し、台湾当局を支持する立場をとっていた。12月23日に「アジア・アフリカ研究会」（A・A研）が発足し、中国政府を支持する立場をとっていた。

中ソ関係が悪化している中、ソ連が日中間の条約問題を日本に対する揺さぶり材料として使う可能性がある。日本の内政面でのデメリットとしては、日中平和友好条約を未締結のままにすると、条約締結の是非を巡って国内論争が絶えず、日本外交は腰の据わらぬものになる。[66]

すなわち、日中平和友好条約を締結しない場合に生じるデメリットがより大きいことを強調している。

また、外務省のみならず、3月27日に予定されている第1回目の党内調整会合に先立って、福田も自ら慎重派の中心幹部への説得に取りかかった。福田は、親台湾派であり日中交渉再開慎重派の中枢でもある灘尾弘吉日華議員懇談会長、町村金五参議院議員、藤尾正行衆議院議員らを東京野沢の自宅に招き、3月25日午後7時から、交渉再開問題について会談した[67]。会談の中で灘尾らは、日中平和友好条約については過去数年にわたって日中間で多くの問題点を抱えている状況で、党内で十二分に時間をかけて議論を尽くすのでなければ交渉再開は了承できないと、慎重な態度を初めから示した[68]。党内の慎重派の多くを自らの派閥に抱える福田は、慎重派の考えを十分に承知していた。

これに対して福田は、外務省がまとめた対慎重派説得材料を骨子として、主に日中平和友好条約を締結しなかった場合に生じるデメリットに重点をおいて、条約交渉を再開すべき三つの理由を挙げた。第1に、いつまでも日中平和友好条約を放置しておくと、中国、ソ連それぞれが日本国内に様々な働きかけを行い、政治的に揺さぶりを受ける恐れがある。第2に、国内的にも条約の交渉停滞は野党攻勢の材料になりかねず、政権安定

---

66 「日中平和友好条約のメリット強調 政府、交渉再開すでに決断」『サンケイ新聞』、1978年3月23日、1面。

67 「灘尾氏らに協力要請」『朝日新聞』、1978年3月25日朝刊、2面。

68 同上。

をはかる上でもぎりぎりの時期に来ている。第3に、「矢野訪中」[69] によって覇権をめぐる問題点もはっきりした以上、条約を放置しておくと福田政権にとってデメリットの方が大きい[70]、という3点である。これらの中でも、政権の安定への訴えは慎重派を動かせるだけの説得材料となるはずであった。

このようにして、一時、日中平和友好条約に消極的に転じた福田は、次期総裁選挙のために約1年半も中断していた日中交渉を再開させようと再び積極的に動いた。しかし、福田の考えとは裏腹に、慎重派を簡単に納得させることはできず、福田が慎重派の意見をよそに中国側と折衝をするなどといった見切り発車を防ぐために、与党内では日中平和友好条約交渉促進派と慎重派の攻防戦が繰り広げられることになる。

第3項　条約交渉再開をめぐる政府与党内の意見の分岐

3.1　交渉再開に牽制をかける慎重派

政府が党内説得を始める一方で、慎重派は政府の説得に応じる気配を簡単に見せず、対立姿勢を全面に押し出した。自民党内の親台湾派であり、かつ日中平和友好条約締結慎重派でもある青嵐会は、さっそく23日夜に都内で緊急総務会を開き、条約交渉を早期に再開させようとする政府の構えについて協議を行った。協議の結果、青嵐会は政府を牽制すべく、4点の要求を提示することで一致した。すなわち、第1に、台湾の地位の保全をはかること。第2に、覇権条項について日本の立場を明確化するこ

69　1978年3月14日に北京で矢野公明党書記長と鄧小平副首相が会談を行った。会談において、鄧小平は日本政府に向けた中国政府の見解を述べ、覇権条項は日中の共同行動を意味するものではないことを明示した。鄧小平は「中日両国が覇権に反対することは、両国政府が共同行動をとるといったようなことを意味する者ではない。中日両国は、それぞれ独自の外交政策を持っている。双方とも、相手の内政に干渉するものではない」と述べ、日本政府に対する理解を示した。また、中国政府は福田首相が決断することを望むと述べ、園田外相に中国訪問の意思があれば、中国側はそれを歓迎するとの態度を表明した。

70　「日中交渉再開『ぎりぎりの時期』と首相　灘尾氏らと会談、協力要請」『朝日新聞』、1978年3月26日朝刊、2面。

と。第3に、釣魚島諸島が日本領土であると中国側と確認すること。第4
に、中ソ友好同盟条約の形式的、実質的消滅を中国側に確認をすることで
ある[71]。これらを交渉再開の前提条件として提示した。そして、3月24日
の自民党総務会では、釣魚島諸島の実効支配をより確実なものにするため
に、ヘリポート、漁船用の緊急避難港、気象施設の建設や人間の配備など
をすることが、全員一致で採択された[72]。

　慎重派の要求から分かるように、注目すべきはここで慎重派は日中交渉
再開の条件に、釣魚島問題を持ち出したことである。これまで釣魚島問題
については日本政府が不言及方針をとってきたため、日中関係を論じる際
の議題に上がることはなかった。しかし、慎重派は福田の見切り発車を懸
念しそれを阻止するための切り札として、再び釣魚島問題を提起したとい
えよう。また、青嵐会は条約締結を急ぐべきではないとの慎重論を党執行
部と政府側に強くぶつけるとして、交渉再開をはかる園田外相の訪中には
反対する方針を決定した[73]。

　25日に、慎重派は福田と会談を行い、緊急総務会議で決定した上記の
要求を福田に提示するが、両者の意見は平行線をたどったまま、27日か
ら党内調整が始まった。党内調整会議において政府側は、まず条約交渉を
再開する理由を四つ挙げた。第1に、日中平和友好条約の締結交渉は去る
1972年の日中国交回復の際の行動声明第8項で約束されている。第2に、
これまでの中国側との接触等すべての状態を総合的に分析した結果、具体
的な条約交渉に入ることが妥当と判断した。第3に、条約締結により、日
本外交の足場を固め、対アジア外交をよりのびのびと進めることができる。
第4に、具体的交渉に際しては、いずれの国とも平和友好関係の維持につ
とめるという基本的外交政策を堅持し、憲法に基づいて国益を守る冷静な

71　「青嵐会、早くもけん制」『サンケイ新聞』、1978年3月24日、1面。

72　「『尖閣に既得権を』自民総務会全員一致で　政府に要求へ」『読売新聞』、1978年
　　3月25日朝刊、2面。

73　「総務会でも強い慎重論　交渉再開慎重派」『朝日新聞』、1978年3月24日夕刊、
　　1面。

175

態度で臨む、というものだった[74]。

　これに対して、慎重派は「日中平和友好条約の締結は我が国の安全保証上、メリットはない」と主張し、6項目にわたる問題点を指摘した。第1に、覇権条項の処理において日本が中ソ対立の渦に巻き込まれる可能性があり、ひいては、日米安保体制をはじめ米国と提携する自由諸国の安全保障に重大な影響を及ぼす可能性がある。第2に、領土問題について、日中間の意見の相違を残したまま条約を結べば、第三国との関係においても重大な支障が生じる。第3に、友好諸国に対する影響を考慮し、米国などの自由諸国、アジア諸国からの反応は複雑である。第4に、中ソ友好同盟条約に対する中ソ両国の態度を見極めるべきで、もし中ソ条約が継続されて日中平和友好条約と併存することになれば、日ソのみが対立する形になる。第5に、北京政府が台湾の武力による解放を宣言している一方で、中国と平和友好条約を結べば、台湾政府の反応を楽観視できない。第6に、その他の国益上重要な諸問題など、とした6項目を挙げた[75]。また、上記の6項目の前提として、慎重派は日中両国が国家理念、外交方針が全く異なることや自由国家の中で中国と日中平和友好条約を結ぶのは日本一国だけという政治体制の違いがあることを挙げた[76]。したがって、あくまでも慎重に条約の交渉再開を考慮し、一点の疑念も残してはならないことを強調した。

　このような意見対立により27日の党内調整では結果を出すことができず、翌28日午前から首相官邸で自民党の長老会議が行われ、引き続き意見の調整を行った。日本政府からは福田首相、園田外相、安倍晋太郎官房長官らが出席し、自民党からは船田副総裁、大久幹事長ら党三役、長老側からは三木武夫前首相、椎名悦三郎副総裁、石井光次郎、灘尾弘吉、西村

74　「日中平和友好条約のメリット強調　政府、交渉再開すでに決断」『サンケイ新聞』、1978年3月23日、1面。

75　「交渉再開に反対　自民の慎重派六項目の文書　交渉再開慎重派」『朝日新聞』、1978年3月28日朝刊、1面。

76　「A研の主張案要旨」『サンケイ新聞』、1978年3月29日、3面。

176

英一が出席した[77]。長老会議において、福田は「日中平和友好条約の問題は一つの段落に来ており、交渉再開の了解を取りたいので、宜しくお願いしたい」[78]と、あくまでも一刻も早く日中平和友好条約交渉に踏切りたい考えを示した。これに対して慎重派は、「政治的解決を急いでいるように見えるが、あくまでも筋を通すべきだ。日中国交回復の時のように政府が独断でやるようなことはしないで欲しい」[79]と政府の見切り発車を牽制すると同時に、「党内が二つに分かれるようなことになってはならず、両派の会合とも慎むとともに執行部が精力的に意見調整を行ってほしい」[80]と交渉を開始する前に問題を一つひとつ時間をかけて調整を行うべきだとする態度を堅持した。これは、釣魚島問題についても調整が必要だとすることを意味する。

このように慎重派は、福田の強い要望のもとで、党内調整を行うことには応じたものの、党内調整において厳しい条件を政府に突きつけることで、交渉再開に強い牽制をかけた。

慎重派が福田に大きな影響力を持っていた理由には、その慎重派の中核に自民党の長老が率いる対中慎重派と親台湾派が集まっており、また党内派閥ごとに見ても、福田派にそのようなメンバーが最も多いことが挙げられる。まず、対中慎重派の中核には、灘尾弘吉アジア研究会長をはじめとする自民党の長老が集まっている。また、派閥ごとにみれば、衆参両院を合わせた慎重派メンバーは、福田派が50人で最も多く、他は大平派15人、中曽根派20人、田中派29人、三木派13人、中間派18人、無派閥27人である[81]。次に、慎重派と親台湾派はほぼ重複していることも背景にある。その親台湾派の中核となっている日華議員懇談会も、灘尾弘吉が会長を務

---

77 「自民長老会議も注文　日中交渉　政府、協力を要請　日中平和友好条約」『朝日新聞』、1978年3月28日朝刊、2面。

78 同上。

79 同上。

80 同上。

81 「問われる首相の指導力　福田派から大部隊　自民内の『日中』慎重派」『朝日新聞』、1978年3月31日朝刊、2面。

めており、派閥構成においても福田派議員が最も多く60人、大平派11人、中曽根派19人、田中派30人、三木派16人、中間派16人、無派閥27人である[82]。

このように、自らの派閥に多数の慎重派を抱える福田は、日中の条約交渉再開に動きたい一方で、自民党長老、派閥内部の慎重派の声を無視することもできない状況であった。

3.2　いらだつ促進派

慎重派が交渉再開を渋る一方で、促進派はいらだちを見せていた。慎重派の反対に対して、促進派からは、「6年前に国会で全会一致に決議した事に今更反対するというのはおかしいではないか。子供じみた事だ。慎重論者の中には、イデオロギーの観点から中国と条約を結ぶのは面白くない、と思う人もいるようだが、それは感傷的過ぎる」[83]との声が上がった。促進派である日中友好議員連盟会長の浜野清吾も、政府が再開の決断をしたことについて次のように述べた。

　首相が直面している問題は、日中平和友好条約だけでなく、ドル減らしや7%成長の達成など難しい重大なものばかり。せめて日中ぐらいは妥協して、国際的信用をまず固めておきたいと考えたのではないか。ここで条約締結ができないと中国だけでなく、世界中から不信感をもたれてしまう。交渉を再開する以上、締結をめざすのは当然の事だ。[84]

すなわち、中国との妥協は日本政府の国際信用の回復にとってもメリットをもたらすことを強調した。また、浜野は、慎重派が懸念を示した中ソ同盟条約、釣魚島問題、ソ連への影響等の点についても、「いずれも仮定

82　同上。

83　「日中平和友好条約の交渉再開　自民党両派に聞く」『朝日新聞』、1978年3月29日朝刊、2面。

84　同上。

第 3 章　日中平和友好条約交渉の再開と釣魚島問題の再燃

や推察の上に立って理論化したもので、日本の国益を考えるという立場から見れば価値のある議論ではない」[85] と、否定的な態度を示した。つまり、日中関係の促進によってもたらされる国益と比較して、釣魚島問題を含めた諸問題は相対的に考える必要があることを意味している。

　浜野は三つの理由を挙げて、慎重派が想定する問題は日中平和友好条約の早期交渉締結には当てはまらないことを説明した。第 1 に、中ソ同盟条約について中国政府要人は公然と「死法である」といっているのだから気にする必要はない。第 2 に、釣魚島諸島もサンフランシスコ平和条約で琉球諸島の一部となっているのだから、法的に問題はない。第 3 に、日ソ漁業交渉への影響については、そもそもソ連は日本の漁業に対して厳しい態度を取ってきたのだから、日中平和友好条約締結交渉が原因でソ連が日本への態度を厳しくしたわけではないとした[86]。促進派の代表として、浜野は日中関係の推進や日中平和友好条約締結は、日本の国益と矛盾するものではないと強調した。

　促進派は、自らが党内調整を通じて慎重派への説得を行う一方で、慎重派の多くが福田に近い人物である状況を踏まえて、福田個人による慎重派の説得にも期待を寄せていた。27 日午後、日中平和友好条約促進協議の小坂善太郎会長、アジア・アフリカ問題研究会の木村俊夫世話人、日中議連の浜野清吾会長ら率いる促進派は、幹部を集めてこれからの対応について会談を行った。会談において幹部らは、慎重派内部にもこれ以上慎重論に固執することが、福田内閣の安定にとってマイナスに作用するのではないかとの懸念が存在していることに言及した。また、慎重派と福田との関係について、慎重派の大多数が親福田勢力または福田に近い人物であるため、もし福田が本気で説得すれば、慎重派は交渉再開を黙認する可能性[87]を指摘した。このように、促進派は慎重派との妥協点を模索しながらも、

85　同上。

86　同上。

87　「問われる首相の指導力　福田派から大部隊　自民内の『日中』慎重派」『朝日新聞』、1978 年 3 月 31 日朝刊、2 面。

179

浜野がいうように「党内調整がどの程度できるか分からないが、首相に近い人々の中に慎重論者が多いのだから、首相自身が直接説得する必要があろう。党内調整を進めて、適切な時期がきたら首相の最終決断を求めれば良い」[88] と、福田の決断に期待を寄せていた。したがって、党内調整の間において、促進派は大きな声も出さずに、密かに事態の推移を見守るとの方針をとることで一致したのである[89]。

3.3 外務省事務局の動向

慎重派と促進派が対立する一方で、外務省は条約の必要性を訴える文書を出すのみならず、幹部も手分けして慎重派の説明に回るなど、これまでにない積極的な姿勢を見せた。外務省の有田圭輔外務事務次官、中江要介アジア局長らは、自民党の船田副総裁、大平幹事長ら役員は勿論のこと、日中関係に関心のある自民党の有力者には交渉再開への賛否を問わず積極的にアプローチし始めた[90]。外務省は、慎重派向けに「日中平和友好条約問題の経緯」と題する文書を作成し、条約の交渉再開と締結の重要性を訴えた。また、慎重派が前提条件として政府に提示した釣魚島問題や台湾問題についても、政府側は「国交回復の際に片付いている」と述べ、日中平和友好条約と混同させない考えを明確に示した[91]。

なぜ外務省が日中交渉再開に積極的な姿勢を示したのか、以下の三つの理由が挙げられる。第 1 に、1972 年の日中国交回復以来、日中平和友好条約は外務省にとって結果が出せない懸案の一つであったということ。園田外相がいうように「日中を片付けて、他の外交案件に取り組みたい」[92] という気持ちが外交事務当局の中にあった。6 年経っても依然として条約

88　同上。

89　「日中平和友好条約の交渉再開　自民党両派に聞く」『朝日新聞』、1978 年 3 月 29 日朝刊、2 面。

90　「"慎重型" 外務省が変身　日中条約で大張り切り　権威の回復もかけて」『朝日新聞』、1978 年 3 月 27 日朝刊、2 面。

91　同上。

92　同上。

が締結できない状況は、日ソの平和条約を連想させるところもあるだろうことから、日中をもう一つの懸案として手元に残したくない思いがあった。第2に、日中の問題は日ソ、日米と多方面に波及しかねない問題であり、とりわけ対ソ外交で北方領土や漁業交渉などに絡んで持ち出される問題であるため、このまま放っておくことは得策ではない。第3に、外務省内部には、園田外相はもちろん、前述の法眼のように日中国交回復積極的に携わった人をはじめ、日中平和友好条約の締結に前向きな考えを持っている人も多く存在し、外務省全体が慎重派一辺倒ではなかったということが挙げられる。

事務当局の立場からしてみれば、日中問題をこのまま放っておくことで、日本外交全体にデメリットが広がるとの危機感を感じ、早く問題を解決させたいという意思が外務省の中で高まっていたといえる。

第4項　党内調整の難航と突然の打切り

党内調整が始まってから、政府は積極的な説得に動いたものの、党内調整の過程において慎重派が議論をリードし、交渉再開で妥協点を見つけるどころか、日中国交正常化を根本から否定する声さえも飛び出し、調整は難航した。

慎重派のアジア問題研究会の長谷川峻世話人は、言葉上交渉再開に反対しないとしているが、党内合意がない限り交渉を見送るべきだと主張し、次のように述べた。

政府が日中共同声明の約束事として交渉再開したいというのはいい。しかし、内容まで同意したわけではない。首相も、党内で合意が取り付けられた後で佐藤と韓会議を開き、それまで時間をかけて議論をするという考えであり、いいことだと思う。[93]

93　「日中平和友好条約の交渉再開　自民党両派に聞く」『朝日新聞』、1978年3月29日朝刊、2面。

また、他にも、再開の前提条件として、第1に、覇権問題について「宮澤四原則」に沿うこと、第2に、日ソ友好同盟条約を破棄すること、第3に、釣魚島問題ははっきりさせること、第4に、台湾を無視しないこと等を挙げた[94]。慎重派が挙げたこれらの条件は、そもそもこれまでに日本政府と中国政府の間である程度の妥協で一致していた点であり、その日中政府間の合意を覆すものばかりである。

　このような状況の中、1978年3月27日と4月7日と2回の党内調整会が行われたが、議論は平行線のまま進展はなかった。特に4月7日の外交調査会・外交部会では、慎重派の議論は交渉再開ではなく、1972年の日中国交回復の基礎となった日中共同声明の是非をめぐる議論も含まれた[95]。日中関係の進展を考える前に日中国交回復の妥当性について考えるべきだというのである。

　慎重派の議論が激化する一方で、条約交渉再開に向けて動くとしていた福田は沈黙を続けた。福田は慎重派に対する説明と説得を外務省に任せ、促進派が期待していたような、自らが率先して慎重派の説得に奔走することはなかった。福田にしてみれば、日中平和友好条約に関して放置したままでは批判を招きかねないが、これまでの停滞状態を、党内調整を始めることで一歩前進させれば、政府として積極的な姿勢を見せたことになる。したがって、これまでの促進派からの批判に対して、福田は自らの不作為によるものではなく、党内調整がまとまっていないからだと責任を転嫁することができたといえよう。また、慎重派には福田派や彼に近い人物が多いため、彼らを無視して条約締結交渉を再開させることはできなかった。そんなことをすれば、反発して福田派を離脱する者が出てしまい、自らの党内政治基盤に影響が出かねなかったからである。福田にしてみれば、もともと慎重派でもあったにもかかわらず、政権安定を考慮して交渉再開に積極的な態度を見せてきた。党内調整にまでこぎ着けた以上、自らがや

94　同上。

95　「『日中』自民の部会審議　週内打ち切りも　執行部方針　両論併記で政調審へ」『読売新聞』、1978年4月10日朝刊、2面。

第3章　日中平和友好条約交渉の再開と釣魚島問題の再燃

るべきことはやったのであり、後は自らの独断を避けて、党内調整に任せ
ようとしたのではないかと考えられる。

　しかし、このような状況に突然転機が訪れる。長期戦になると考えられ
ていた党内調整について、自民党執行部は 1978 年 4 月 9 日に突如として、
週内に、遅くとも次週前半には合同会議を打ち切り、上部機関の政調審議
会 96 に提起すると決定したのである 97。

　党内で議論を尽くすとしていたにもかかわらず、福田が党内調整を打ち
切ることにした理由は二つ考えられる。

　まず、日本国内からの不満である。政府の消極的な姿勢に促進派から不
満が出始めたことが挙げられる。もともと促進派は、慎重派をできるだけ
刺激しないように党内調整を進めてきた。しかし、日中平和友好条約に関
する議論を日中国交正常化の是非を問う議題に転換させるなどし、慎重派
の態度をさらに硬直化させた。

　くわえて、慎重派の真の目的は日中国交回復自体の妨げであるとの懸念
から、「慎重派と意見が一致することは最後まで不可能」、「慎重派が引き
延ばしに出る以上、不毛の議論を続けるばかりだ。ある時点で議論を打ち
切り、上の機関にあげるべきだ」98 と、促進派から不満が溢れたことも挙
げられる。したがって、このままでは福田への疑念が生まれ、政府に対す
る批判が強まることを懸念し、次のステップに進めようとしたのではない
かと考えられる。

　次に、中国政府からの不満である。中国政府は内政の人事変遷があった
ものの、国際情勢認識は変化していなかった。日中平和友好条約の締結に
依然として意欲を持ち、日本側の動きを注視していたのである。以上のよ

96　政務調査会に設置された政策案を審議決定するための機関である。政調審議会は、
　政務調査会長と政務調査会副会長をもって構成される。政調審議会において決定さ
　れた政策に関する事項は、速やかに総務会に報告し、その決定を経なければならない。
　「党則」自由民主党、15―16 頁。

97　「『日中』自民の部会審議　週内打切りも　執行部方針　両論併記で政調審へ」『読
　売新聞』、1978 年 4 月 10 日朝刊、2 面。

98　同上。

183

うな状況下で訪中した日本代表団に、中国政府は日本政府に対するいらだちを表明した。中国にとって国交回復当時に対中慎重派だった福田が政権に就いていることは決して歓迎することではなかった。しかし、福田が首相になった当初、対中外交姿勢が柔軟化したことで一度は中国側も歓迎を示したのの、その後の福田の姿勢が後退したことによって再び疑念を持ち始めたのである。3月31日午後に中国訪問から帰国した宇都宮徳馬代議士、鳩山邦夫代議士は東京都内のホテルで記者会見を行い、中国政府から伝えられた考えについて、次のように話した。

　　階段をのぼる足音はするが、いつまでも登ってこないと言っていた。中国外交は周恩来時代の理想主義的な姿から現実主義的なものへ変わってきており、日本側がいつまでも（条約問題で）足踏みしていると、中国側にもうどうでもいい、という投げやりな気分が出てくるのではないかという心配を抱いて帰国した。[99]

　すなわち、積極的な姿勢だけを見せておきながら、実質的に動こうとしない日本政府に対し、中国政府は不信感といらだちを抱き始めたのである。
　中国政府から見れば、日本政府の言動不一致は時間稼ぎのように映ったのだろう。1972年の国交回復からすでに6年の月日が過ぎていた。日本政府与党内では首相である福田に近しい者に慎重派が多いことに加え、福田自身も条約交渉を再開するといいながら、一歩前進を渋っていた。その姿が、中国政府に疑惑を抱かせたのではないかと考えられる。このように、促進派だけでなく、中国政府もが、日中交渉の再開を渋る日本政府にいらだちと不満を抱き始めたことが、福田に党内調整の切り上げを決断させた要因ではないかと考えられる。
　党内調整打ち切りの決断に対して、慎重派は無論、議論の中断に反対した。そこに、今まで意見を出し渋っていた福田がようやく動いた。福田

---

99 「日中条約交渉　足踏みするな　訪中の宇都宮氏語る　日中平和友好条約」『朝日新聞』、1978年4月1日朝刊、2面。

は、4月10、11日と二日続けて首相官邸に坊秀男、倉石忠雄、中尾栄一氏ら慎重派の代表を招き、意見交換を行った。福田は、彼らに日中平和友好条約の交渉再開について「私に任せてほしい」と協力を要請した[100]。また、11日夜、福田は日中平和友好条約の交渉再開をめぐる自民党内調整について、「党内の意見を完全に一致するまで続けていたら、いつになるか分からない。ある程度、議論が出尽くしたところでまとめることが必要だ」[101]と、これまでの党内一致を待つ姿勢から一転して、見切り発車を示唆する発言をした。しかし、同日の第3回外交調査会・外交部会の合同会議で、釣魚島諸島の帰属問題が再び提起され、青嵐会の中尾栄一は「日本政府が北方四島は我が国固有の領土であるとしてソ連との平和条約を締結しないというのなら、なぜ尖閣列島をたな上げにして結ぼうとするのか」[102]と述べ、再び釣魚島問題と日中平和友好条約の関係を強調し、政府を牽制した。

　自民党内でこの問題が取り上げられていたこの時、まさに釣魚島海域で大きな問題が起きていた。4月12日、多数の中国漁船がその海域に出現したのである。

第2節　中国漁船事件と釣魚島問題の再燃

第1項　中国漁船事件の発生

　第3回外交調査会・外交部会合同会議で釣魚島問題が取り上げられた翌日の1978年4月12日、中国から100隻を超える船が釣魚島海域に現れた。これが本書でいう「中国漁船事件」である。漁船事件が起きた2日後の4月14日の外務大臣記者会見において、園田は漁船事件が起きた時の状況について、福永健司運輸大臣からの報告を伝えた。

100　「日中　首相"見切り発車"期待　自ら党内調整へ　訪米前メドに結論」『読売新聞』、1978年4月12日朝刊、1面。

101　同上。

102　「『尖閣列島』明確にせよ」『サンケイ新聞』、1978年4月12日、2面。

尖閣諸島北北西海域に無数の船影を認め、ただちに現場に急行したところ、同 8 時 30 分に我が国領海の内外に約 100 隻の中国漁船を発見した。（中略）巡視船「やえやま」は拡張器、垂れ幕等で領海外退去を命じたところ、中国漁船は当該海域が中国の領海である旨を主張していたが、同日午後 7 時頃、全船領海外に退去した。しかし、同日午後 8 時頃から再入域、退去を重ねた。なお、中国漁船は 1 隻 100 トン程度であり、機銃を装備しているものもある。（中略）中国船による領海侵犯は初めてである。[103]

　この問題が、福田が党内調整の打ち切りを決め、与党内慎重派が釣魚島問題を再提起した翌日に報告されたのは、単なる偶然なのか。残念ながら中国側のこの時期の資料がまだ公開されていないため、明確な答えはない。しかし、日本政府与党内では、中国漁船団の行動について二つの説が取りざたされた。

1.1　偶発説

　一つは、中国漁船が大陸沿岸で操業中、たまたま釣魚島海域に入ったのではないか、すなわち偶発ではないかという説である[104]。
　釣魚島周辺海域では、戦後すぐから台湾漁民が比較的自由に漁撈や薬草採取の作業、海難救助活動をしていた。1950 年代後半になると、この海域で操業する台湾漁船が急激に増え、年間のべ 3000 隻の漁船に上った[105]。
　偶発説が唱えられた一番の裏付けとなったのは、日頃から同海域で操業していた日本水産長崎市社所属の瀬戸丸の関係者が漁船事件発生 8 日後の 4 月 20 日に行った証言であった。それによると、この海域で中国漁船と

103　「大臣記者会見要旨 1978 年 4 月 14 日」『外務大臣記者会見』外交史料館、2―3 頁、整理番号 2009-0617。

104　「政府は冷静な対応　中国漁船群の尖閣列島侵犯　日中慎重派は勢いづく？」『朝日新聞』、1978 年 4 月 13 日朝刊、2 面。

105　「釣魚台畔的鯖魚」『中国人雑誌』第三巻 1、2 期合刊、1970 年 10 月。

第3章　日中平和友好条約交渉の再開と釣魚島問題の再燃

鉢合わせすること自体はさして珍しいことではなかったという。関係者によれば、中国漁船約80隻は、前年も同じ時期（4月上旬）に釣魚島の西約100キロの海域でカワハギ漁をしていた[106]。この海域において、日本側の漁船は主にレンコダイ、アジを専門とするが、中国側の漁船は食習慣の違いからカワハギ漁が中心であり、日中の漁船で漁獲対象の魚が異なっていたため、両者が共存することができていた[107]。確かに、中国漁船の動きが活発化してはいたのだが、それは特に前年ごろからこの海域に、中国漁船が狙うカワハギが増えたからであった[108]。

　この話から見れば、中国漁船が4月にこの海域に集中することは、これまでにも例年行われていたことが分かる。また、中国漁船が小型機関銃を装備していたことに関しても、これまで中国漁船と遭遇の経験から、その一部が機銃を装置していることは、日本の漁民の間では常識だったといわれる。プラカードに関しても同様で、日中の漁船間にトラブルが起きる度に、紙に字を書いて筆談で意思の疎通を図っていた。つまり、今回の漁船事件で取り上げているような「光景」は珍しいことでも、理由のないことでもなかったという。中国漁船が昼間に操業せずに「漂泊」していたことについては、夜間操業のカワハギ漁に備えるためだと考えられるということであった[109]。

　さらに、瀬戸丸は4月12日より前から、すでに懸案の中国漁船団と並走して操業していたという。瀬戸丸船長の戸摩勝は次のように述べていた。

　　瀬戸丸が中国船団と最初に遭遇したのは、3月12日に長崎を出港して外洋に出た後、南下し始めた13日であった。その後10日間ほど、中国船団は瀬戸丸の北側で操業を続けた。3月15日ごろに瀬戸丸が漁場を変更するためにさらに南下すると、中国漁船も一緒に南下し、釣魚

106　「中国漁船は漁をして南下」『サンケイ新聞』、1978年4月21日、2面。

107　同上。

108　同上。

109　同上。

187

島周辺に移ってきた。釣魚島近海で操業していた4月5日の朝には、瀬戸丸と中国船の投網がぶつかるほど近づいていた。[110]

　したがって、中国漁船の例年の動きからも、懸案の船団の一連の動きからも、問題化された漁船団は、わざわざ「領海進入」をするために集まったものではないと考えることには、一定の理があるといえる。

　この瀬戸丸乗組員の証言は、漁船事件の実態を把握しようとしていた外務省中国課に注目され、事件収束の過程で引き合いに出された。中国課は証言の信憑性について、まず、日本水産には中国をかばう理由がなく、その証言に政治的意図は見られないとした。次に、日本政府が、中国の耿彪副総理や王暁雲アジア局次長などに公式に接触する以外にも多くのチャンネルを通して中国側から得た情報は、日本水産長崎支店の関係者が証言している内容と大筋で一致していた[111]。さらに、日本は1995年になってからカワハギの水揚げが次第に増えるのだが、中国では1970年代にはカワハギはすでに重要な水産物の一つであり、1977年の漁獲量は23万トン、1978年の漁獲量は31万トンであった[112]。これらは主に福建省、浙江省、江蘇省、山東省、遼寧省、上海、広州から出荷されている。そして、後に日本がカワハギ漁を行うようになってからの統計によると、2月から4月にかけてのカワハギの月別体長が最も大きくかつ安定していることが分かる[113]。したがって、漁船の操業時期や出港先がばらばらだったことと漁獲対象については、長崎からの証言と合致している。

　しかし外務省内では、政府が得ている情報と矛盾する点があることも指摘されていた。第1に日本船が釣魚島海域には出ていたという情報はなかったため、瀬戸丸乗組員の証言の信憑性が疑われる。第2に、中国人で

110　同上。

111　「単純な漁船団は疑問だが」『サンケイ新聞』、1978年4月21日、2面。

112　水産総合研究センター『平成27年度　我が国周辺水域の漁業資源評価（魚種別系群別資料評価・TAC類）第三分冊』水産庁増殖推進部、2016年、1753頁。

113　同上、1752頁。

さえ「なぜカワハギのようなつまらない魚をとっていたのか」といぶかる
向きがあり、わざわざ大船団で出漁するとは考えにくい。第3に、漁船団
は乱数表を使った暗号で交信し、最初は青島、次に上海から指示を受けて
いた形跡がある。第4に、中国漁船団は日に2〜3海里の速度で釣魚島海
域から遠ざかっていたが、活発に操業している様子は認められない[114]。漁
船団の行動は「偶発的」であると断定するには疑問の余地があった。

　中国漁船と遭遇したという証言と外務省中国課が把握し実情に合致する
点が多い一方で、証言の信憑性を疑わせる情報もあり、日本国内では漁船
事件をめぐる情報が錯綜していたことがうかがえる。

1.2　中国政府の抗議説

　外務省では、漁船団の出現が、日本で釣魚島問題が改めて取りざたされ
たことに対する、中国政府の不満の意思表示である可能性もあるとも考え
られていた[115]。

　日中両政府は、1972年の日中国交回復の際に、互いに今後は釣魚島問
題に触れないことを確認しており、実際にそれ以来両国でこの問題に関す
る議論は控えられてきた。しかし、1978年3月中旬に日本政府が日中平
和友好条約の交渉再開の意欲を見せ始めたことで、慎重派が釣魚島問題の
解決を交渉再開の前提条件の一つとするよう求めるようになった。前述の
ように、3月23日、24日に慎重派から立て続けに、実効支配を強化する
要求や建造物を設置提案が緊急総務会と自民党総務会で採択された。さら
に、4月11日の党内調整会議においても、慎重派議員から、今度は北方
領土と釣魚島問題を関連づけて、釣魚島問題を解決せずに日中平和友好条
約の交渉再開と締結はできないとの発言がされるに至った。

　漁船事件が起きるまでは、日本側でのこれらの言動に対して中国政府が
特に発言することはなかったが、漁船事件後に中国側から日本国内の動向

114　「単純な漁船団は疑問だが」『サンケイ新聞』、1978年4月21日、2面。

115　「政府は冷静な対応　中国漁船群の尖閣列島侵犯　日中慎重派は勢いづく？」『朝
　　日新聞』、1978年4月13日朝刊、2面。

に関する不満が表れるようになった。4月14日に日本の堂之脇光朗駐中国公使と中国の王暁雲外務省アジア局次長が北京で会談した際に、王局次長は釣魚島問題を巡って日中交渉の再開を妨害するという意図から自民党内でさまざまな言及がなされていることに対して、遺憾の意を表明した。また同じ日に、中国駐日大使の符浩も同内容の発言をしていた。そのため、外務省では、今回の漁船事件が日本に対する抗議である可能性も考慮されたのである[116]。

しかし、漁船事件が中国政府による抗議であるという説にも疑問が残る。それは、中国政府にとってリスクが高すぎると考えられるからである。当時の中ソ関係は、中国が中ソ協定を「死法」であると公言するほど対立をエスカレートさせていた。そのような中で、日中平和友好条約は、中国にとって、ソ連に対抗するために重要な連携だった。したがって、日中平和友好条約の締結に支障をきたすかもしれない釣魚島問題を自ら蒸し返すのは合理的ではないといえる。

また、釣魚島問題は他の案件とは異なり、日中双方のナショナリズムを掻き立てる可能性が高い。日中平和友好条約の交渉再開を早めるためとはいえ、日中関係全般にも影響しかねない釣魚島問題をコマに使うことは、中国政府にとって合理的な選択であるとはいえない。中国政府による意図的な行動という説では、中国政府がリスクを背負込む理由を説明できないのである。

さらに、中国政府による抗議説を否定するかのような事件発生当時の内情が、6月23日の中国『明報』で報じられた。『明報』の記事によると、上海で最近「冒険主義と投降主義」という大字報[117]が貼られ、そこには漁船事件は上海水産局の指示によるものだったと書かれている。大字報には次の内容が書かれていたと報じられた。

　4月初めに上海市水産局の漁船及び宝山県、崇明県、川沙県水産局と

116　同上。

117　中国国内で書かれた壁新聞のことを指す。

190

第3章　日中平和友好条約交渉の再開と釣魚島問題の再燃

漁船業協力社の漁船が出航前に漁業と気象仕事経験交流会を開いた。この会議で、陳錦華市革命委員会副主任は「海洋開発、生産増加、祖国護衛、侵略反対」のスローガンを打ち出し、会議に参加した各部門の漁船は舟山群島朱家尖から出航し、琉球群島に向かった。そして、漁船団は、釣魚島の北西沖90海里に差し掛かったところ、上海水産局に運行続行の指示をあおいだところ、続行指令が出されたため、そのまま釣魚島海域に入った。しかし、問題発生後に漁船団に対して撤退の命令を出したのは続行指令を出した上海生産局ではなく、上層部の上海市委、市革命委員会が政府共産党の名義で命令をくだしたという。[118]

すなわち、釣魚島海域への進行命令を出したのは上海水産局であり、中国政府ではないということである。中国の地方政務局が党中央の上層部の了承なしに独断で行ったことが漁船事件の原因であり、それが中国政府の方針ではないことを説明している。また、今回の漁船事件は単なるナショナリズムによるものではなく、中国内部の政治闘争が絡んでおり、中国政府は独断で動いた人物に対して、厳重な処分を下したとも報じられた。この処分をほのめかす大時報によると、「『四人組』の残党が、釣魚島事件に乗じて、毛主席の改革路線を破壊するとともに、中国の三つの世界政策、つまり米国を含む日本、西欧などの多くの国と連携して社会帝国主義反対の国際的統一戦線を作るという外交指示に背いた」として、公安局に策謀者を調査せよとの命令が出されていたという[119]。さらに、漁船事件に関与した人に対して、主な策謀者らは党籍、あるいは団籍から除名し、一切の職務を解き、一部のものは司法機関へ身柄が移される厳重な処分が下された[120]。

このように、偶発説と中国政府の抗議説は、いずれも多くの疑問点があ

118　「尖閣事件　裏に首謀者　上海市内の壁新聞公表　党籍はく奪含む処分」『朝日新聞』、1978年6月23日朝刊、7面。

119　同上。

120　同上。

191

り、漁船事件が起きた真相は依然として明らかになっていないのが実情である[121]。

第2項　日本国内における釣魚島問題の再提起

漁船事件について様々な推測と憶測がなされる中、日中平和友好条約の交渉再開促進派は中国の真意を掴めずに困惑し、慎重派はこれまで主張してきた懸念が立証させたとして一層促進派への牽制を強めた。

2.1　与党内の対立と促進派の動揺

問題発生後、慎重派は早急に事件への対応策を練った。慎重派の中心であったアジア問題研究会は、事件翌日の4月13日に会合を開き、「中華人民共和国の行為は我が国の領海、主権に対する重大な侵犯であり、政府はただちに強力な主権行使を実施すべきである」[122]との意見をまとめ、政府と党に対し、日中平和友好条約の交渉再開は釣魚島問題でけじめをつけてからでなければならない、と強く要請した。14日の自民党総務会では、慎重派の玉置和郎が釣魚島問題に関して中国により強い態度をとるよう政府に要求した。玉置は、「ただちに日本の主権を行使するため、政府はあらゆる手段を尽くすべきだ」[123]、「国の主権が侵されている以上、単なる申

---

[121] 1978年4月に起きた釣魚島漁船事件について、目下存在する先行研究において真相を明らかにできた文献はまだない。その原因の一つは、中国側がこの時期の資料を開示していないため、中国政府の当時の捜査資料を検索することができないことである。また、日本側の資料でも、この問題について明確に説明できるものはないため、真相を解明することはできない。したがって、現状、日中国交正常化の先行研究では、この漁船事件は日中平和友好条約締結前に緊張を高めたエピソードとして取り上げられているに留まる。また、釣魚島に関する研究においては、近年中国ではこの漁船事件を分析対象とする文章は現れたが、中国政府の大局に立った対応について言及するに留まっており、日本側はではこの問題は中国への批判対象となっているものがほとんどであり、分析対象とする先行研究がないのが現状である。

[122] 「政府は主権行使を」『サンケイ新聞』、1978年4月14日、2面。

[123] 「ヘリポートの建設など　実効的支配を検討　自民総務会で海保庁長官談」『朝日新聞』、1978年4月14日夕刊、1面。

し入れでなく、中国にただちに抗議すべきだ」[124] として、政府に中国と釣魚島諸島の主権について全面的な決着をつけるよう圧力をかけた。同じく慎重派の町村金五も「このままでは中国から次々と領土の侵犯が行なわれる恐れがある」[125] と述べ、釣魚島におけるヘリポートと灯台の設置を日本政府に要請した。同日夜には、自民党のある幹部が、「列島に対する実効的支配を確立するため、政府は早急に人を住まわせるべきだ。政府でできない場合は、自民党として人員を送り込むことを検討したい」[126] と、自民党が行動する考えすら示した。

漁船事件を受けて慎重派が更なる攻勢を見せる一方で、これまで条約交渉再開に積極的な態度を示してきた促進派の中には、困惑と意見の分裂が生じ始めた。条約交渉再開を求める声がある一方で、懸念を示す声も上がったのである。

漁船事件が起きた4月12日夜、ある自民党首脳は「日中平和友好条約を結ばないでおけば、尖閣列島問題が起きないとか解決するというわけではない。むしろこうした種類の紛争が起こった場合にもそれを平和的に、友好的に解決するために条約を締結しておいた方がいいのではないか」[127] と述べ、日中平和友好条約が漁船事件に影響されないように配慮を求めた。また同幹部は、「尖閣列島問題は47年の際には全く問題にならなかった。同列島が日本の領土である事ははっきりしており、日本側には全く問題がないのに、党内にわざわざこの問題を持ち出す意見があるのはおかしなことだと思う」[128] と、漁船事件を政治問題化せずに条約問題とは分離して処理すべきとの見解を示した。

しかし、その一方で釣魚島問題を優先する考えを示す意見も挙がった。

124　同上。

125　同上。

126　「『尖閣に人を住まわせる』　自民首脳　中国漁船団尖閣列島領海侵犯」『朝日新聞』、1978年4月15日朝刊、3面。

127　「日本の領有権は明白　条約問題とは分離処理　自民首脳強調」『朝日新聞』、1978年4月13日朝刊、2面。

128　同上。

193

促進派である自民党のある幹部は4月13日夜、「今回の事件は日中両国間に新たな領土問題が起こったことを意味しており、これが解決されない限り、条約締結は困難だし、締結交渉に入ることも難しくなった」[129]と述べ、釣魚島問題の解決を優先しなければ条約交渉も実現できないとの考えを示した。また、ある政策担当の自民党首脳も、「日中条約問題を日ソ平和条約問題と対比した場合、ソ連に対して北方四島が返還されない限り平和条約を結ばない、と我が国は主張しているので、その意味からも現状のままの条約締結は困難だ」[130]と述べた。すなわち、領土問題との関連でソ連を意識し、日中間でこの領土問題をうまく処理できなければ、ソ連はこれにつけ込み日本に要求を出してくるのではないかとの懸念が示されたのである。さらに、主権問題をうやむやにすると党内慎重派の反発だけでなく、国民感情を逆なでする可能性もあるとして、事態を安定させるためにも領土問題はもはや避けて通れないのではないかとの見方もあった[131]。

慎重派が強い態度を示し、促進派内で動揺が生じた結果、党内調整は完全に凍結した[132]。

2.2 野党内の動揺

漁船事件は、与党自民党に影響を及ぼしたのみならず、これまで日中政府の架け橋役を務めてきた野党にも大きな衝撃を与えた。野党は日中国交回復以来、積極的に日中平和友好条約の締結を促していた。漁船事件が起こる約2ヶ月前の2月16日にも、5野党国対院長会談において、「日中条約の締結促進」を野党共闘の柱に据える合意事項を決定したばかりであった。しかし、漁船事件が起きたことで、条約と漁船事件の関連性について、野党内にも動揺が見られた。

---

129 「『領土』が先決　日中平和友好条約　自民首脳が判断」『朝日新聞』、1978年4月14日朝刊、1面。

130 同上。

131 同上。

132 「日中条約での党内調整凍結　自民・外交合同会議」『朝日新聞』、1978年4月15日朝刊、3面。

第3章　日中平和友好条約交渉の再開と釣魚島問題の再燃

　漁船事件が公となった翌4月13日の記者会見において、公明党の大久保直彦国対委員長は、この事態について、「公明党としては1971年以来、中国に対して、尖閣諸島は日本の領土であることを主張しており、（中国側は自国の領土だとしているが）この態度に変わりはない。日中平和友好条約締結交渉とは別の問題である。その漁船がたとえ中国籍のものだとしても、中国側が日本に対して意識的にやっているということはないと思う」[133]と述べ、釣魚島問題は日中平和友好条約に影響を与えるべきではないとの認識を示した。また、社会党の田辺誠国会対策委員長も「尖閣諸島は日本の領土であり、政府はその立場で厳正に対処すべきだ。日中平和友好条約はこれと絡めることなく、早急に締結すべきだ」[134]と、釣魚島問題の扱いとは別に日中間の条約の早期締結を目指すとする考えは変わらないことを示した。

　しかし一方で野党内は、釣魚島問題による日中平和友好条約への影響は避けられないとの考えも存在していた。民社党の永末英一国際局長は、主権問題が日中両国間の交渉事となるなら、それに目をつぶって条約を結ぶのは手順が違う[135]として、「日中条約締結のため、両国の総合理解が必要であり、尖閣諸島問題についても、政府は腰をすえ中国の理解が得られるよう全力を尽くすべきだ」[136]と、日中平和友好条約の締結と関連して、釣魚島問題もしっかり対処すべきだとの見解を示した。また、共産党の松本善明国対委員長は、この事件は条約問題とは関係ないとしながらも、「中国の船かどうか分からないが、外交上の十分な話し合いなしに実力行使的にやることは問題だ」[137]と、中国側の行動と意図に不満と懸念を示した。

　このように、漁船事件が発生してからすぐ、野党はそれぞれの態度を示

133　「『条約と絡めずに』野党各党」『読売新聞』、1978年4月14日朝刊、2面。

134　同上。

135　「『尖閣』問題4・13ドキュメント官邸・国会…波紋広がる」『朝日新聞』、1978年4月14日朝刊、2面。

136　前出、脚注132。

137　前出、脚注134。

195

した。しかし、漁船事件が起こった真相が分からないだけに、この不可解な行動に対して、野党の中では日中平和友好条約と漁船事件をどのように扱うべきかについて意見のすれ違いが生じていたことが分かる。

2.3　静観する日本政府

　慎重派が態度を硬化させ、促進派が困惑を見せる中、日本政府は中国の真意も分からず事件に関する十分な情報もなく、この問題の処理において進退両難の苦境に立たされた。

　漁船事件が起きた直後、外務省関係者は、「中国が意図的に領海侵犯をした、とすれば、日中平和友好条約交渉再開でもたついている福田内閣に揺さぶりをかけたとしか考えられない」と述べると同時に、「この問題を持ち出せば、同列島の日本領有権を認めている野党をも敵に回し、条約交渉再開、締結への慎重論を勇気づけるだけ」[138] と、釣魚島をめぐる問題が発生したことで日中平和友好条約交渉の再開がさらに難航することを懸念した。14日朝、漁船事件が起きてから2日経っても中国からは何の声明も連絡もないために中国の真意が分からず、外務省首脳は、「領海侵犯に断固たる措置をとれといっても、やりようがない」[139]「中国があと一週間でも待ってくれれば、自民党内の議論もヤマをこしたものを」[140] と、嘆いていた。同日午前の閣議を前に、自民党のある首脳が「領土問題が解決されない限り（日中平和友好）条約交渉に入ることは難しい」[141] と釣魚島問題との繋がりを強調したことに対し、福田は、「そうはなかなか行かない。様子をみる」[142] と発言し、漁船事件についてまだ何も言えないが、釣魚島問題の解決を交渉再開の条件にとすることにも賛同できないとの態度

138　「政府は冷静な対応　中国漁船群の尖閣列島侵犯　日中慎重派は勢いづく？」『朝日新聞』、1978年4月13日朝刊、2面。

139　「首相なお『様子を見る』　政府方針・対応策」『朝日新聞』、1978年4月14日夕刊、1面。

140　「お国柄？　対日理解度の不足？」『朝日新聞』、1978年4月18日朝刊、2面。

141　前出、脚注138。

142　同上。

を示した。また、同日の大臣記者会見において、園田はこの件について福田から「政府としては、諸君ご承知のとおり、共同声明から5年経った今日、苦心惨たんの末、交渉再開にこぎつけようと、あらゆる努力をしてきた。あと暫くという時期にこの様な事件が起こったことは憂慮に堪えない。しかし、この際はこの問題処理のために沈着冷静に処理することが必要と考えるので、各位の協力を願いたい」[143] と話していたことを伝えた。

　福田の発言から、釣魚島問題の解決を日中平和友好条約再開の前提条件とすることに反対したのには、二つの理由があると考えられる。第1の理由は、漁船事件が発生する直前に福田が党内調整を打ち切り、交渉再開を決定したばかりだったことである。福田の決断で、既に政府全体が実務上の交渉再開に向けて気構えの面でもようやく準備が整い、後は交渉開始の合図を待つだけとなっていた。現に、14日の記者会見において、釣魚島漁船事件が日中平和友好条約に対する影響として、閣議で「断固」というような意見は出なかったか[144] という質問に対して、園田は「一人もなかった」[145] と答えており、日中平和友好条約を推進させたい考えにおいて、政府内部では一致していたといえる。また、福田としても、交渉再開に失敗すれば、選挙に向けた功績作りは白紙に戻り、条約促進派から再び批判を浴びかねないリスクがあった。第二の理由は、釣魚島問題は日中間において非常に敏感な問題であるがゆえに、この問題を荒立てると、日中双方のナショナリズムが高揚し、日中平和友好条約の再開が難しくなりかねないということである。日中国交回復後、日本国内社会でも日中国交正常化に向けた熱が高まる中で、釣魚島問題で日中関係が悪化しては福田に不利に働く公算が高かった。

　このように、福田は国内政治と日中関係への影響を総合して判断して、漁船事件について中国政府の出方をうかがうという慎重な姿勢をとること

143　「大臣記者会見要旨1978年4月14日」『外務大臣記者会見』外交史料館、6頁、整理番号2009-0617。

144　「大臣記者会見要旨1978年4月15日」『外務大臣記者会見』外交史料館、10頁、整理番号2009-0617。

145　同上。

にした。それは、釣魚島問題についても、これまで堅持してきた不言及方針を維持することを意味した。

第3項　転機を迎える漁船事件

3.1　中国政府の態度表明

　漁船事件が報告され、当初日本政府は静観する姿勢をとっていたが、実は4月14日にはすでに転機が訪れていた。漁船事件に関する中国側の態度を確認するため、日本政府は13日に東京で、14日に北京で中国に対する申し入れを行った。13日の申し入れに対しては、駐日大使館から、「釣魚島は1971年12月30日の中国外交部声明に述べている通り、中国の領土である」という形式的な返答しかなかったが、14日の堂之脇光朗公使から王暁雲アジア局次長への申し入れの返答では、釣魚島問題に関する中国政府の方針を確認することができた。

　堂之脇公使との会談で、王暁雲アジア局次長は、「日本政府が釣魚島に関し、異なる立場を有していることは承知しているが、本日、日本側と論争するつもりはない。日本側の述べた具体的な状況についてはこれから調査してみたいと思う」[146]と、中国側は静観することを明言した。これに対して、堂之脇は念を押すように、「今日の事件は日中友好関係の円滑な発展に重大な支障を来す恐れがあり、そのような事態を回避するよう努力する事を希望する」[147]と要請した。これに対して、王暁雲は同意した。そして同日中に、駐日大使館からも事態の転換を示唆する発言が伝えられた。符浩駐日大使が、宇都宮徳馬代議士邸で開かれた観桜会に参加した際、記者からの漁船事件に関する質問に対して、「本国から何の連絡も受けてないので中国船なのかどうかを含めて私には分からない。その意図も不明だ。でも、二週間前から一部の人によって、釣魚島問題が取り上げられている

146　同上、3頁。

147　同上。

ことと無関係ではないだろう。まもなく事態ははっきりするだろう」[148] と答えた。このように、これまでの北京からの回答を繰り返す一方で、中国政府から何らかの態度表明がなされることがほのめかされた。

14日に、中国本土と駐日本大使館の中国政府関係者から、同じ日にこのような整合的な発言があった事実は、中国政府から何らかの指示があった可能性を示唆していた。この二つのメッセージによって、中国政府は日本政府に対し、日中平和友好条約の推進を断念する考えがないことと、釣魚島問題が日中関係に影響を及ぼすことを回避したいという意思を伝達したと見ることができる。

中国政府の意向が明らかになったことで、日本政府は、それまでの静観姿勢から、積極的な問題の解決に向けた動きへと転じた。中国側からの反応があった翌日の15日午前中に、自民党首脳会談が開かれ、釣魚島諸島の主権問題等の処理方針が話し合われた。その席で福田は、「何よりも領海侵犯の船が退去することが第一であり、それに全力を尽くす。それ以外にない」[149] と、漁船事件を収束させる意気込みを明らかにした。福田がここで「それ以外にない」と加えたことにより、政府としてこの問題をさらに追求する考えがないことを暗示したのではないかといえる。

実際、漁船事件後の日中関係の方針にもその考えが明確に表れていた。漁船事件を受けて日中関係の前途に動揺を隠せない日本国内に対して、福田は、日中平和友好条約の交渉を単に再開するだけでなく、締結を目的とする方針を示した[150]。首脳会談後の記者会見でも、園田外相が、日中共同声明を堅持し、締結を目指す方針は変わらないとの態度を示した[151]。また、記者会見において、釣魚島問題について「両国が尖閣諸島の問題には触れ

148　「中国、近く態度表明か　符浩大使がほのめかす　中国側の態度」『朝日新聞』、1978年4月14日夕刊、1面。

149　「『尖閣』漁船退去に全力　政府・自民首脳確認　日中条約の努力続ける」『読売新聞』、1978年4月15日夕刊、1面。

150　同上。

151　「大臣記者会見要旨1978年4月15日」『外務大臣記者会見』外交史料館、8頁、整理番号2009-0617。

199

ないことになっている」ということを中国側に説明したかという記者の質問に対して、園田は「必要ない。共同声明にも出ていない。しかし、過去に議論されており、皆知っている」[152] と、釣魚島問題について日中双方いずれも不言及方針を堅持することを暗示した。さらに、大平自民党幹事長も同じ会見で同様の方針を言明し、「当面は尖閣諸島侵犯の事態を早く正常に戻すことが先決だ」[153] と訴えた。

　同15日午後になって、中国政府から初めて漁船事件に関する公式の説明が伝えられた。中国訪問中の田英夫が率いる社会民主連合訪中団と耿飚中国国務院副総理が会見した際に、耿副総理は、社会民主連合の訪中を友情の証だとして謝意を示した後に、漁船事件について切り出した。耿飚は、漁船事件は「全く偶然の出来事であり、中日平和友好条約とは関係ない。同島の領有について、中日両国の主張は対立しているが、この小さな島の事を今持ち出すよりも解決を将来にゆだねた方が良い」[154] と、漁船事件は決して中国政府によって意図的に起こしたものではなく、あくまでも偶発的な事故であることを日本側に伝えた。

　耿飚は、懸案の漁船事件が日本側によって大問題とされたことについて、日本政府が「平和友好条約締結を引き延ばそうとしているのではないか」[155] との疑念も投げかけたが、漁民は島の周辺で漁をしていたに過ぎず島に上陸したわけではない[156] と、漁船の行動の意味を過大に捉える必要性がないことを強調した。中国政府の関与についても、党中央委員会と政府指導部は今回の事件を全く関知しておらず、問題を起こすために計画的に漁船を行かせたという事実はないと断言した。この時期の中国の漁民たちは「四つの近代化」のために生産に必死であったから、問題の船団も魚群

152　同上、12頁。

153　「事態正常化が先決　大平幹事長語る」『読売新聞』、1978年4月15日夕刊、1面。

154　「『尖閣』打開へ双方動く　中国『漁船出漁は偶発』耿副首相が言明」『朝日新聞』、1978年4月16日朝刊、1面。

155　同上。

156　同上。

を一心に追って、気づかないうちに釣魚島の 12 海里以内に入ってしまったのではないかと、偶発事故に過ぎないことを強調した[157]。

日本政府は、中国政府の「偶発」説明に、完全に納得したわけではなかったが、この耿発言をきっかけに事態は急速に収束へと向かった。中国政府の公式見解が明らかになったことで、日本政府も釣魚島問題について 1972 年の日中国交回復の時の原則にしたがって処理するとの基本方針に復帰することを固めた[158]。この理由として園田外相は 3 点を挙げた。第 1 に、今度の事件をめぐる対中外交折衝で、中国側も領有をめぐる主張は主張として、「この問題には触れない」との態度を示している。第 2 に、現時点で領有を議論することは国交正常化の際に最大の懸案だった戦争終結問題を蒸し返し、日中関係の基本を崩しかねない。第 3 に、領有問題を真正面から解決しようとすれば中国の領土に対する強い姿勢から「とても短時日では片付かない」との判断から主権問題を漁船事件とは別にすることを決定した[159] と説明した。つまり、事態の収束を図りたい日本政府は中国政府が態度を明示したことで、日中双方とも領土問題には触れないという 1972 年国交回復当時の不言及方針に立ち戻るという考えを明らかにしたといえよう。

3.2 外務省の意外な不満

中国の態度表明が、正式な外交ルートを通してではなく、たまたま訪中していた日本訪中団との会談でなされたことは、外務省関係者に中国への不満を抱かせた。園田外相は、「この事件で在京大使館それから北京のわが方の大使館を通じて正式に折衝中のところ、それを大使館に外交チャンネルを通じての返答がなくて、ときたま訪問された議員の方に偶発的であ

---

157 「『魚群追って尖閣海域へ』日友好協会当局者」『朝日新聞』、1978 年 4 月 17 日朝刊、1 面。

158 「侵犯船退去後の対応策　共同声明原則に戻す　外務省方針　政府方針・対応策」『朝日新聞』、1978 年 4 月 16 日朝刊、1 面。

159 同上。

るということを言われたことは遺憾であると存じます」[160] と、不快感を露わにしている。

　しかし日本外務省は、不満ではあったが、中国政府が問題の収束にも、日中関係の改善にも、積極的な姿勢を見せていることから、非公式な外交ルートを使ったことをあえて強く問題視することはしなかった。その理由として、これまでの中国政府の対日折衝の際にも非公式の外交ルートが活用されていたと把握していたことが挙げられる。日中間では、国交回復以前からの日中友好人士を通じた非公式の意思疎通の実績と経験があったため、中国政府が、訪中団を通す方がスムーズで正確に自らの見解を伝えることができると考えていた可能性はある。また、日中両政府ともに釣魚島諸島の主権を主張する一方で双方ともに不言及方針を堅持している釣魚島問題を、公式な外交ルートを使って政府間が直接意見を交わすことは得策ではないと考えていた可能性がある。つまり、日本政府が釣魚島諸島の主権を主張している以上、公式な外交ルートを使えば中国側に対して日本の主権を強調せねばならない。これが中国側の感情を逆なでし、事態を悪化させる可能性もあるということである。

　これらの背景のもとで、外務省の有田圭輔外務事務次官は、4月17日の外務次官記者会見で中国政府の選択について語った。

　　（問）田氏はたまたま訪中していたわけであるが、このような外交ルー
　　　　トでなく、中国首脳の考え方が伝わるというあり方をどう思うか。
　　（次官）中国は従来からそうであったから、他国の首脳が発言するのを
　　　　発言していないとは言えない。
　　（問）大臣はこういうあり方は遺憾だと発言されたが……
　　（次官）外務省の立場から言えば、外交ルートでまず言われることが好
　　　　ましい。ただ国によってやり方が異なるわけであり、絶対に公でなく

---

[160] 「第 84 回国会　参議院外務委員会会議録第 14 号（1978 年 4 月 17 日）」参議院事務局、1978 年 5 月 12 日、2 頁。
　　http://kokkai.ndl.go.jp/SENTAKU/sangiin/084/1110/08404171110014.pdf

てはならないというものでもない。今度の場合は外交ルートでも確認されているので、そこまで注文をつけることもなかろうと思う。この際、日中友好関係の発展という大局的見地に立ってこの事件を処理するという立場をとりたい。[161]

このように、外交ルートにこだわらず内容を重視するとした外務省の姿勢を明らかにし、中国側に対して、「既に注意を喚起したから、当面それ以上のことをするつもりはない」[162]と明言したことから、これからは日中両国間の関係改善と問題の早期解決に力を注ぐ外務省の態度を明白にした。

3.3　共同声明路線への復帰発表と慎重派の譲歩
漁船事件が起きて以来、自民党内では釣魚島問題を日中平和友好条約交渉再開の前提条件とすべく政府に圧力をかけていたにもかかわらず、日本政府は日中共同声明路線への復帰を発表した。

慎重派のアジア問題研究会は 4 月 17 日に緊急総務会を開き、釣魚島でヘリポートを建設することによる釣魚島への実効支配の確立が、日中条約交渉再開の前提であるとの立場を再確認していた[163]。しかし、前述のように、その同じ日の夕方に、有田外務事務次官が記者会見で、これ以上漁船事件にはこだわらないことを言明した。さらに翌 18 日の衆院沖縄北方問題特別委員会では、園田外相が、日本政府として事件発生後初めて、「共同声明の線に回復することを考えている」[164]ことを明らかにした。

これが事件解決後の日中平和友好条約の交渉過程での釣魚島問題の扱い

161　「次官記者懇談会（1978 年 4 月 17 日）」『外務事務次官記者会見・懇談』、外交史料館、2―3 頁、整理番号 2009-0619。

162　同上、 5 頁。

163　「尖閣の領土確定が前提　日中再開で自民 A 研　日中平和友好条約」『朝日新聞』、1978 年 4 月 18 日朝刊、 2 面。

164　「第 84 回国会衆議院沖縄及び北方問題に関す特別委員会議録第 6 号（1978 年4 月 19 日）」衆議院事務局、1978 年 5 月 9 日、 3 頁。http://kokkai.ndl.go.jp/SENTAKU/syugiin/084/0710/08404190710006.pdf

方を決定することになった。外務省外務局長の中江洋介は、「日中共同声明が出されました例の正常化の際の両国首脳の会談において、尖閣諸島の問題は議題とされたことはない」[165] ことを国会で確認し、釣魚島問題を日中国交回復の過程で議題としなかった理由について次のように説明した。

　中国側は、この尖閣諸島の帰属の問題を取り上げたくないという態度を示していた。したがって、日本政府としては、日本は固有の領土であるという確たる根拠の上に立ち、かつ有効支配をしているわけなので、相手の方から取り上げないものをこちらから取り上げるという筋合いのものでもないので、中国側がこれを取り上げないという態度を示したことは、それでわが方として差し支えないということで、結果として双方で何ら触れることなく正常化が行われた。[166]

　すなわち、日中両政府はそれぞれの考えのもとで日中国交正常化の過程で釣魚島問題について「触れないこと」にしたことを改めて説明した。
　政府の方針決定を受けて、慎重派が大多数を占める福田派は会合を開き、漁船問題によって再燃した釣魚島問題の解決を日中平和友好条約の絶対的な前提条件としていた態度を柔軟化させ、政府方針が決定すればそれを支持することへと改めた[167]。
　慎重派の態度軟化には、要因は三つあると考えられる。第1に、漁船事件によって、かえって日中政府の不言及方針が再確認され、それまで政府を牽制する切り札として出した釣魚島問題が使えなくなったこと。第2に、慎重派の大部分が福田派であったため、政府の方針に逆らい難かったこと。それに関連して、第3に、次期総裁選が迫っていたことである。特に、推進派の福田批判を考えると、第2と第3の要素が大きかっただろう。実際、

165　同上、5頁。

166　同上。

167　「『政府方針』支持へ　日中問題　福田派40人が会合」『朝日新聞』、1978年4月20日朝刊、2面。

推進派からは、漁船事件発生前から、日中平和友好条約の交渉再開を渋る福田に対する批判が上がっていた。そして、漁船事件が起きてから、促進派は「首相は行政改革もダメ、経済もダメ、そして日中もできない」[168]と、福田体制を批判していた。また、慎重派の大部分が福田派であることもあり、福田自身が日中交渉再開に前向きな態度を示している中、慎重派が持論を堅持し続けても交渉再開を必ずしも阻止できるという保証がない。派閥内部の対立を続けると、次の総裁選で福田体制の継続自体が危ぶまれる状態に陥りかねない。慎重派が福田政権の安定維持を図ったことが、これ以上の交渉再開を阻止する行動をとることができなかった重要な要因であるといえる。

3.4 釣魚島問題の再沈静化

　漁船事件は、発生から8日後、事実上の解決を迎えた。4月20日に、自民党幹事長の大平は、選挙応援で京都を訪れた際に、同市内のホテルで記者会見を開き、漁船事件について説明を行った。大平は、「この問題は日中双方が『触れない』という仕方で決着をつけることが大局的な国益を踏まえた現実的な解決方法だと思う」[169]と述べ、すなわち、漁船事件が日中平和友好条約に影響を与えることなく、釣魚島諸島をめぐる問題はこれまで通りの方針に帰復する考えを示した。同日夜には、大平のこの発言について、政府首脳が、「政府としても大平幹事長の考え方に異論はない」[170]と話し、これまで通り、日中国交正常化において不言及とすることに決定した。

　これを受けて、4月21日午後から中国外交部で堂之脇公使と王暁雲アジア局次長の会談が行われた。王暁雲は漁船事件について「同水域では数

168　「尖閣問題　自民に新たな火種　次期総裁選を意識」『朝日新聞』、1978年4月19日朝刊、2面。

169　「領土に触れず「日中」決着　大平幹事長も見解」『朝日新聞』、1978年4月20日夕刊、1面。

170　「『領土触れず』に異存ない　政府首脳語る」『朝日新聞』、1978年4月21日朝刊、2面。

年来、隻数は異なるが、中国漁船は毎年出漁しており、今年新たにしたものでない」[171]、「中日友好の大局的見地に立って現在処置しており、今後もこの見地から対処して行きたい」[172] と詳しい調査結果を報告すると同時に、中国政府も日本政府と同様に問題を荒立てる考えがないことを示した。園田外相は同日中に、「中国側がああいう形で回答してきた立場を十分に理解して、これ以上日本側として深追いすることは避けて、事件以前の状態に戻っていくことを見守らねばならない。」[173] と、漁船事件によって再提起された釣魚島問題を再び沈静化させることに同意を示した。

　政府は 21 日をもって、漁船事件に事実上の終止符を打ったが、慎重派の中心人物であった灘尾弘吉と松野頼三らは、最後まで領土問題の解決を模索し続けるべきであるとして、大平や園田を批判した。灘尾らは、釣魚島諸島の実効支配を強化するべく、島に人を移住させ、漁港を作るなどの措置を日本政府に要請していた。しかし、日本政府は慎重派の意見に正面から取り合うことはなかった。福田は、慎重派の反対を受けて、「もう少しハイレベルの外交折衝で事件のけじめをつけるべきではないか」[174] と、慎重派に気を使い、不満を和らげようとしたのではないかと考えられるが、漁船事件に関して日中間でさらなる折衝を行うことはなかった。

　このように慎重派の反対もある中で、日中両国政府が事件を迅速に沈静化できたことには、次のような要因があったと考えられる。第 1 に、両政府にとって、日中平和友好条約の促進が有益だったことである。福田首相にとっては、次期総裁選に向けて功績を作ることができるとともに、条約促進派の政権批判を回避することができた。中国政府にしてみれば、中ソ対立の中での日中平和友好条約締結にはソ連牽制の効果が見込めると同時

171　「尖閣問題『偶発』で事実上決着　政府　中国の回答で判断」『朝日新聞』、1978年 4 月 22 日朝刊、1 面。

172　同上。

173　「国内説得が一仕事　尖閣侵犯〝偶発〟の決着　条約交渉へは沈静待ち？」『朝日新聞』、1978 年 4 月 22 日朝刊、2 面。

174　「尖閣決着　改めて大使級折衝　政府首脳が方針確認　政府方針・対応策」『朝日新聞』、1978 年 4 月 27 日朝刊、2 面。

に、中国の経済発展に対し日本からの援助を期待できる。

第2に、日中両政府ともに、すでに日中平和友好条約交渉再開の準備を整えていた。中国政府は華国鋒政権が安定し、鄧小平ら対日外交に携わってきた人物が重要ポストについていた。その一方で福田政権は、当初は条約交渉の再開に消極的ではあったが、漁船事件直前に党内調整を打ち切り、交渉を再開する政府判断を下したばかりであった。日中平和友好条約の交渉再開は満を持していたのである。

第3に、日中両政府ともに、今回の釣魚島問題の火種となった漁船事件において妥協した。漁船事件発生の早い段階から、日中双方の政府首脳が日中関係の良好な発展を望んでいることを明言していた。そして、双方が、相手政府を追い込むのではなく事態を悪化させないように互いの立場を理解し、配慮していた。

特に中国政府は、釣魚島問題に関する一切の報道を国内で行わない方針を堅持し、この問題によるナショナリズムの台頭を未然に防ぎ、日中関係の阻害とならないよう配慮した。日中両政府の相手国への理解と配慮が、漁船問題によって再燃した釣魚島問題の迅速な収束につながった直接的な要因であったといえるだろう。

第3節　日中平和友好条約締結交渉の再始動と締結

第1項　日中平和条約締結を歓迎する米国政府

釣魚島問題収束後、日中両国政府は日中平和友好条約の交渉再開に向けて再び動き出した。その際、日中平和友好条約締結交渉で日本側の懸案となっていた覇権条項問題の突破口をつくり、日本政府を後押ししたのは米国政府であった。

1.1　米中接近の考えを示す米国政府

漁船事件が一応の解決を見た1978年4月21日に、日米両政府は5月5日に首脳会談を行うことを決定した。会談に先立って、日米の事務当局の間で事前調整が行われ、福田総理訪米にあたって、ヴァンス米国務長官

からカーター米大統領あてに首脳会談の内容に関する覚書が送られた。この覚書で、ヴァンスは、首脳会談で話し合われるべき重要なアジア関係の議題の一つとして、「中華人民共和国との関係」を挙げていた。

　「中華人民共和国との関係」の議題の項目では、日米両政府間の意思疎通を促進することについて、日本政府から出されたものとして「今後 6 ヶ月から 1 年の間における米中関係の発展状況を知ること」[175] が挙げられていた。一方、米国政府から「福田に米国の米中正常化に対する考えを伝えること。目下の日中関係について福田の考えを聞くこと。日本の国内政治に巻き込まれることなく日中平和友好条約の承認を伝えるとする」[176] といったものが挙げられていた。

　この覚書の中で、ヴァンスは日米中の 3 ヵ国関係の現状と動向について次のように述べている。

　　福田は、我々が最終的に北京と国交を正常化するという計画を、知っている。なぜそうするのかも理解している。日本の政界は、中国に対する米国の政策を慎重に追跡することを日本政府に要求し（過去のショックを避けるために）、同時に米国より一歩先に立った日本自身の対中政策を保持するよう求めている。我々の戦略的、商業的利益から考えて、日本の対北京政策に遅れをとらないことが要求される。[177]

　　今年初めに、日本政府はモスクワとの協定があるにもかかわらず、中国との平和友好条約の締結推進を決定した。この動きに対して、福田自身の派閥内では条約締結に対する強い反対が示されており、最近では日中平和友好条約締結に向けての動きが減速している。そして、中国の漁船が、紛争の残る尖閣諸島近くに来たことによって、完全に停止する恐

175　United States Department of S. Visit of Japanese Prime Minister Fukuda, April 30-may 6. , 1978, Digital National Security Archive, p.13, https://search-proquest-com.ez.wul.waseda.ac.jp/docview/1679046223?account id=14891.

176　Ibid., p.13.

177　Ibid., p.14.

れもある。[178]

　米国政府は中国との関係改善を計画しているが、日本側は米国の行動に非常に注意していることを述べた上で、釣魚島海域で起きた漁船事件によって日中関係が後退する可能性に対して懸念を示した。

　これらを踏まえた上で、ヴァンスは日米首脳会談において、米国政府の対中政策において示すべき要点を六つ挙げた。第1に、米国政府は引き続き上海コミュニケにしたがい、台湾の人々の幸福度を減少させない方法で、中国との関係を完全に正常化する方向に動く。第2に、米政府は率直にいつ、どのように正常化するかは言えないが、これからの数か月間に関係を拡大していく予定であること。第3に、ズビグネフ・カジミエシュ・ブレジンスキー（Zbigniew Kazimierz Brzeziński）大統領補佐官は北京で正常化に関する交渉を行わないが、米政府の上海コミュニケに対するコミットメントを力強く再確認する予定であること。第4に、中国は米中正常化を希望しているが、正常化ができていない状態でも彼らとは米中関係の戦略的側面を重視している。また、中国とは近い将来に貿易と交流の向上を予見していること。第5に、米国は平和友好条約を含めた日中間の進展を問題視しない。米国はこれが日本にとって非常にデリケートな問題であることを知っており、それは東京と北京の決定することであると考えている。第6に、米国政府は日中平和友好条約の中に反覇権条項が含まれることに異議はない。なぜなら、我々の上海コミュニケの中にも類似する条項があるためである[179]、というものであった。なお、第5と第6の要点は日本側から問題提起があった場合にのみ、言及することになっていた。

　このように、米国政府は、米中の関係改善と米中国交正常化の計画があることを日本政府に伝えることにしていた。米国政府は、日中平和友好条約の交渉で難航している覇権条項問題についても構わないこと明言し、米国政府は日中の関係改善を歓迎する意向を示すことを、日本首脳との会談

178　Ibid.

179　Ibid., pp.14-15.

に先立って決めていた。

　日米首脳会談後、福田は日米両政府の間で釣魚島問題に触れなかったと話していたが、日米首脳会談に備えて作成されたこの覚書には釣魚島問題について明確に米国政府の態度が示されていた。そこには、「尖閣諸島領土紛争」と題する項目があった。それによれば、日本政府が米国政府に対してとるであろう立場は、「最終的に米国から尖閣諸島についての日本の主張への支持を、獲得すること。同時に、米国がその立場を繰り返させないこと」[180]であると分析していた。これに対して、米国政府はあくまでも「日本と中国の尖閣諸島の帰属に関する領土紛争に巻き込まれることを回避すること」[181]と、中立の立場を堅持する考えを繰り返す原則で通すこととされていたのである。

　さらに、覚書は日中間の釣魚島問題に対する米国政府の認識を整理していた。まず、前述の漁船事件については、次のような見解を示していた。

　　日中間で長期間休眠していた尖閣諸島（台湾と沖縄の間にある九つの無人島）の帰属紛争が４月中旬に拡大した。（中略）今回の事件の動機についてはいまだに不明だが、中国は交渉において停滞する福田に不満を抱いたのか、または日本の参議院が日韓大陸棚協定を考慮するとしたことに対する中国の抗議か。どちらにしても、彼らのそれぞれの主権に関する主張についての中国と日本が敏感さを示している間、この事件は平和友好条約の前途を阻害することになる。[182]

　このように、今回の事件を誘発したのは日本政府が日中間の交渉を渋ったことにあると分析をし、日中平和友好条約に影響を与えていることを指摘した。

　次に、米国政府の立場に関して、釣魚島問題でどちらかに味方すること

180　Ibid., p.37.

181　Ibid.

182　Ibid.

は、米国のこの地域においての長期的な利益と合わないとして、これまで通りの米国政府の「中立」立場を繰り返すと同時に、「米国は中華人民共和国との関係が発展している中、我々は一層この紛争に巻き込まれたくない理由がある」[183] と、米国政府は自らの長期的利益を考慮し、また米中接近が進展している時期に、日本政府のために態度を改める可能性がないことを明示した。日米首脳会談において、双方は今後の対中国政策のみならず、釣魚島における考えについても意見交換がされたと考えられる。少なくとも、米国政府の態度は明確なものであったといえる。そして、日米首脳会談でカーターが「条約の推進を祈る」と日中関係を歓迎する態度を明示したことが、福田の強力な後押しとなった。

第2項　条約締結直前の釣魚島問題に関する方針再確認

日米首脳会談後、日本政府と慎重派の間で日中平和友好条約をめぐる空気が変化し始めた。慎重派の中では、「首脳会談では相当に突っ込んだ話し合いをしていたはず。これによって首相は条約交渉の再開に自信を持ったのではないか。日中慎重派の動きにも影響を及ぼすかもしれない」[184] と動揺が走った。その一方で、停滞状態だった日中平和友好条約をめぐる党内調整について、政府関係者は「意見は既に出尽くしている。これから外交調査会等を再開しても恐らく変わらないと思う。どのような形でまとまるか分からないが、最終的には意見は意見として、福田首相に最終的な決断をあおぐことになる」[185] と述べ、党内の対立意見に左右されず、福田の最終決定を待つのみとの見解を示した。

日中平和友好条約の交渉再開に向けて、日本政府は慎重派に対する説得活動と交渉再開の準備を進めた。5月7日に米国から帰国した福田は、13日の記者会見で「締結交渉再開は7月16、17日の先進国首脳会議より

183　Ibid., p.38.

184　「日米首脳会談を終えて　首相、強気の構え　政局の焦点終盤国会に」『朝日新聞』、1978年5月5日朝刊、2面。

185　同上。

211

早く始めたい」[186]と、交渉再開を急ぐことを明らかにした。そして16日には、灘尾弘吉ら慎重派の中心人物を首相官邸に招いて、政府への協力を求めた。続けて、21日に福田は園田外相と安倍官房長官を自宅に招き、交渉再開の方針について相談し、26日、自民党本部で総務会議を開いた。慎重派への説得が功を奏し、党内は交渉再開で一致した[187]。福田の帰国から1ヶ月も経たないうちに、日中平和友好条約の交渉再開が決定されたのである。

2.1 福田からの突然の指示

1978年7月21日夕方、日中平和友好条約締結に関する交渉は、およそ3年の停滞を経て、ようやく北京で再開された。日中両政府はともに釣魚島問題について不言及方針を遵守したことで、日中平和友好条約の交渉過程では釣魚島問題は議題として取り上げられることなく折衝が進められた。しかし、8月10日になると日中共同声明の際と同様に、またしても日中平和友好条約締結前の最後の会談に、突然日本政府側から釣魚島問題について言及がなされたのである。

日中平和友好条約交渉の再開後、日中間では、覇権条項について14回に及ぶ交渉の末に、ついに日中平和友好条約の締結は目前に迫っていた。園田外相がこの条約の締結にかける思いには、特別なものがあった。園田は、条約交渉のため北京に出発する前に、天光光夫人に、「天皇陛下は、もし中国と条約が締結できないならば、戦争が終結したとは言えない」[188]と話していた、と打ち明けていたという。おそらく、園田は、この天皇の意を汲み、条約締結に強い意気込みを持っていたのであろう。園田にしてみれば、事務交渉も順調に積み重ねられており、後は8月8日に北京入りして鄧小平と会談し、条約を締結するばかりであった。

---

186 「日中条約交渉の再開　七月の首脳会議前　首相表明　日中平和友好条約」『朝日新聞』、1978年5月14日朝刊、1面。

187 張平『釣魚島風雲』国際文化出版社、2000年、172頁。

188 園田天光光「園田外相夫人の回想」『忘れ難き歳月』、84頁。

第3章　日中平和友好条約交渉の再開と釣魚島問題の再燃

　しかし、園田が北京に到着した直後、福田が、日中条約交渉の過程でこれまで触れられることのなかった釣魚島問題に突如言及し、「尖閣列島先議せよ」との指示を園田に出したのである。この福田の指示は、園田はもちろん、外務省も事前に全く知らされていなかった。外務省から連絡を受けた時の状況について天光光夫人は、「いよいよ明日には条約になるでしょうというところまで来た時に、本省から役所の方が青くなって飛んでこられた。奥さん大変なことになりました、今総理から訓令が出ました。それは『尖閣列島先議せよ』という訓令でございました」[189] と、福田からの指示がいかに唐突なものであったのかを語っている。園田と外務省は訪中前に既に釣魚島問題に触れないとしていたため[190]、福田の指示への対処法に窮した。それまで、日中間の交渉において釣魚島問題が言及されずにきたのは、この問題に言及すれば日中平和友好条約も日中国交正常化も不可能になる恐れがあったからである。したがって、その問題を条約締結の直前に持ち出すなどありえないことであった。

　そうであるにもかかわらず、福田が釣魚島問題の先議を要求したのには、慎重派からの圧力と関係しているのではないかと考えられる。実は、園田の訪中が決まってからも日本国内では、釣魚島問題を先議すべきとする意見が国会内で根強く存在していた。園田が羽田から日航特別機で北京へ向けて出発した同日の午後、派閥内の半数以上が慎重派である中曽根自民党総務会長は、長野で行った講演において、日中交渉で釣魚島問題に触れられていないことを強く批判した。中曽根は日中平和友好条約について、「現在、同条約について反覇権問題だけがクローズアップされているが、自民党総務会で決議した尖閣列島問題に一切触れられていないのはおかしい。（領土問題は）避けて通る事のできない問題だ」[191] と指摘し、「両国の懸案に触れないのはペテン、インチキの友好だ」と述べ、交渉過程におい

189　同上。

190　同上。

191　「園田外相訪中：中曾根氏、『尖閣問題避けるな』と強い不満」『毎日新聞』、1978年8月9日朝刊、2面。

213

て釣魚島問題を不言及にする方針について強く非難した。また、園田が出発したのとほぼ同時刻の午後３時すぎに、福田は慎重派の中心であるアジア研究会の灘尾会長、町村副会長、藤尾幹事長を首相官邸に招いて、約１時間にわたって条約交渉に関して説明した。会談において、灘尾らは、釣魚島諸島の主権問題や中ソ同盟条約の取り扱いなどを明確にすることを再度強調し、釣魚島問題について言及するよう要請した[192]。このように、福田らの説得により、一旦は慎重派も日中平和友好条約の交渉再開において妥協をしたが、園田の訪中によって日中平和友好条約へ一気に進むことを懸念し、再び釣魚島問題を以て福田に圧力をかけたことが分かる。したがって、園田の訪中に際して、慎重派からの圧力に対して福田は何かしらの態度を見せないわけにはいかなかった。そのため、福田は園田に釣魚島の先議を要求したのではないかと考えられる。

　しかし、首相からの要求とはいえ、この時点で日中交渉において釣魚島問題を持ち出す危険性を園田は十分に承知していた。第１に、これまで釣魚島問題に関しては国交正常化交渉の中で提起したことがなく、双方ともに触れない方針をとってきた。それを外相クラスでいきなり持ち出せば、日本が約束を破ったと中国が捉えかねない。第２に、もし日本政府が主権を主張すれば、中国政府も釣魚島諸島は中国の領土であると主張せざるを得なくなる。仮に中国政府が主権を主張するようなことが起これば、もとより釣魚島問題をもって日中国交正常化を阻止しようとする慎重派に確たる口実を与えることになり、また日中平和友好条約の締結に影響を与えかねない。第３に、仮に釣魚島問題が日中平和友好条約の前提とされるような事態になれば、まさに当時の日ソ平和条約と同じ隘路（あいろ）にはまり、日中の国交正常化は長期的に不可能なものになりかねない。

　しかし、福田の指示を受けて、園田は釣魚島問題を日中平和友好条約の交渉会談に持ち出さざるを得なくなった。それでは、いつ、どのようにして釣魚島問題を鄧小平に切り出すのか。これが日中平和友好条約締結の成否を左右する最大の課題となったのである。

192　「園田外相訪中：首相、Ａ研幹部と会談」『毎日新聞』、1978年８月９日朝刊、２面。

第3章　日中平和友好条約交渉の再開と釣魚島問題の再燃

2.2　園田と鄧小平の黙契

　日中平和友好条約は必ず締結させなければならない。しかし、釣魚島問題も切り出さなければならない――という板挟みの中、園田は考えに考えた結果、中国側の交渉相手を選択することで窮地を打開することに望みをかけた。華国鋒主席、鄧小平副主席と黄華外相の三人の内、園田は中国側に交渉相手に鄧をお願いできないかと申し出て、中国側もそれを受け入れた[193]。そして、鄧小平を交渉相手に選択したことが、園田を窮地から救うことになった。

　8月10日、園田は鄧小平との会談に臨んだ。会談で、釣魚島問題をいかに切り出すべきか頭を悩ませていた園田を逆に驚かせたのは、鄧小平であった。同日午後、首脳会談が始まっても、園田は一向に釣魚島問題について切り出せないでいた。すると、園田の事情を察したかのように、鄧小平が釣魚島問題に関する考えを次のように述べた。

　　両国間には問題がないわけではない。例えば、日本がいうところの尖閣列島、中国では釣魚島と呼ぶが、この問題もあるし、大陸棚の問題も存在している。日本では一部の人がこの問題を利用して「友好条約」の調印を妨害した。我が国でも調印を妨害した人がいるが、（中略）このような問題については、今突き詰めないほうがよい。「平和友好条約」の精神で何年か脇において置いても構わない。何十年経ってもこの問題が解決されなければ、友好的に付き合いができないわけではないだろうし、この「友好条約」が執行できないわけでもないだろう。釣魚島問題を脇に置いて、ゆっくり考えればよいではないか。両国間には確かに問題が存在する。両国は国の体制が異なり、おかれている立場も違う。よってすべての問題で意見が一致するのは不可能である。しかし同時に、両国間には共通点も多い。要するに、両国は「小異を残して大同につく」ことが重要だ。われわれはより多くの共通点を探し、相互協力、相互援助、あい呼応する道を探るべきである。「友好条約」の性格はつま

193　園田天光光「園田外相夫人の回想」『忘れ難き歳月』、85頁。

215

りこのような方向を定めているのである。まさに園田先生のいう新たな
起点である。[194]

　すなわち、釣魚島問題は両国の友好関係の発展のために話し合う必要の
ある急務ではないことを指摘したのである。その上で、両国間に必要とさ
れているのは友好関係の発展であり、そのためにも釣魚島問題のような友
好発展の阻害となるような問題には、「脇に置き」すなわち「触れない」
でおくことが双方にとっての最良策であるという考えを改めて強調したの
である。鄧小平が先に釣魚島問題に触れたことが園田にとって助け舟と
なった。
　鄧小平が中国の態度を示したことで、園田は渡りに舟と、鄧小平の話に
続けて、釣魚島問題に関する日本側の見解を伝えることができた。園田は
回顧録の中で、この会談の様子を次のように振り返っている。鄧小平に助
けられた格好になった園田は、「実は……もうひとつ……日本の外相とし
て言わなければ帰れんことがあるのですが……」と鄧小平に切り出すと鄧
小平は、「わかってる、わかってる。わかっているから、あんたのいうこ
と黙って聞いているじゃないか」と応じた。園田が勇を鼓して、「尖閣諸
島は古来わが国のもので、この前のような『偶発事件』を起してもらって
は困る」と伝えると、鄧小平は笑みを浮かべ、両手を広げて場を和ませな
がら応答した。「この前のは、偶発事件だ。漁師というのは魚を追ってい
けば、目が見えなくなるものだよ。ああいうことはもう絶対やらん、絶対
やらん」[195]。釣魚島問題についての話は、園田や外務省関係者の緊張をよそ
に、意外にもあっさりと終わってしまったのである。
　このように穏当に済ませられたのは、園田と鄧小平が互いに慎重に応答
し、相手に配慮したからこそであるといえる。まず、園田にしてみれば、
福田から「尖閣問題を先議せよ」と指示されたところで、釣魚島問題と一
概に言っても、それには様々な側面があった。一方で、日本国内の慎重派

194　張香山『日中関係の管見と見証』、157 頁。

195　園田直『世界日本愛』「付録」第三政経研究会、1981 年、323 頁。

216

が求めるような、中国政府に認めさせるべき主権の問題とも言えたし、他方で、園田が鄧小平に伝えた漁船事件への対応に関する回答ともいえた。園田は、中国政府との会談で釣魚島問題に関連したことを提起し、中国から何らかの約束を得られればそれでよいと考えたのである。だからこそ、主権問題という意味合いを薄めて、漁船事件の側面を強調して鄧小平に伝えたのではないかと考えられる。そして、これまで柔軟な外交手腕を見せてきた鄧小平を選択したことで、両者の阿吽の呼吸のもとで釣魚島問題を穏便に処理することができたといえよう。

　次に、鄧小平は、園田が提起した漁船事件について、すでに中国政府が公式に回答し、かつ日本政府が受け入れた内容の答えを繰り返しただけである。つまり第1に、鄧による「偶発」の回答はすでに日本政府が受け入れており、最も安全な回答である。第2に、以前に福田は漁船事件について中国側の外相またはさらに上のクラスの要人による説明がなされるべきだと考えていたが、鄧の発言によって、それが実現したということができる。第3に、鄧小平が「ああいうことはもう絶対にやらん」と約束したことが、園田にとっての思わぬ手土産だったといえる。これまで中国政府は、漁船事件が政府の指示によって起きたものではないと説明をしてきた。しかし、中国政府から漁船問題について何らかの約束が行われたことは一度もない。鄧小平の答えは園田にとって極めて望ましいものだったいえよう。おそらく、鄧小平は日本国内の情勢を考慮した上で、園田が帰国後に慎重派を説得することができるよう配慮したために、このような発言をしたのではないかといえる。園田夫人の回想によれば、同年の10月1日の中国国慶節に招かれた際に、鄧小平は「あなたのご主人は命がけでしたね、だからこの条約は結べたのですよ」[196] と話していたという。園田夫人が鄧小平は何もかも見通していたと思う[197] と回想するように、鄧小平が話題を先に切り出したのには、日中国交回復時の田中と周の会談の経験から、園田や福田が釣魚島問題に言及しなければならない立場にいたことを、類推し

196　園田天光光「園田外相夫人の回想」『忘れ難き歳月』、86頁。

197　同上。

ていたのではないかとも考えられる。

　このように、園田と鄧小平のやりとりによって、釣魚島問題は日中間の障害となることなく、日中平和友好条約は 1978 年 8 月 12 日に無事に調印された。日本と中国は終戦の 33 年後、日中国交回復から 6 年を経て、ようやく日中平和友好条約が調印され、日中国交正常化が完了したのである。

第4章　日中平和友好条約後の釣魚島問題と共同開発の試み

　日中両政府は異なる思惑を抱えながらも、釣魚島問題について不言及方針を堅持したことで、日中平和友好条約を締結することができた。前章で詳述したように、日中平和友好条約の締結過程でこそ慎重派は釣魚島問題について譲歩したものの、その後も、中国に対する示威、すなわち実効支配を誇示すべきとする考えは依然として根強く存在していた。

　日中平和友好条約の締結後、鄧小平が来日し、日中両国は釣魚島問題への不言及方針を再確認した。それにもかかわらず、実効支配の誇示を要求するグループは釣魚島および周辺海域に関する調査活動の予算案を提案し、実行に移した。本章では、国交正常化後の釣魚島問題をめぐる日本国内の動きと思惑、および日中政府間の相互作用について分析を試みる。

第1節　不言及方針の再々確認

　日中平和友好条約が締結されると、日中平和友好条約の批准書交換のため中国指導者として初めて鄧小平が来日することになった。

　日中平和友好条約は無事に締結することは決まったものの、日本国内では、釣魚島問題を不言及にしたまま条約締結に踏み切った政府に対する根強い批判が依然としてあった。例えば、鄧小平が訪日する約1週間前にも、釣魚島問題の処理について国会で審議が行われていた。10月17日の参議院外務委員会では、以前より実効支配の強化を求めてきた玉置和郎が、4月18日の参議院外務員会において園田外相が釣魚島を「日本固有の領土」

219

と言わず、「日本政府の実効的支配下にある」と表現したことに対して不満を表明した[1]。玉置は、実効支配下にあるというなら、「現在、竹島におきましても北方四島におきましても、それぞれ違った国が実効的支配をしておるということですが、それはどうですか」[2]と園田に質問した。玉置は、釣魚島諸島について日本の「主権」を前提とした「領土」という言葉を避けて、「実効支配」とだけ述べることが、日本が主権を主張している釣魚島諸島以外の「領土」についても「主権」の問題を曖昧にする恐れがあるという、論理の穴を突いたのである。

　しかし、政府側の態度も明確であった。園田は、玉置の批判に対して、釣魚島問題そのものよりも日中間の友好関係を優先させる考えを、次のように答弁した。

　　尖閣列島の問題では、やはりこれも相手に面目もあることでありますし、こちらの立場もあることでありますから、私はこちらの立場を主張して、そしてこの前のような事件のないようにということで、それは絶対にしない、こういうことで、むしろ、いやそうではない、おれのものだという発言がなかったことは、私は中国の日本に対する非常な友情であると考えて帰ってきたわけであります。[3]

　このように、園田は中国側の隙をついて攻撃的に出るのではなく、釣魚島問題における中国政府の好意と配慮を前向きに受け止めることも必要であるとして、これ以上この問題を追求するべきではないとの態度を明白に

1　玉置は園田がこの発言を行ったのは「予算委員会だったと思う」と回想しているが、園田が予算委員会において、釣魚島諸島が日本政府の実効支配下にあるとの発言を行った記録はない。国会議事録において 10 月 17 日以前に、園田が「日本の固有領土」を使わずに「実効的に支配している」という発言は、1978 年 4 月 18 日の参議院外務員会で記録されている。

2　「第 85 回国会　参議院外務委員会議録第 4 号（1978 年 10 月 17 日）」参議院事務局、1978 年 10 月 26 日、2 頁。
　　http://kokkai.ndl.go.jp/SENTAKU/sangiin/085/1110/08510171110004.pdf

3　同上。

示したのである。

1978年10月23日、鄧小平は、廖承志中日友好協会会長、黄華外相、韓念竜外務次官ら総勢70名の中国政府関係者一行を引き連れて日本羽田空港に到着した。日本側は、福田首相をはじめとする約400名の関係者が鄧小平一行を出迎えた。鄧と福田は、同日中に最初の案件である日中平和友好条約批准書交換を済ませると、25日に、鄧は福田との首脳会談の後、日本記者クラブで史上初めてとなる中国指導者による記者会見を行った。

この記者会見で、鄧は釣魚島問題に関する中国側の態度を改めて公に示すことになった。会見は1時間にわたって行われ、鄧は、日中両国の友好関係が新たな高まりを迎えた喜びを語るともに、中国の「四つの近代化」の実現と覇権反対の原則、日本の全方位外交、中国の対米関係の正常化、朝鮮問題、中国の農業の近代化や経済の発展状況など、多岐にわたる質問に答えていた。

釣魚島問題についての質問がなされたのは、記者会見の最後であった。質問したのは、日本記者クラブの副会長であった小島章伸だった。

小島は、「尖閣列島の帰属について我々は日本固有の領土であると信じて疑わない、という立場にあるわけですが、トラブルが中国との間に生じて大変遺憾に思っているわけです」との立場を示した上で、「この点、副総理はどうお考えになるのか」[4]と鄧に尋ねた。記者会見の録音音源からは、この質問で会場が静まり返り、張り詰めた様子がうかがえる。これに対し、鄧は答えを急ごうとはしなかった。この質問に答える前にまず、一つ前の質問への返答に補足を加えた。そして、通訳に小島の質問の内容を確認した後、思い出したように次のように答えた。

　　尖閣列島は、我々は釣魚島と言います。だから名前の呼び方からして

───────────────

4　「鄧小平中国副首相、会見音声」日本記者クラブ、1978年10月25日。2015年4月1日閲覧：http://www.jnpc.or.jp/activities/news/report/1978/10/r00019237/「未来に目を向けた友好関係を　鄧小平　中国副首相」日本記者クラブ、1978年10月25日、7頁。https://s3-ap-northeast-1.amazonaws.com/jnpc-prd-public/files/opdf/117.pdf

も違っております。この点について双方は、確かに異なる見方を持っています。中日国交正常化を実現した時に、双方はこのような問題に触れないことを約束しました。今回、中日平和友好条約を交渉した際も同じく、この問題に触れないということで一致しました。中国人の知恵からして、このような方法しか考え出せません。というのは、その問題に触れると、それははっきりしなくなってしまいます。そこで、確かに一部のものはこういう問題を借りて、中日両国の関係に水を差したがっております。両国政府が交渉をする際に、この問題を避けたことは賢明だったと思います。このような問題は少し置いても大丈夫、十年置いても構わないと思います。我々の世代の人間は知恵が足りません。この問題について話がまとまりません。次の世代は、きっと我々より少しは賢くなるでしょう。そのときは、必ずや、お互いに皆が受け入れられる良い方法を見つけることができるでしょう。[5]

　鄧のこの応答は、ゆったりと、ユーモアも交えたもので、質問直後の静寂とは打って変わって、会場からは笑い声も上がった。鄧小平は、そのような和やかな雰囲気を作り出しながら、日中両国政府が1972年の国交回復と1978年の日中平和友好条約締結のいずれの際にも不言及方針を保ったことを、日中の友好関係を発展させる賢明な選択だったと評価したのであった。

　鄧の記者会見での応答は、その場の思いつきではなく、以前から日中両政府ともに受け入れられる見解であることを承知した上での発言であった。実は、記者会見後に、符浩駐日大使は田島高志外務省中国課長と会談し、記者会見での鄧の発言の真意を説明していた。符浩大使は、「あれだけが中国側の言えるぎりぎりのところである。日本側にも困難を与えたくないが、中国側としても大衆や華僑の受け止め方を無視できない事情がある」[6]

5　同上。

6　「鄧小平副総理第二回会談」、外交史料館、1978年10月25日、19頁。整理番号
　04-1022-4。同上。

と語った。日本外務省側も「『日中友好を望まないものが、この問題を取り上げようとするのであって、次の世代に任せればよい』との趣旨を述べ、中国側として示しうる精一杯の態度を示したものと言えよう」[7]と、中国側の意向に理解を示した。

　鄧訪日前の園田の発言、そして鄧の記者会見での発言から、釣魚島問題について、日中国交回復、日中平和友好条約の過程でのみならず、これからの日中関係を構築していく上でも不言及方針を放棄すべきでないとの意思が、再度確認されたのである。このように、日中両政府は釣魚島問題を慎重に扱い、順調に意思疎通と信頼を築き上げていた。

第2節　釣魚島調査活動に関する予算の提案

第1項　大平内閣発足と予算計上をめぐる意見の対立

　日本国内では、鄧小平が訪日した約2ヶ月後、1978年11月26日の自民党総裁選挙において福田が敗れ、12月7日に大平正芳を首相とする新政権が発足した。大平内閣には、福田政権時代の外相であった園田が留任して、改めて大平内閣の外相として対中外交を担うことになった。園田は、前内閣時代に日中平和友好条約の締結過程で、日中の友好関係を促進する役割を担い、鄧小平を筆頭とした中国政府要人と親交を持っていた。また、大平自身も、かつて外相時代に日中国交回復の任に当たり、周恩来ら中国政府要人と良好な関係を築いていた日中関係促進の第一人者であった。このような中国政府と親交のある首相と外相が政権についたことで、日中関係は円滑に進展するかのように思われた。

　しかし、大平政権が発足して間もなく、日本国内では釣魚島諸島での実効支配を誇示しようとする動きが再び活発化することになった。その動きが顕著にあらわれたのは、森山欽司運輸相の発言からだった。1979年1月16日、森山は、閣議後の記者会見において、来年度予算案に釣魚島の調査予算が組まれ、海上保安庁がヘリポートを設置することを、突如発表

7　同上。

した[8]。運輸省事務局としても森山の発言は想定外であったようで、事務局
は、大臣「就任間もないことで、張り切っていたのではないか」と森山を
かばいつつ、自民党総務会への説明資料を間違えて読んでしまったのだと
説明した[9]。

　森山が言及した釣魚島海域の自然環境調査のための調査予算とは、大平
の首相就任前に沖縄開発庁によって提示されていた一つの予算案のことで
あった。1978年8月31日の参議院決算院会において、釣魚島諸島の地位
について政府の態度をはっきりさせるべきだと主張してきた喜屋武眞榮が、
実効支配を強化するために、この沖縄開発庁から提示された釣魚島周辺海
域の自然環境調査費を予算計上するよう要求していた[10]。この求めに対し、
禿河徹映大蔵省主計局次長は、沖縄開発庁から具体的な要求はまだ届いて
いないため[11]、事実確認の上で検討すると応じるに留めていた。

　しかし、実のところ、沖縄開発庁はこの時すでに釣魚島調査費を予算案
に追加することを決めていた。この質疑の2日前の8月29日、沖縄開発
庁は1979年度予算に、これまでにはなかった「尖閣諸島調査委託費」の
項目を増設して3002万5000円の予算を立て、また、「位置境界明確化調
査等委託費」も前年度予算から4344万2000円増加させた[12]。このような
措置に踏み切った理由として、沖縄開発庁は、領海進入事件や日中交渉で
クローズアップされた釣魚島問題について、政府当局が基礎資料を早急に
集める必要があること、沖縄県からこうした調査の要望が出ていること等

8　「尖閣に仮ヘリポート　海保庁が近く着工　運輸相明かす　外相も了解ずみ　実効
　　支配初の表れ」『朝日新聞』、1979年1月16日夕刊、1面。

9　「『尖閣調査』──ナゾ多い軌跡　検証」『朝日新聞』、1979年6月6日夕刊、3面。

10　「参議院決算委員会（第84回国会閉会後）会議録第3号（1978年8月31日）」参
　　議院事務局、1978年8月31日、28頁。
　　http://kokkai.ndl.go.jp/SENTAKU/sangiin/084/1410/08408311410003.pdf

11　同上、29頁。

12　「総理府所管沖縄開発庁科目別内訳」『一般会計予算参照書 昭和54年度』大蔵省、
　　1974年、265頁。

を挙げている[13]。そして、調査の目的について、金子清沖縄開発庁総務局企画課長は、主権とは関係なく、島の自然的地理的条件を把握するとともに、釣魚島諸島の利用開発の可能性を探るための調査であると説明した[14]。

この沖縄開発庁からの予算要求について、国会では見解が二つに割れた。一方には、実効支配を強化するために必要であるとして予算の計上に賛成する実効支配の誇示を求めるグループと、もう一方には、ようやく国交正常化を果たした中国との関係を悪化させるものだとして反対する不言及方針の維持を求めるグループがあった。

実効支配の誇示を求めるグループは、これまで不言及方針のもとでの政府方針に不満を感じ、この調査活動も含めて、日本政府は釣魚島諸島における実効支配を確立すべきだとする考えを抱いていた。1979年2月15日の衆議院運輸委員会において、釣魚島の主権問題について、公明党の西中清は「かねてからずっと問題になっておるし、それから日中国交回復の際も、平和条約の締結の際もたな上げというか、高度な政治判断のもとに双方が余り触れない、そういう形で来ております」[15]と述べ、この上でなぜ調査というような措置をとろうとしているのかと質問した。これに対して、森山は次のように答えた。

　ともかく、これは日本領土ですから、やはり領土であるということは、われわれははっきりしていくべきだと思いますし、どうも尖閣列島には政府の方は拱手傍観をしておって、若干の人たちが不規則発言ではないが不規則上陸などしているような形が見られることは必ずしも私は好ま

13　「尖閣利用へ調査『実効支配』確立はかる　沖縄開発庁が予算要求」『朝日新聞』、1978年8月30日朝刊、2面。

14　「第85回国会　衆議院外務員会議録第1号（1978年9月10日）」衆議院事務局、1978年10月13日、16頁。
　　http://kokkai.ndl.go.jp/SENTAKU/syugiin/085/0110/08510130110001.pdf

15　「第87回国会　衆議院運輸委員会議録第3号（1979年2月15日）」衆議院事務局、1979年2月15日、20頁。
　　http://kokkai.ndl.go.jp/SENTAKU/syugiin/087/0290/08702150290003.pdf

しいことじゃないと思います。[16]

　このように森山は、明らかに従来の政府方針に不満を抱き、調査活動等を通して、政府の態度を明確にすべきであるとの考えを示した。

　また、3月15日の参議院予算委員会において、三原朝雄沖縄開発庁長官兼総務長官が質疑応答に立ち、予算を計上して釣魚島に関する調査活動を行う必要性、および森山からの協力を得たことについて説明した[17]。これについて、民社党の中村利次は「これは私も大いに期待をいたします。（中略）日中平和友好条約を締結するに当たって、外務大臣が北京にいらして尖閣諸島の問題についていろんないきさつがあった。しかし、私はやっぱり三千万円の調査費をつけて、固有の領土であるという姿勢をはっきりしようという点については、これはもろ手を挙げて賛成であります」[18]と、不言及を強調する園田への批判を暗示しつつ、実効支配の誇示をすべきとの態度を示し、沖縄開発庁の予算計上を強く期待し、支持した。

　その一方で、釣魚島諸島に関して不言及方針を維持すべきとする意見を持つ議員たちは、予算の計上に真っ向から反対した。彼らは特に、ようやく改善した日中関係に釣魚島の調査がマイナスの影響を与えかねないことを懸念した。1978年12月21日の参議院決算院会において、社会民主連合の秦豊は、「これ以上灯台をパワーアップしたりヘリポートを何とかしたりということは余り外交的ではないという認識を基本的に私は思っております。仮にこういう予算がまとまってずっと要求されるとなっても、もちろんぼくらはそれに反対する立場です」[19]と、調査予算の計上に反対し

16　同上。

17　「第87回国会　参議院予算委員会議録第8号（1979年3月15日）」衆議院事務局、1979年3月20日、15頁。
　　http://kokkai.ndl.go.jp/SENTAKU/sangiin/087/1380/08703151380008.pdf

18　同上。

19　「参議院決算委員会（第86回国会閉会後）会議録第2号（1978年12月21日）」参議院事務局、1979年1月11日、32頁。
　　http://kokkai.ndl.go.jp/SENTAKU/sangiin/086/1410/08612211410002.pdf

た。

　また、1979 年 2 月 27 日の衆議院予算委員会第二分科会では、公明党の小川新一郎は、日中平和友好条約が締結した直後に釣魚島の調査活動予算を計上することに強く反発し、次のように述べた。

　　1 月の 16 日に森山運輸大臣が海上保安庁の仮ヘリポートを尖閣列島につくる、こういうことを記者会見しておりますが、これは実効支配の初のあらわれであり、（中略）尖閣列島には触れないと言っておきながら、今回の予算で三千万円調査費がついている。一体、これは中国としてはどう理解していいのか。[20]

　　なぜそれだけ配慮がある大臣（園田）がこれだけの大きな問題を三千万円の調査費の予算を組んだのか、私はこれこそ凍結し、削除をする問題だと思っているのです。まだ時期が早いです、こんな三カ月や四カ月たったくらいで。つけるならもう少したってからやったっていいじゃないですか。[21]

　このように、小川は予算の計上に日中平和友好条約締結の直後というタイミングを選んだことを批判し、日中間の信頼を損ねるような調査活動の実施を強く牽制したのである。これに対して、園田は、「有効支配の誇示のためならば、そういうことはみずから日本がいろいろな事件の責任をつくることになると、小川委員と同じように考えます」[22] と、予算計上について、外務大臣としても賛成しない考えを示した。

　このように、沖縄開発庁が提示した釣魚島に関する調査費用の予算計上について、国会内部のみならず、内閣内部でも異なる見解が存在していたことが分かる。

20　「第 87 回国会衆議院　予算委員会第二分科会議録（外務省、大蔵省及び文部省所管）第 1 号（1979 年 2 月 27 日）」衆議院事務局、1979 年 3 月 6 日、9 頁。
　　http://kokkai.ndl.go.jp/SENTAKU/syugiin/087/0386/08702270386001.pdf

21　同上、9 頁。

22　同上、10 頁。

第2項　予算計上の背景と外交における対中配慮

　調査予算は、すでに述べたように福田政権時に編制され始めたが、結局、大平政権時に釣魚島諸島に関する調査費が総理府沖縄開発庁の予算として計上されることになった。釣魚島調査費用の問題などについての懸念を残しながらも、1979年度予算は3月7日に行われた衆議院本会議で辛うじて14票差での賛成多数で可決され、参議院に送付された[23]。参議院で審議された後、4月3日の参議院予算委員会の採決において可否同数のため、委員長決裁によって可決され、同日行われた参議院本会議の採決においてわずか2票差で可決され、1979年度予算は自然成立を待たずに成立した[24]。日中関係の改善に尽力してきた大平が、なぜこの予算の計上を阻止することができなかったのか、または阻止しなかったのか。以下に三つの面からその理由を推測することができる。

　第1に、日中平和友好条約の締結によって、釣魚島諸島における実効支配の誇示を要求するグループに対して、日中国交正常化を優先させるという一番の説得材料がなくなったことである。日中平和友好条約締結後も、日本国内では、依然として釣魚島問題を不言及にしたまま条約締結に踏み切った政府に対する根強い批判があった。日本政府が、これまで釣魚島問題で不言及方針を貫くことにおいて、慎重派を抑制する一番の説得材料は日中国交回復と日中平和友好条約を含む日中国交正常化を優先すべきことであった。しかし、1978年8月の日中平和友好条約の締結に伴い、日中国交正常化は果たされ、釣魚島問題における日本国内の言動を抑制する最も有力な材料の一つが失われたということになる。

　第2に、政権内における派閥間の牽制によって、大平内閣が一枚岩になることができなかったことである。大平内閣の派閥内訳を見てみると、大平自身を除いて、田中派3人、大平派4人、福田派5人、中曽根派3人、

23　財務省財務総合政策研究所財務史室編『昭和財政史　昭和49—63年度　第2巻　予算』東洋経済新聞社、2004年、253頁。

24　同上。

第 4 章　日中平和友好条約後の釣魚島問題と共同開発の試み

三木派 2 人、旧水田派 1 人、無派閥 2 人[25]と、自民党主流派閥がほぼ全て入閣しており、大平派は内閣人員の 3 分の 1 にも満たなかった。また、この状況は組閣においてのみならず、組閣に先立つ党三役人事においても、大平は派閥間の牽制によって、人選を妥協せざるを得ない状況に追いやられていた。大平は自らの派閥幹部である鈴木善幸を自民党幹事長に想定していたが、福田派をはじめとする反大平派は、幹事長を総裁主流派閥以外から起用すべきとして、強く反対した[26]。やむなく、大平は同じ大平派ながら、他派閥からの抵抗の少ない斎藤邦吉を幹事長とすることで妥協し、他の二役では、総務会長に福田派の倉石忠雄、政調会長には三木派の河本敏夫を起用することになった[27]。このように、大平政権は、党内においても、閣内においても大平は他派閥による牽制を強く受ける形で始まったのである。

　そして、釣魚島における調査活動を主導していた旧水田派の三原朝雄沖縄開発庁長官と海上保安庁を傘下に持つ三木派の森山欽司運輸相は、大平派ではない上、釣魚島問題についても実効支配の誇示をすべきとの考えを持っていた。1979 年 4 月 18 日の決算委員会で、森山は、「沖縄開発庁では、あの地区の調査のための調査費をすでに三千万円昭和五十四年度予算で計上してございますから、（中略）そういう調査に協力するという意味で、場外離着陸場、仮ヘリポートのようなものをつくってこの調査に協力しようということを決めた」[28]と述べ、運輸相として釣魚島における調査活動に積極的に協力する姿勢を示した。また、予算の計上が決定されてすぐ、森山は中川八洋[29]に電話をかけ、「中川君。1979 年度予算で、魚釣島

25　「第 68 代　第 1 次大平内閣—昭和 53 年 12 月 7 日成立」、首相官邸ホームページ。
　　http://www.kantei.go.jp/jp/rekidai/kakuryo/68.html（2016 年 1 月 18 日閲覧）

26　林茂、辻清明『日本内閣史録 6』第一法規出版、1981 年、430 頁。

27　同上。

28　「第 87 回国会衆議院　決算委員会議録第 7 号（1979 年 4 月 18 日）」衆議院事務局、
　　1979 年 4 月 27 日、18 頁。
　　http://kokkai.ndl.go.jp/SENTAKU/syugiin/087/0410/08704180410007.pdf

29　日本の政治学者、保守主義者。

に海上保安庁のヘリポート建設費が計上されたよ。君の口癖の『軍事的な実効支配』への第一歩だ」[30]と、予算案の計上を喜んだと中川は自らの著作で回顧している。この調査活動における動きは実効支配を強化するための行動として、森山自身は位置づけていたことが分かる。

また、沖縄開発庁長官に就任した三原朝雄は、かつて満州国総務庁職員を勤めており、後に1973年に設立した親台湾派グループである日華議員懇談会の幹部を務めていた[31]。1974年10月29日に蒋介石総統の米寿を祝うため、灘尾弘吉日華議員懇談会会長が率いる自民党衆参両院議員74人を含む大型訪台使節団にも参加する[32]など、日華議員懇談会の中核的人物の一人である。前章で述べたように、日中平和友好条約交渉の際に、日華議員懇談会は、釣魚島諸島における日本の主権を中国政府に認めさせることを条約交渉の前提条件として政府に要求し、日中関係の発展を牽制した経緯がある。さらに、最終的に釣魚島に関する調査費用は総理府沖縄開発庁の予算として計上されたが、その総理府総務長官は、沖縄開発庁長官を兼任していた三原朝雄であった。三原が大平内閣に入閣後も、前政権時代の沖縄開発庁が提示した釣魚島および周辺海域における調査活動の予算案を修正することなく推進し続けたことからも、その立場を明瞭に見ることができる。

第3に、沖縄開発庁が予算の名目として民間需要と自然調査という建前を掲げたことである。日本政府はこれまでも釣魚島諸島は日本の固有領土であると主張してきた。したがって、沖縄開発庁から見れば、自らの管轄下にある島に対して、自然調査を行っても、日本政府がそれを阻止する理由がないということになる。また、3500万円の計上も国家予算の38兆円

30　中川八洋『緊急提言尖閣防衛戦争論』PHP研究所、2013年、245頁。

31　新井雄「1970年代『日華関係議員懇談会』背景分析」『現代桃花源学刊』第5期、2015年12月15日、9頁。

32　「親台湾派議員の総帥に『群雀中の一鶴』灘尾弘吉（4）」日本経済新聞、2012年1月29日。
　　http://www.nikkei.com/article/DGXNASFK2301J_T20C12A1000000/（2016年1月18日閲覧）

規模からみれば、取るに足らない金額であるともいえる。特に、釣魚島に関する案件の場合、政府の対応は予算項目そのものの必要性に対する判断として捉えられるよりも、釣魚島の主権における政府の姿勢として捉えられる部分が大きい。したがって、沖縄開発庁の予算案を拒否すれば、実効支配の誇示を支持するグループから大平政権は中国に対して弱腰だと批判をされかねない。

このように、大平内閣がこれまでのように釣魚島問題において不言及方針を貫き、釣魚島に関する言動を抑え込めなくなっていた背景には、説得材料の不足と政府与党内部における強力な派閥間の相互牽制があったといえよう。

結果的に釣魚島調査費の予算が可決されたことで、中国政府の日本政府に対する懐疑を招くことは避けられない。それでも、外交的影響を極力抑えようとして、園田外相は、予算案の審議過程から予算可決後に行われた釣魚島調査活動に関する実務会議においても、実効支配の誇示につながる言動を常に強く牽制した。園田は、この点について次のように説明した。

　　せっかく、この前のような事件は絶対に起こさない、いまのままでいいじゃないかと、こういう中国の指導者の責任ある発言が公式の会談であったわけであります。それに追い打ちをかけるように、これでもかこれでもかと実効支配の実績を誇示することは決して賢明ではない。（中略）これを誇示して、もう文句はないだろう、文句は出ないだろう、この前のことをやるならやってみろと言わんばかりの行動は決してよろしくないと考えております。[33]

対中関係を重視する以上、釣魚島調査の目的が同島の実効支配の誇示にあると見なされるような事態は、回避せねばならないと園田は考えてい

---

33 「参議院決算委員会（第 86 回国会閉会後）会議録第 2 号（1978 年 12 月 21 日）」参議院事務局、1979 年 1 月 11 日、32 頁。http://kokkai.ndl.go.jp/SENTAKU/sangiin/086/1410/08612211410002.pdf

た。園田は、1979 年 2 月 27 日に行われた衆議院予算委員会第二分科会で
も、もし日本が実効支配を誇示するような行動をとるのならば、その結果
に責任を持たなければならないのは日本であると指摘して、実効支配の誇
示を求めるグループを牽制した[34]。さらに、国内行政に関する会議におい
て、通常外務省が参加することはないが、釣魚島調査活動に関する事務レ
ベルの会議において、これまでにない異例な措置として内閣審議室、水産
庁、海上保安庁、気象庁、建設省が参加したほか、外務省もオブザーバー
として参加した[35]。そして、事務レベルの会議において、外務省側から調
査活動を行う過程において、実効支配を誇示しないことと中国を刺激する
行動をとらないことを強く要請した[36]。園田をはじめとする外務省は、国
内情勢が日中関係へ及ぼす影響を極力抑え、慎重に両者間のバランスをと
ろうとしたといえよう。

第 3 節　調査活動の実施と日中両政府の対応

　1979 年度予算案が可決され、釣魚島調査費用が計上されたことで、
1979 年 5 月に気象、海流等を含めた釣魚島周辺の自然環境と開発可能性
に関する調査が行われることになった。1979 年 1 月頃からすでに森山運
輸相が意欲を示していた釣魚島調査活動に際するヘリポート建設について、
調査活動が開始する約 1 週間前の 5 月 20 日に、森山は海上保安庁に調査
機材運搬用の仮ヘリポート建設を指示した。そして 5 月 27 日、沖縄開発
庁は、池原貞雄琉球大学理学部教授を団長とする、学術調査員 12 人と沖
縄開発庁の担当者らからなる調査団を釣魚島に派遣した。

34　「第 87 回国会衆議院　予算委員会第 2 分科会議録（外務省、大蔵省及び文部省所管）
　　第 1 号（1979 年 2 月 27 日）」衆議院事務局、1979 年 3 月 6 日、10—11 頁。http://
　　kokkai.ndl.go.jp/SENTAKU/syugiin/087/0386/08702270386001.pdf

35　「『尖閣調査』——ナゾ多い軌跡　検証」『朝日新聞』、1979 年 6 月 6 日夕刊、3 面。

36　同上。

第1項　収束を求める中国政府と理解を示す日本政府

　日本で釣魚島調査問題が議論されている間、中国政府はこの議論について報道や批判をすることはなかった。もちろん、園田外相が当時指摘していたように、中国側の無反応は、無関心を意味していたわけではなかった[37]。中国政府も、いつまでも静観を続けることはできなかった。

　1979年5月20日に海上保安庁が釣魚島の仮ヘリポート建設に着手し、同月25日に、三原朝雄沖縄開発庁長官が3日後の28日から釣魚島調査を開始すると発表すると、中国政府は26日、「両国政府の姿勢は食い違っている。したがって、両国間の友好協力関係の発展のためにも両国は同列島をめぐる発言や行動を慎重にしなければならない」と、状況の沈静化を促した[38]。しかし、28日を迎え、釣魚島での本格的な調査が開始された。翌29日に、中国政府は再度、そして今回は正式に遺憾の意を伝えた。沈平局長は、「日本側は明らかに双方の間で得られた了解事項に背いており、我々は日本側の行為に遺憾の意を示さざるを得ず、また、この行為に対してはいかなる法律的価値の存在も認めるものではない」[39]と伝えるとともに、「日本政府が大局から出発し、両国指導者によって合意が得られた釣魚島問題についての了解事項を遵守するとともに、両国の友好と親善協力関係を損なうこうしたすべての行為をやめるべく措置を講ずるよう」[40]求めた。中国政府は日本政府を非難するのではなく、大局的な観点での配慮を求める姿勢で対応したといえる。そのため、中国政府機関紙である『人民日報』では、日本側の釣魚島に関する調査活動の予算計上や活動について一切報道することなく、また批判する報道もなかった。したがって、この件について、中国政府は政府間ルートにおいて遺憾を示したが、国内に

37　「第87回国会衆議院　内閣委員会議録第14号（1979年5月29日）」衆議院事務局、1979年6月12日、25頁。
　　http://kokkai.ndl.go.jp/SENTAKU/syugiin/087/0020/08705290020014.pdf

38　「活動慎重に　尖閣で中国筋が警告」『朝日新聞』、1979年5月27日朝刊、1面。

39　「就日政府在我釣魚島修建机場事進行交渉 我外交部司長約見日本駐華使館臨時代弁」『人民日報』、1979年5月30日、5面。

40　同上。

対する報道を自制したことで、ナショナリズムの高揚を未然に防ぎ、両国間の関係発展への悪影響を最小限にとどめたといえる。

このような中国政府の反応をうけて、釣魚島問題において不言及方針の維持を求めるグループは、政府に事態を収拾するよう求めた。社会党の上原康助は、5月29日の衆議院内閣委員会で、「中国との友好関係を維持し、あるいは場合によっては協力をするという立場でなければ推進できない面も出てこないとも限りません」[41]と、日中関係への配慮を求めた。また、同委員会では、公明党の鈴切康雄も、「現在の状況で尖閣諸島に新たな建設物をつくるということは、日中間の関係にどう反映するかということを十分考慮しなければならないのではないかと思うのですけれども、(中略)わが国が性急に魚釣島に対して建設物をつくるということは、非常に生臭い関係を醸し出すおそれがあるじゃないか」[42]と、釣魚島でのヘリポート建設が、日中関係に与える悪影響への注意を喚起した。

これらの懸念が寄せられると、もとより調査活動に慎重な姿勢をとっていた園田外相は、中国をこれ以上刺激するべきでないとの考えを国会で説明した。園田外相はまず、次のように述べた。

　　中国外交部筋で慎重に行動してほしいという言動があったとの情報は聞きますが、その気持ちは外相としては十分理解し得るものでありまして、尖閣列島の置かれた立場、現在有効支配をしておる、わが国の領土である、そういうものを中国がいまのままで黙って見ておるということは、中国側からすれば大変な、友情であるか何かわかりませんが、私はそういうものであると思います。したがいまして、これについて刺激的な、しかも宣伝的な行動は慎むべきであり、国内政治的に必要なもののみを慎重に冷静にやるべきだと考えております。[43]

41　「第87回国会衆議院　内閣委員会議録第14号(1979年5月29日)」衆議院事務局、1979年6月12日、13頁。
　　http://kokkai.ndl.go.jp/SENTAKU/syugiin/087/0020/08705290020014.pdf

42　同上、23頁。

43　同上、13頁。

このように、一方的な行動を慎むべきだと明言した。園田は、中国政府からの申し入れは、中国側には「有効支配の誇示」として映っているとの認識を示し、調査活動で中国政府を追い込むべきではないとの考えも示した。さらに、翌日の外務員会においても、日本が釣魚島諸島の実効支配をこれ見よがしに誇示すれば、中国側も自らの立場を明示せざるを得ない。日本の固有の領土であるが、国の交際にも感情があり、面子もあり、実効支配の誇示なら絶対反対であると主張した[44]。

　園田に続いて、翌30日に参議院決算委員会において、大平首相も同様の見解を述べた。

　同島の利用開発の可能性を調査することを目的として国内行政上の必要から行われたものであると承知いたしております。しかし、国内行政上の必要だからといって、尖閣諸島の領有権を対外的に誇示する等、刺激的、宣伝的なものであってはならないと私どもも考えております。いずれにいたしましても、今度のことにつきまして、日中間の友好関係を変わることなく発展さしていく方針に変わりはありません。[45]

　そもそも、日中関係を重視する日本政府首脳の発言と、進展する調査活動との間には、離齬があった。釣魚島でのヘリポート建設は、大平と園田の許可なく実行されていたのである。5月30日の衆議院外務員会において、社会党の井上一成議員が、政府に対して、仮設のヘリポート建設について5月20日以前に知っていたかどうかを問うたところ、園田は事前に

44　「第87回国会衆議院　外務委員会議録第13号（1979年5月30日）」衆議院事務局、1979年6月12日、9頁。
　　http://kokkai.ndl.go.jp/SENTAKU/syugiin/087/0110/08705300110013.pdf

45　「第87回国会　参議委員決算委員会会議録第5号（1979年5月30日）」参議院事務局、1979年5月30日、11頁。
　　http://kokkai.ndl.go.jp/SENTAKU/sangiin/087/1410/08705301410005.pdf

は知らなかったと答えた[46]。それは、首相である大平も同じであった。大平ですら、「ヘリポート建設も学術調査団派遣も新聞に載って初めて知った」というほどであったのである[47]。釣魚島調査は、政府内部で十分な報告も裁可もなく、沖縄開発庁と運輸省によって独断的に進められていたということになる。

なぜこのような状況が生まれたのか。一つには、前述した大平が予算計上を阻止できなかった背景に加えて、調査活動の開始が発表されるまで中国政府が静観の姿勢で反応を示さなかったことで、大平や園田としてもこれまで以上に、調査活動に口出しすることは困難であったと考えられる。また、政府内部で沖縄開発庁や運輸省による十分な報告も行われていない状況が重なり、結果的に、大平と園田が釣魚島調査の案件から距離をおいた形となったと考えられる。それゆえ、かつて釣魚島問題の解決を日中国交正常化の条件に挙げた日華議員懇談会の幹部を勤めていた三原沖縄開発庁長兼総務長官と、釣魚島問題における実効支配の誇示に賛同する森山運輸相が調査活動の実際の指揮をとるという状況が生まれたのである。

このような経緯から、沖縄開発庁が矢面に立たされることになった。6月1日の参議院沖縄及び北方問題に関する特別委員会において、社会党の丸谷金保議員から、今回の調査の実行について政府首脳への連絡を十分に行わなかった理由について質問がなされた。これに対し、沖縄開発庁の亀谷礼次総務局長は次のように答えた。

　今回の調査につきましては、諸種の情勢もいろいろ重なっておりまして、できるだけ外部に、無用の刺激を避けるのも調査の目的に沿った賢明な措置であろうという配慮もございまして、本来であれば、直接私どもから具体的に詳細に前広に絶えず御連絡を申し上げるのが筋かもわかりませんが、そういった諸般の情勢もございまして濃密には御連絡が行

46　同上。

47　「首相にも報告なし」『朝日新聞』、1979年5月31日朝刊、2面。

き届かなかった、こういうことで御了解いただきたいと思います。[48]

　亀谷局長は、連絡不足は認めたが、その理由を政府が事前に強調していた日中関係などへの配慮だと説明した。しかし、そうだとすれば、外交関係者と意思疎通をとらねばならなかったはずである。運輸相と沖縄開発庁は故意に首相と外相に対し情報を隠蔽したと考えることもできる。

　政府内に異なる意見が存在していたように、実務レベルでも、「運輸省にせよ、沖縄開発庁にせよ、事務当局は実はイヤイヤやっている」[49]というような温度差があった。すなわち、事務当局のこの態度からは、運輸省また沖縄開発庁のいずれにおいても、釣魚島の調査が、閣僚が実務筋との十分な協議を行わずに進めた政治的なものであることが浮かび上がる。

　釣魚島調査問題にあらわれた離齬の背景には、上記で述べた、大平内閣における派閥間の牽制が大きく影響していた側面があると考えられる。実際、釣魚島の調査活動への協力を率先して表明し、ヘリポートの建設を実行した森山運輸相は三木派であり、大平の方針に賛同しない閣僚の一人であった。森山は『大平正芳回想録　追想編』において、自ら1979年10月7日から11月20日にかけて起きた自民党内の派閥抗争、すなわち四十日抗争において、「閣内にいながら、大平さんを積極的に支持する立場をとることができなかったのは残念であった」[50]と回顧しており、11月6日に行われた首班指名選挙においても、大平ではなく福田に投票していたのである。

　ちなみに、首班指名選挙において、自民党主要派閥である大平派、田中派、福田派、中曽根派、三木派の中で、それぞれ大平と福田に投票した数を見てみると、大平派50人と田中派48人が全員大平に投票している

48　「第87回国会　参議院沖縄及び北方問題に関する特別委員会議録第4号（1979年6月1日）」参議院事務局、1979年6月26日、2頁。http://kokkai.ndl.go.jp/SENTAKU/sangiin/087/1650/08706011650004.pdf

49　「首相にも報告なし」『朝日新聞』、1979年5月31日朝刊、2面。

50　森山欽司「さまざまな出会い」大平正芳回想録刊行会 編『大平正芳回想録　追想編』大平正芳回想録刊行会、1981年、99頁。

のに対して、福田派からは 50 人のうち園田 1 人のみ、中曽根派からは 39 人のうち 5 人、三木派からは 31 人のうち 4 人だけが大平に投票していた。このように、自民党内における反大平派の勢力は非常に大きいものであったことが見うけられる。

　このように、1979 年 5 月に起きた釣魚島調査活動問題は、日中政府間の相違によって生じたものというよりは、むしろ日本与党内の派閥闘争から波及して事態がエスカレートした側面が大きかったともいえる。

第 2 項　釣魚島の調査活動中止

　日本政府内部で足並みが揃わず、また中国政府からも遺憾の意が表明される中、5 月 28 日に鈴木善幸衆議院議員は訪中した。鈴木は同年 2 月 8 日に廖承志中日友好協会会長の招待を受けて、5 月 28 日から 6 月 1 日まで中国を訪問し、鄧との会談も予定されていた。5 月 31 日に北京で行われた鈴木・鄧会談において、鄧小平は日本の釣魚島調査について初めて中国政府指導者としての見解を述べた。

　　日本側が騒ぎすぎるのではないか。当方としても見解を明言せざるを得ない状態になった。この問題は締結の際、横に置いて後代に処理を委ねようではないかといった。今でもこれが両国のために最善と考えている。園田外相が日本で説明していることは、受け入れることができる。[51]

　鄧は、このように見解を表明せざるをえない状況を作った日本側の責任に言及し、これまで通り不言及方針を堅持することが双方にとっての最善策であることを強調した。

　鄧と鈴木のこの会談の中で注目すべき点は二つである。第 1 に、鄧が園田の発言に言及していることである。この発言は、日本政府が不言及方針に背く意思がないことを信じるという考えを表明している。第 2 に、対話

51　「『尖閣』収拾の方向　鄧副首相大局的処理望む」『朝日新聞』、1979 年 6 月 1 日朝刊、1 面。

の相手が鈴木善幸であるということである。鈴木は自民党衆議院議員という肩書きだけではなく、大平派の最高幹部であり、最終的に反大平派の抵抗のもとで実現しなかったが、大平内閣発足当初、大平は鈴木を党三役に起用しようとするほど、鈴木は大平に非常に近い人物であった。さらに、鈴木は1972年の日中国交回復の際に自民党総務会長として、自民党内の意見の調整に重要な役割を果たした[52]。鄧が中国側の考えを鈴木に伝えることを選んだ重要な理由の一つには、鈴木の対中姿勢と、大平との関係を踏まえた上で、中国側の意思が確実かつ正確に大平に届けられることを考慮したからではないかと考えられる。中国政府は、釣魚島調査に対する懸念を日本側に伝え、間接的でも確実に日本政府が調査活動を規制するよう促しつつも、日中の友好関係を依然として継続、発展させていく意思があることを伝えた。

このような中国政府の遺憾表明と鄧小平の発言を受けて、大平は本格的に問題の収拾にのり出した。5月31日、鄧・鈴木会談と同日の午後、大平と田中六助官房長官が外務省の有田圭輔次官と柳谷謙介アジア局長と協議し、調査活動を早急に終了させる方針を決定した。翌6月1日の内閣記者会見で、三原は5月28日に始まったばかりの釣魚島調査について、「純粋な地域開発の調査だが、日中関係に悪影響を与えるような誤解は生みたくない」[53]との理由を挙げて、すでに調査終了した調査団の即時撤収、現地の専門家の判断で不必要と認められた調査のとりやめを発表した[54]。また、すでに海上保安庁が建設しつつあるヘリポートについても、できるだけ早く施設を撤収すべく、運輸省など関係省庁と検討する考えを明らかにした[55]。

しかし、このような政府の決定に対して反大平派でもある中曽根派から、

---

52 『鄧小平与外国首脳及記者会談録』編集部『鄧小平与外国首脳及記者会談録』台海出版社、2011年、66頁。

53 「尖閣ヘリポート　早期撤収を検討したい」『朝日新聞』、1979年6月1日夕刊、1面。

54 同上。

55 同上。

政府が中国に肩入れしているとの不満の声が上がった。三原の会見と同じく6月1日の自民党総務会で、青嵐会で中曽根派の中尾栄一は、「尖閣列島での我が国の行動は、昨年の総務会にて全員一致で決めたことに基づくものだ。園田外相の発言は決定と食い違う、由々しき問題だ。外相を総務会に呼べ」[56]と、園田外相への不満を露わにした。また、強硬な反大平派で、1970年の頃からすでに釣魚島諸島の調査に意欲を見せていた山中貞則も、「尖閣列島での行動は国家予算で決まったことを執行したものだ。外相が一人で異議を挟むのはおかしい。外相に三役から注意すべきだ。中国におもねって一人でカッコよくしてもダメだ。党としてキチンとした態度をとれ」[57]と、園田外相を露骨に非難した。さらに、日中国交正常化に関わった大平を中国に肩入れしているものと見なして、同じく中曽根派の天野光晴は、「園田外相が変わったのは首相の指図か」[58]と、大平にまで批判の矛先を向けた。

このように批判が飛び交う中、同日6月1日の衆議院外務員会において、大平は即座にその批判に反論した。

　　どこか大変不都合が起こっているのでしょうか。日本が有効な支配を続けておるわけでございますが、何か非常に支障がこれであるのでございましょうか。中国に注意を喚起しなければいかぬことがあれば御指摘をいただきたいと思います。[59]
　　尖閣列島に関して従来から引き続き日本が有効な支配を遂げて、あそこは大変な漁場でございまして、そこでみんな平穏無事に漁業に従事しておる海域なんでございまして、そういう状態であればそれ以上満足すべき事態はないのでないか。わざわざこれを取り上げるということが私

56　「自民総務会の尖閣問題議論」『朝日新聞』、1979年6月2日朝刊、2面。

57　同上。

58　同上。

59　「第87回国会衆議院　外務委員会議録14号（1979年6月1日）」衆議院事務局、1979年6月1日、25頁。
　　http://kokkai.ndl.go.jp/SENTAKU/syugiin/087/0110/08706010110014.pdf

には理解できません。[60]

　大平は、釣魚島諸島における日本の利益は日中の不言及方針によって守られているにもかかわらず、再度釣魚島問題を持ち出して、わざわざ事態を悪化させる必要はないと、むしろ実効支配の誇示を求めるグループに対して疑義を呈したのである。

　こうして党内から批判を受けながらも、政府は事態の収拾を決断したことで、当初1年間の予定だった調査活動は、わずか2週間あまりで中止となった。日中国交正常化という重要な説得材料がなくなり、かつ政府内部にも異なる声が存在する中、なぜ大平は調査の中止を決断したのか。その理由は二つあると考えられる。

　第1に、中国政府との衝突の危険性を犯してまで、日本政府にとって、釣魚島問題での調査活動をこれ以上続けるメリットはないことである。日中の国交が正常化が実現し、両国間の貿易が急速に成長している。このような中、釣魚島問題を争点化してしまえば、間違いなく日中貿易関係に水を差すことになる。すでに同島を実効支配している日本政府にとって、釣魚島問題の再燃は短期的にも、長期的にも利益がなく、損失しかなかった。

　第2に、大平は外交構想について総合安全保障戦略を持っていたことである。大平の意を受けた総合安全保障研究グループの報告書において、安全保障の総合的性格について次のように説明している。

　安全保障とは、国民生活をさまざまな脅威から守ることである。
　そのための努力は、脅威そのものをなくすために、国際環境を全体的に好ましいものにする努力、脅威に対処する自助努力、およびその中間として、理念や利益を同じくする国々と連帯して安全を守り、国際環境を部分的に好ましいものにする努力、の三つのレベルから構成される。
　このことは、狭義の安全保障についても、経済的安全保障についても、妥当する。

60　同上。

この三つの努力は、相互に補完すると同時に、矛盾もするので、その
バランスを保つことが重要である。
　安全保障問題は、以上の意味のみならず、対象領域と手段の多様性と
いう意味でも、総合的性格を持つものである。[61]

　大平は資源と市場を広く海外に求める必要のある日本にとって、国際政
治と経済システム全体が安定してはじめて日本の安全も保障されるので、
日本だけの平和はあり得ないと考えている[62]。したがって、釣魚島問題に
おいても、中国政府と理念と利益を同じくして、ともに釣魚島問題の相対
化を図り、良好な国際環境を構築することが日本の安全保障を向上させる
上でも利益が合致するということである。
　また、同報告書において、日ソと日中を比較して、領土問題おける両者
の相違について、次のように評価している。

　日中関係が進展し、日ソ関係が進展しないという上述の傾向は今後も
続くであろう。その理由として、次の諸点が考えられる。
　まず、日ソ間では「北方領土問題」が現実の争点となっているが、日
中関係はそのような状況にない。その背景の一つには、中国の政治家が
日本人の感性を理解して柔軟な姿勢を見せているのに対し、ソ連は無感
覚なところがあるという事実を指摘し得よう。
　それは恐らく、政治的・行政的に、ソ連が対日政策に対して与えてい
る優先順位よりも、中国が与えているそれの方が高いことにもよるであ
ろう。[63]

---

[61]　政策研究会総合安全保障研究グループ『総合安全保障研究グループ報告書』、1980
年7月2日、7頁。『総合安全保障戦略　大平総理の政策研究会報告書―5』大蔵省
印刷局、1980年8月25日。

[62]　増田弘編『戦後日本首相の外交思想』、284頁。大平正芳『大平正芳全著作集　第五巻』
講談社、2011年、170―172頁。

[63]　政策研究会総合安全保障研究グループ『総合安全保障研究グループ報告書』、1980
年7月2日、62頁。『総合安全保障戦略　大平総理の政策研究会報告書―5』大蔵
省印刷局、1980年8月25日。

ここでは、間接ではあるが、釣魚島問題の対処において、日中両政府が柔軟な手段をとったことで地域の安定と両国関係の改善に貢献したことに対して、しっかりと評価し、肯定していることが分かる。

このように、釣魚島諸島をめぐる問題が起きた時に、大平は釣魚島問題を相対化させることで、小康状態の維持を可能にした。この根底には、大平の総合的安全保障戦略の構想という重要な要因があったといえよう。中国政府の冷静な対応と日本政府による総合的決断の結果、釣魚島調査をめぐる事態は早々に収束された。そして、この経験を得たことで、日中両政府は、一歩進んだ共同開発の可能性を模索し始めることになる。

第4節　釣魚島海域における中日共同開発の動き

釣魚島の調査活動をめぐる騒動の一方で、日中両政府は、両国近海の海洋油田共同開発に向けて交渉を進めていた。釣魚島調査問題が収束し始める6月頃には、両国政府は、渤海湾油田の日中共同開発に関する協議の詰めの段階に入っており、南シナ海の珠江沖での海底油田開発への日本側の参加が決まった。調査活動をめぐって紛糾した釣魚島の周辺海域については、1969年ごろから大油田がある可能性が指摘されていたが、これまで日中関係への配慮から手つかずのままであった。しかし、日中国交正常化が実現し、日中関係が迅速に発展するにともない、1979年ごろから釣魚島周辺海域についても、日中による油田の共同開発が取りざたされるようになっていた。

第1項　日中共同開発に向けた動き

釣魚島周辺海域の共同開発を呼びかけたのは、中国側であった。さきに言及した5月31日の鄧・鈴木会談で、鄧は調査問題の沈静化を求めただけでなく、釣魚島海域の共同開発も持ちかけていた。これに引き続き、中国政府は、日本側に共同開発案を積極的に打診し続ける。6月17日には、李先念副首相が、社会党の下平正一副委員長と会談し、「連合の会社を

243

作ったらどうか。領土権に触れないで共同開発すれば我々の世代でも一方進めることができる」[64]、「領有権問題に立ち入らずに共同開発を行なうとの日本の友人の提案に賛成」[65]と、問題を迂回すべく、日中の合弁会社を設立する形での共同開発を提案した。7月17日には、王震副首相が、社会民主連合の秦豊副書記長との会談で、「渤海湾方式」での釣魚島共同開発を提案した[66]。「渤海湾方式」とは実際に日中が渤海湾で共同開発を実践中の方式であり、海洋油田資源はあるが、技術と資金が足りない中国にかわり、日本側が資金、資材、役務の提供を行い、また探鉱開発の作業を行うという総請負方式をとる[67]。そして、共同開発に伴う投資のコスト回収および報酬は、くみ上げられた原油で日本側に支払われるという方式である[68]。9月6日には、中国の谷牧総理が、東京での記者会見で、「石油の共同開発を考える上で、主権問題はしばらく掛けておいても大丈夫。後世にその解決をゆだねよう。我々はまずこの地域での石油資源の開発に着手することが、双方にとって有利なことである」[69]と述べた。中国側は、一貫して主権問題を回避しながら、釣魚島周辺での互恵的な開発を望む姿勢を示し続けた。

　日本側も、釣魚島周辺における共同開発という中国側の求めに積極的に対応した。自民党内では、前述の調査活動がまだ終了していないうちから、共同開発を推す声が上がっていた。5月31日夜、大平派の斎藤邦吉自民党幹事長は、「領有権の帰属を主張し合うだけでなく、渤海油田開発の日中交渉を早く片付け、尖閣列島周辺の油田の共同開発について話し合いを

64　「尖閣共同開発に警戒論」『朝日新聞』、1979年7月24日朝刊、1面。

65　同上。

66　「渤海湾方式も考慮」、『読売新聞』、1979年7月19日、2面。

67　宮崎仁「中国の石油開発と日中関係」『経団連月報』第27巻第1号、1979年1月1日、92頁。

68　同上。

69　「古牧副総理在東京挙行記者招待会」『人民日報』、1979年9月7日、5面。

始めるべきだ」[70]と、共同開発への着手を求めていた。また、共同開発に賛同する人の中には斎藤幹事長のように、日中関係の促進派がいるのみならず、調査活動問題が一段落すると、それまで実効支配の誇示を求め調査活動を推進していた森山運輸相も態度を一転させた。7月10日、閣議において森山は、「石油の供給に不安を与えているのはいけないので、尖閣列島について共同開発をしたらどうだ」[71]と切り出し、日本近海における石油権利をにらんで、釣魚島周辺の油田の日中共同開発に賛成する態度を示した。こうして続々と共同開発に賛同する声が上がる中、園田外相は、この海域での日中共同開発について、早急に中国側と接触するように外務省に指示した[72]。また、それと合わせて、釣魚島諸島という特別な地域に配慮して、「(領有権の争いのある) 尖閣列島の領海12カイリの外側に、日中の共同開発区を設定」[73]するという具体的な開発構想を打ち出した。

　石油の安定的供給を確保するために、供給源の多元化を図りたい日本と、海洋油田資源を有していながら、開発に必要となる最新装置と技術の輸入にかかる資金負担を軽減させたい中国にとって、共同開発案は双方にとって利益が見込めるものであった。このように、戦後の釣魚島問題は当該地域の石油資源をめぐって浮上しはじめた問題ではあるが、1979年から始まった周辺海域における日中共同開発の動きからみれば、石油権益ゆえの釣魚島問題の尖鋭化という議論は少し短絡すぎるともいえよう。

第2項　長期安定をもたらす共同開発——中国政府

　鄧小平が釣魚島海域での共同開発を提唱したことには、経済的な理由のほかに、長期的視野をもって釣魚島海域の安定を図る外交戦略という一面があった。鄧は、共同開発を提案した際の心境を、後に次のように振り

70　「領有権争うより油田共同開発を」『朝日新聞』、1979年6月1日朝刊、1面。

71　「尖閣周辺原油を共同開発」『朝日新聞』、1979年7月10日夕刊、1面。

72　「尖閣共同開発　中国と接触を　外務省首脳指示」『朝日新聞』、1979年7月12日朝刊、2面。

73　同上。

返っている。

　　国際紛争の解決に関しては新状況、新問題に対して、新しい方法を考えなければならない。（中略）「共同開発」の構想は元々、我々の実践の中から生まれたものでもある。我々には釣魚島問題があり、また南沙諸島問題がある。（中略）これらの問題に関して、両国の主権争議に触れずに共同開発はできないか。共同開発は諸島の付近の海底石油などを開発するということに過ぎない。合資経営すればよい、ともに利益をあげればよいではないか（中略）主権問題を横に置き、共同開発し、これによって長年蓄積した問題を解消することができる。[74]

　鄧は、短期的には、共同開発で釣魚島海域における互恵関係を築き、長期的には、それを継続させることで、これまでの不言及方針という冷却処理から、さらに一歩進めた解決策を期待していた。中国政府も日本政府も、釣魚島諸島に対する主権の主張を放棄することはない。そうであるがゆえに、日中間に利益を共有する体制を構築することで、釣魚島問題から政治色を抜き去り、長期的に安定した環境を作り出すことが、鄧の一つの重要な目的であった。共同開発することで、釣魚島問題に関する緊張緩和を図ることができると同時に、日中政府が協力することによって、両政府間での継続かつ緊密な意思疎通と交流を可能にするパイプの役割を果たすことも想定されていたといえよう。

第3項　大陸棚開発権の確保と新たな安定的国際秩序を創造する共同開発──日本側

　中国側と異なり、日本側は釣魚島諸島を実効支配していることから、積極的に争議解決を図る必要はなかった。それでも、日本政府が共同開発に賛同したのは、第1に、日本近海における石油資源の確保、第2に、交渉中の国連海洋法条約発効後の新たな海洋画定の動きに、迅速に対応する必

74　中共中央文献編集委員会編『鄧小平文選　第三巻』人民出版社、1993年、87頁。

要性、第3に、大平が推進する平和戦略を基本とした総合安全保障政策と、多様化する第三世界や社会主義を含めた新たな安定的な国際秩序の創造を求める対外経済政策と、共同開発の主旨が合致したからである。

まず、石油資源に関して、日本は石油消費大国である半面、石油需要の99%以上を外国からの輸入に頼っている資源小国でもある。1978年10月以降、折からのイランでの内乱などの影響でアラブの産油国の石油輸出量が減少し、最終的には供給が完全に止まってしまい、アラブの石油に依存していた日本は直接その影響を被った[75]。もっとも、これは重大な経済的危機であった一方で、同時に日中の経済関係を強化させる方向にも作用した。1978年2月16日に稲山嘉寛日本日中長期貿易協議委員長と劉希文中国中日長期貿易協議主任は北京にて、日本から中国に技術およびプラント並びに建設用資材・機材を輸出し、中国から日本に原油と石炭を輸出する日中長期貿易を約束した取り決め書を調印した[76]。この取り決め書において、1978年から1982年までの5年間に、中国から日本へ約5000万トン、貿易総額200億ドルに上る原油の輸出が約束された。また、1979年5月には、日本への石油と石炭の輸出を促すために、日本は中国に第1次エネルギー借款として、中国の埕北油田、華北油田、勝利油田と渤海海上石油開発および七つの石炭工場の建設に約4200億円を投入する覚書に調印した[77]。さらに、同月15日に「渤海南部及び西部海域での石油と天然ガス探索開発協力に関する協議書」も調印された。

このように、日本側からすれば、中東からの石油輸入の不安定さを実感する中で、自国の近海で安定的に石油資源を確保できることは、非常に大きな魅力であった。

次に、第3回国連海洋会議における経済海域の再画定への早期対応の必要性についてである。1956年に第1回国連海洋法会議を経て、1958年に

75 「日本政府采取措施節約用油」『人民日報』、1979年1月24日、6面。

76 霞山会「日中長期貿易取り決め書」『日中関係基本資料集』霞山会、2008年、507-509頁。

77 「中日銀行簽訂開発資金貸款協議」『人民日報』、1979年5月16日、5面。

ジュネーブ海洋法条約が発表された後、1973年に開かれた第3回の海洋法会議において、新たにいくつかの項目が提案された。新たに提案された部分には、「群島」に関する定義や専属経済区域、大陸棚、海床資源帰属、海洋科学研究などについての新たな規定が含まれた。中でも、釣魚島問題と最も密接に関係していたのは、第77条「大陸棚に対する沿岸国の権利」の第3項である。ここでは、「大陸棚に対する沿岸国の権利は、実効的な若しくは名目上の先占または明示の宣言に依存するものではない」[78]と定められていた。これに基づけば、日本政府は先占の法理による釣魚島諸島の実効支配を行っているが、中国政府が帰属争議を指摘すれば、日本政府が行っている実効支配は一方的な「実効的」または「名目上」の先占となり、大陸棚画定の際の根拠にならないということである。その一方で、中国大陸棚は中国大陸から自然延長した大陸棚であり、中国政府はこの大陸棚に関する開発主権を有していることになる。

このように、釣魚島問題への不言及方針を維持したところで、国連海洋法条約が発効すれば、海洋開発において、中国側がより有利な立場になる可能性が生じたのである。つまり、中国側から見れば、わざわざ共同開発をしなくても釣魚島におけるメリットが生じるということである。

この事態を受けて、日本国内では、釣魚島周辺海域の開発権が中国の手に渡ってしまう前に共同開発に持ち込むべきであるとの意見が出されるようになった[79]。大平と園田を含めて、日本政府首脳の間では、東シナ海で中国側により多くの権利が与えられかねない状況であるため、早期の共同開発に踏み切った方が得策だとする見方が支配的であった[80]。釣魚島の実効支配の強化を要求し続けてきたグループの中にも、「尖閣列島の石油開発を共同でやれば、（日本の開発活動を）中国から妨害されることはない。石油が見つかった場合、配分をどうするか、領有権をめぐる主張の食い違

---

78 「条約集.多数国間条約」日本外務省条約局、1996年、1081 — 1211頁。

79 「尖閣周辺原油を共同開発」『朝日新聞』、1979年7月10日夕刊、1面。

80 「尖閣共同開発に警戒論」『朝日新聞』、1979年7月24日朝刊、1面。

いをどうするかなど具体的な詰めはしていないが方向は望ましい」[81] あるいは、「海洋法のすう勢が不利になりつつあるため、中国に対して先手打つべき」[82] などという、中国政府との共同開発を許容する声が上がるようになった。

しかし、同じく実効支配の誇示を要求するグループの中でも、親台湾派やそれに近いグループなどからは、それとは異なる意見も出されていた。親台湾派グループからは、日本政府は日中国交正常化以前に、台湾当局と共同開発を計画していた過去があることから、「日中で共同開発をしたら、台湾は実力措置も辞さないと言っている。台湾にそういう気持ちにさせるのは、日本外交として決していいことではない。共同開発はしばらく寝かせておいた方がいい」[83] などと、日中共同開発に否定的な向きもあった。それでも、日本政府の日中共同開発の方針に揺るぎはなかった。台湾との関係について、外務省は、日中国交正常化後には、日本と台湾との外交関係はなく、釣魚島周辺大陸棚の発言で台湾がどんな行動をとっても「台湾のさばきは中国に任せるほかない」と表明し、日本政府が今後大陸棚交渉および釣魚島問題において考慮すべきは中国政府との関係であるとした[84]。

このように、日本政府は新たな海洋開発で出遅れないために、中国との釣魚島海域における共同開発を通して、先手を打ちたいとの考えもあったことが分かる。

第3に、大平が考える総合安全保障構想を釣魚島海域における日中共同開発で実践しようとした側面があったことである。

上記で述べたように、大平が進める総合安全保障の核心的構想に、日本の安全を確保するためには、国際環境全体的が安定していなければならないという考えが根底にある。そして、これを実現するためには、これまで

---

81 「絡む複雑な利害・思惑　前提の『境界線』　まず難題」『朝日新聞』、1979 年 7 月 24 日朝刊、4 面。

82 同上。

83 同上。

84 同上。

249

の「集団的安全保障体制すら不十分」であり、「内政の充実をはかると共に、経済協力、文化外交等必要な外交努力」の強化がこれに伴わなければならないと考えていた[85]。釣魚島問題において考えると、これまで日本政府は不言及方針のもとで釣魚島問題が安全保障上の問題と化さないように慎重に対応してきた。しかし、それだけでは日中間に釣魚島問題が浮上しないぎりぎりのラインを保っていることに過ぎない。したがって、経済協力の拡大を通して、これまで触れずに避けてきた釣魚島海域を日中の経済協力の一環に取り込むことで、釣魚島問題が相対化され、さらに経済的互恵関係が伴うことによって、東シナ海に一層安定した国際環境を構築することができるということである。

また、大平は対外経済政策の基本姿勢においても、総合安全保障構想の重心である平和と国際協力の重要性について指摘し、「対外経済関係の改善は、単なる経済面での協力によって達せられるものではなく、平和外交を基にして、文化、科学、技術など広範な国際交流を行うことが不可欠である」[86]ことを強調した。

このように、大平が釣魚島海域における共同開発に積極的な姿勢を示した政策的背景には、経済的協力関係を結ぶことを通して、平和と協力を基に、理念や利益を同じくする国々との連帯を強め、そして国際環境を部分的に好ましいものにする努力をするという、総合安全保障構想を実践しようとした側面があったといえよう。

第5節　共同開発案におけるすれ違い

日中間での釣魚島周辺海域の共同開発に対する考え方のすれ違いは、具体的な開発案をめぐって顕在化することになった。焦点となったのは、共

85　増田弘編『戦後日本首相の外交思想』、284 頁。大平正芳『大平正芳全著作集　第5巻』、170 — 172 頁。

86　対外経済政策研究グループ『対外経済政策研究グループ報告書』、1980 年 4 月 21日、8 頁。『対外経済政策の基本　大平総理の政策研究会報告書—6』大蔵省印刷局、1980 年 9 月 10 日。

同開発の前提となる大陸棚の境界線をどのように画定するかという問題
だった。大陸棚の境界線が画定されれば、自他が開発権を有する大陸棚と
海洋資源の範囲が決定される。日本側が主張したのは、双方の沿岸線から
の中間線までが各沿岸国に属するという大陸棚中間線論だった。これに対
して、中国側は、大陸棚の範囲は距離基準ではなく自然延長基準に従うべ
きであるという大陸棚自然延長論を主張していた。

　日中間にこのような争議が生じた最も直接的な原因は、東シナ海の地理
的制約と国連海洋法条約での大陸棚画定における二種類の基準である。ま
ず、地理的制約についてである。国連海洋法条約76条によれば、大陸棚
は「基線から200カイリの距離までのものをいう」のであるが、東シナ
海における日中海岸間の距離は400海里に満たない[87]ため、日中が均等に
200海里の大陸棚開発権を確保することができない。次に、大陸棚画定
の基準についてである。大陸縁辺部が基線から200カイリを分岐点とし
て、200カイリ未満と以上の場合に二つの基準が用いられる。大陸縁辺部
が基線から200カイリに満たないときは、大陸棚の範囲は200カイリ以
内となる[88]。一方、200カイリを越えた場合は、1、海底海嶺上は基線から
350カイリ以内、2、基線から350カイリ、3、2500メートル等深線か
ら100カイリ以内のいずれを条件として、大陸棚脚部からの最短距離の
1％以上の厚さの堆積層が存在する最も外側の点、または大陸棚脚部から
60カイリを越えない点までの範囲となる[89]。

87　村瀬信也「日中大陸棚境界画定問題」『国際問題』No.565、2007年10月、2頁。

88　外務省条約局「海洋法に関する国際連合条約」『条約集．多数国間条約（平成8年）』、
　　2000年9月、1113頁。

89　同上。

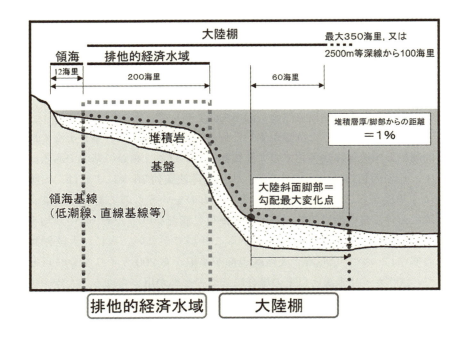

図 4.1 国連海洋法に規定された大陸棚[90]

　この二つの条件を総合すれば、問題を複雑にさせたのは、日中間海岸距離が 400 カイリに満たない上、中国大陸から延長している大陸棚は 200 カイリを越えていることである。つまり、中国側は自然延長の基準に従い、深さ 2700 メートル以上ある沖縄トラフを大陸棚の境界線とすべきと主張しているが、日本側はこの自然延長論からすると、南西諸島のすぐそばまでが、中国の海川から流出した土砂の堆積層と言い出しかねないことを懸念し[91]、あくまでも中間線を大陸棚の境界線とすべきだとの立場を堅持した。

90　加藤幸弘「大陸棚画定のための科学的調査」『地学雑誌』vol.115 No. 5、2006 年、649 頁。

91　「夢の尖閣石油　現実は厳しく」『読売新聞』、1979 年 8 月 26 日朝刊、9 面。

日中両政府が、東シナ海における大陸棚境界線の画定で意見の擦り合わせができない上、この点を突きつめようとすれば、主権問題を言及せずに済ますことは困難になる。また、日本国内では、釣魚島周辺での日中の共同開発は、中国側が釣魚島に対する事実上の「共有」状態を作り出そうとして、領有権問題で日本が譲歩を強いられるような事態を招きかねないとする、慎重な見方も表れていた[92]。これ以上大陸棚の境界線問題を突き詰めれば、また釣魚島諸島の帰属問題が焦点になりかねない。日中国交回復以来、不言及方針のもとで釣魚島問題の処理に直接かかわった経験のある大平にとって、問題を再燃させることは決して有益なことではない。さらに、1979年10月7日に衆議院議員総選挙を控えていることもあり、釣魚島問題が再燃すれば、大平と異なる見解を持っているグループから釣魚島問題を持ち出して大平への批判や圧力をかける恐れもある。したがって、国内外の情勢を俯瞰すれば、釣魚島周辺海域における日中共同開発をこれ以上推進させることは困難であったといえる。このように、釣魚島海域における日中共同開発は暗礁に乗り上げた。

　1980年に入ってからも、日中両政府は共同開発に関して会談はするものの、協議が進展することはなかった。このような状況の中、1980年4月23日の衆議院商工委員会において、大平首相は共同開発に関する進展状況について次のように述べた。

　　石油の開発を考える前に、この大陸棚の資源の問題について、どのように処理するかという問題を両政府の間で話し合っていかなければならぬと思っておるわけでございます。われわれはそれを取り上げて差し支えないのではないかと考えておるわけでございまして、外務当局にも機会を見てそういう問題を双方の間で話し合ってみるというようにしてみ

92　「尖閣共同開発に警戒論」『朝日新聞』、1979年7月24日朝刊、1面。

てはという慫慂もいたしておるわけでございます。[93]

　当面渤海湾を始めたばかりでございますし、また、いま具体的に問題になっておるプロジェクトもいろいろあるようでございまして、相当日中間におきましては開発問題について計画が進んでおるようでございます。したがって、いま南の方についてやる仕事がないというような問題は問題ではないと、私は思っておるわけでございますので、やるべき時期、タイミングが熟しますならば、そういう相談を持ちかけてみるということに私はやぶさかでございません。[94]

　このように、釣魚島周辺海域における共同開発に対する日本政府の姿勢は、1979年当初の意欲的な姿勢から、釣魚島問題の再燃を回避すべく、目下日中間で順調に進行することが可能であるプロジェクトを優先させる姿勢へと変化していった。

　大陸棚確定を前提としたとはいえ、大平が釣魚島周辺の日中共同開発についてどのように考えていたのかは、現在のところそれを明らかにする術がない。それでも、大平が、日中間で進めている他のプロジェクトに言及した事実は、一つの手がかりになるだろう。日中平和友好条約が調印されたことで、日中間では、資源開発に関する共同プロジェクトがいくつも進められていた。日中両政府は、1979年5月に、中国の埕北油田、華北油田、勝利油田と渤海海上石油開発および7ヶ所の石炭工場の建設などの協定を結び、それらのプロジェクトが1980年に入って動き始めたところであった。これらは、石油資源の確保に大きな力を入れてきた日本にとって、重要な投資であった。その一方で、釣魚島周辺海域における共同開発は、技術的にも大きな困難が伴う上に外交的な懸念もあったため、拙速にそれを進めることにはリスクがあった。日本政府からすれば、共同開発を無理に

93　「第91回国会衆議院　商工委員会議録第18号（1980年4月23日）」衆議院事務局、1980年4月23日、13頁。
　　http://kokkai.ndl.go.jp/SENTAKU/syugiin/091/0260/09104230260018.pdf
94　同上。

行い再び領土問題を引き起こすよりも、争点が生じようのない区域での資源開発協力を行った方が無難であった。それゆえ大平首相は、大陸棚問題をきっかけに釣魚島問題が再燃することを懸念して、その周辺での共同開発を後回しにしたのではないかと推量できる。

釣魚島諸島の主権問題とも関連する争点が提起されながらもナショナリズムの台頭を招くことがなかった理由としては、一つには大平が釣魚島海域における共同開発を無理に進めようとしなかったこと、そして、いま一つ重要な条件として、この時期、日中間には釣魚島海域以外での共同開発が多数展開されていたことが挙げられる。日中間の協力関係と経済関係が深化していく国際環境の中、多くの領域と事業において日中間で共通利益を見いだすことができていた。この状況のもと、釣魚島諸島をめぐる問題で滞るよりも、他方で展開されている利益をもたらす領域や事業へ重点を移すことがより合理的な選択肢として存在していた。したがって、多方面における共通利益を見いだすことは、日中関係の悪化を防止する重要な条件の一つであるといえよう。

釣魚島海域における日中共同開発は実現できなかったものの、それでも、大平政権期に釣魚島問題をめぐって日中両政府が歩み寄る姿勢を見せたことは事実である。この歩み寄りの背景には様々な現実的な理由があるが、それを可能にしたすべての根底は両国首脳が地域の安定と協力を重視する政策構想にあったといえよう。鄧は、中国の「四つの近代化」を実現するために、安定した国際環境と経済的協力関係が必要不可欠と考えていた。そのため、共同開発についても、日中間で利益を共有する体制を構築することで、釣魚島諸島をめぐる安定した環境を作り出そうとする構想を持っていた。一方、大平は日本の安全保障と対外経済を向上させるためには、平和外交を基礎とした、安定した国際環境を創造することが重要であるという総合安全保障構想を持っていた。このように、鄧と大平がともに平和と安定した国際環境の形成が自国の国益を向上させるという政治的構想を持っていたことにより、釣魚島問題めぐる日中政府間に、多様な手段を用いた柔軟な対応が可能となり、両国政府間の歩み寄りを導くことができたのではないかといえよう。

その後の日中間での協力関係は、日本の ODA 円借款によって、多くの分野に広がり、それに従い、釣魚島周辺海域での油田共同開発に対する関心は次第に薄れ、日中関係は不言及方針のもとで安定し続けていく。日中平和友好条約が締結された後、日中両政府は、国際環境の安定と協力を重視し、釣魚島問題について絶対的な国益を追求するのではなく、互いの立場に理解を示し、鈴木のような両首脳が信頼できる非政府間チャンネルを有効に活用することで、争点がエスカレートしないように自制した。このような政治的態度と柔軟な手腕こそ、釣魚島問題が両国間関係の障害となることなく、安定した政府間関係の形成を実現できた所以であるといえよう。

終章　1970年代における釣魚島問題処理の構造

　本書では、釣魚島問題をめぐり70年代を研究対象として、日中間で釣魚島問題をめぐる小康状態を形成、維持することができた要因について分析を試みた。分析にあたり、研究時期を大きく次の四つの時期に分けた。すなわち(1)釣魚島問題が浮上してから日中国交回復前までの時期、(2)日中国交回復の達成から日中平和友好条約交渉が停滞するまでの時期、(3)日中平和友好条約交渉再開から同条約締結までの時期、そして(4)日中国交正常化後から釣魚島周辺における共同開発計画が挫折するまでの時期である。

　この終章では、まずそれぞれの時期における釣魚島問題の展開を整理し、その上で、四つの時期を通じて作用していたといえる国内要因、国際要因、そしてそれらの要因間の交錯と連動のあり方を明らかにしつつ、70年代の日中関係における釣魚島問題処理の構造について考察を試みる。

第1節　日中国交回復前の釣魚島問題をめぐる対立構造

　1969年にECAFEの沿岸鉱物資源調査報告で東シナ海に石油埋蔵の可能性があると指摘されてから、日本政府と台湾当局は釣魚島周辺海域に関する共同調査を行った。この間、双方ともに釣魚島諸島に対する主権について譲歩できないとする一方で、資源の開発を進めるために、日台政府の間では、釣魚島問題を主権問題と資源開発問題の二つの局面に分けて処理する方針がとられた。この処理により、主権問題を一時的に凍結して共同開発を行うことが計画され、主権をめぐる争議を回避した上で協力関係が

構想されていたのである。しかし、この構想はやがて日米沖縄返還協定の成立によって葬り去られることになる。すなわち、沖縄返還協定において釣魚島諸島が日本への返還範囲に含まれていたことを発端に、1970年8月10日に日本政府、そして、9月25日に台湾当局、さらには12月4日に中国政府が、相次いで釣魚島諸島の主権および資源開発に対する自己主張を強め始めた。

　この事態に直面して、米国政府は、冷戦下における対ソ戦略上の必要性から、アジアにおける日本と台湾という二つの同盟国との関係を慎重に扱うようになった。もとより釣魚島問題は、米国にとって自国の領土問題ではない。しかし、二つの重要な同盟国である日台に対して、米国政府はそのどちらかに諸島の主権が属すると明言すれば、必ずもう一方からの反発と不満を招くというジレンマに陥った。したがって、実質的に諸島を支配していた米国政府は、施政権は日本政府に移管するものの日台のどちらに主権が帰属するのかについての態度は表明せず、主権帰属の問題については、日本と台湾という当事者間で決定されるべきであるという「中立」の立場をとった。

　しかし、この立場は、厳密な意味で中立的だったとはいえない。沖縄返還に際して、釣魚島諸島の施政権を日本に移管することに合意した以上、実質的には日本側の立場に傾斜していたことは明らかだからである。このような姿勢を米国政府がとった背景には、アジアにおける台湾と日本の戦略的な重要性が変化を見せていたという事実がある。米国はベトナム戦争で国力を大きく消耗したために、アジア太平洋地域における軍事的展開の再編成を行おうとしており、沖縄返還協定の締結はその重要な第一歩であった。一方で、それまで中国政府を牽制するための重要な同盟国だった台湾の重要性は、低下した。1960年代後半から中ソ関係が悪化したことで、米国政府はソ連への牽制を強化するために、中国政府との関係改善に踏み込もうとしていたからである。これによって、台湾の役割は後退した。

　その結果、日台間では、主権の帰属をめぐる対立が顕著になり、それまで両国が模索していたこの地域の油田共同開発計画は、日本政府から打ち切られた。

米国政府がとった「中立」的立場は、すでに述べたように、実質的には日本側に傾斜した立場であったといえるが、米国政府が主権の帰属について態度を表明しなかったことによって、日本政府や日本国内のナショナリスティックな勢力による、釣魚島諸島に対する主権のより強硬な主張の表明を牽制する効果もあったといえよう。日本政府は本来、沖縄返還協定を締結する際に、釣魚島諸島の主権帰属問題においても米国政府の明確な支持を要請しており、米国政府の肯定的な対応を期待していた。しかし、米国政府からの支持を得ることができず、米中が急速に接近する国際的な背景のもとで、日本政府は慎重に対処せざるを得なくなったといえよう。したがって、米国の「中立」的立場は日本政府および台湾当局のいずれにとっても満足できる解決を与えるものではなかった。しかし、日本政府の主権問題におけるさらなる行動を抑制したとすれば、のちに釣魚島問題をめぐる小康状態を形成する上で、一定の役割を果たしたともいえよう。

台湾当局は、釣魚島諸島の施政権を日本に移管しないよう米国政府に訴えたものの、米国政府から満足のいく回答は得られなかった。同時に、海外の華僑華人がデモを起こし、当局に圧力をかけたことも重なって、主権問題をめぐって台湾当局と日本政府との溝は深まっていった。しかし、釣魚島問題の扱いについて、台湾当局は不満を抱きながらも、自らの安全保障を確立するためには、日米両国との協力が必要不可欠であった。1970年末になると、中国政府も沖縄返還協定に釣魚島諸島が含まれていることに反対して抗議を始めたが、この状況をうけて台湾当局は、中国政府が釣魚島問題を利用して日台関係と米台関係に楔を打ち込むことを懸念し始めた。このため、台湾当局は中国政府に対する警戒を強める一方で、安全保障と政治支援を提供してくれる日米両国との関係悪化を回避しようとした。米国政府も日台関係の悪化を懸念しており、米国政府の仲介のもとで釣魚島問題をめぐる日台政府間会談は実現した。しかし台湾当局は、釣魚島諸島に対する自らの主権を諦めないとしながらも、米国政府がとった日本よりの「中立」的立場を承諾せざるを得なかったのである。

一方、釣魚島問題の当事者の中で、日本政府は米国に次ぐ実質的な受益者であったといえよう。沖縄は日本に返還されることになり、釣魚島問題

での、米国政府の「中立」的立場に対して、日本国内では不満の声もあがったものの、日本政府は釣魚島諸島の施政権を取得し、実効支配を実現した。また、米国の「中立」的立場を重要な一因として、日本政府は釣魚島問題に関して慎重に取り扱わねばならない事態に立たされ、国内に対してこの問題について言及を控えるよう呼びかけた。この不言及方針は米国の不明瞭な態度への反応であると同時に、沖縄返還協定で日本に返還させる地域に他国との主権争議が存在することを世界に印象づけないためでもあった。このように、日本政府にとって、釣魚島問題への不言及方針は、とくに諸島に対する実効支配の基礎が施政権の返還で確立した以上、自らの国益にもかなっていた。のちに、中国政府が提唱した不言及方針とは目的は異なるものの、釣魚島問題において、最初に不言及の方針をとったのは日本政府であった。

　このように、この時期において、石油資源の探索が日本政府と台湾当局の釣魚島諸島に対する興味を引き立てたが、領土問題という形で釣魚島問題を浮上させた重要なきっかけとなったのは沖縄返還協定であった。そして、日台と緊密な関係を持つ米国政府が、沖縄返還協定の締結において最も重要な国際的要因の一つである釣魚島問題において、従来の同盟である日本、台湾とはどちらとも関係を悪化させず、米国政府は沖縄返還協定で釣魚島諸島の施政権を日本に移管しながらも、部外者を装い、日、台、中の間で巧妙にバランスをとった。しかし、主権問題の明確な解決を回避したことは、釣魚島諸島の主権をめぐる対立の構図が形成される上で、重要な要因となったのである。

　佐藤政権の末期、米国政府、日本政府、台湾当局、中国政府が釣魚島問題をめぐって対立し、牽制し合っている間に、この領土問題の直接的な当事者ではない政府が、蠢動し始める。それは中米両国と対立し日本と北方領土問題を抱えるソ連政府だった。1972年初めからソ連政府は、北方領土問題において日本政府に対して譲歩とも捉えられる提案を持ちかけていた。1972年1月に訪日したグロコイム・ソ連外相は、1956年の日ソ共同宣言に立ち戻り、日ソ平和条約の阻害要因となっていた北方領土問題について、歯舞と色丹の2島を返還するという秘密提案を佐藤に持ちかけてい

た。しかし、その直後2月のニクソン訪中により日米関係が急速に接近を見せたことに対して、ソ連は、米国に影響をうけて日中が急速に接近することを懸念した。それに対する反応であるかのように、それまで釣魚島問題について関心を示したことがないソ連政府は、翌3月19日にソ連共産党機関紙『プラウダ』で初めて釣魚島問題について報道し、続けて24日に国際問題専門雑誌『新時代』においてまたしても釣魚島問題について言及した。

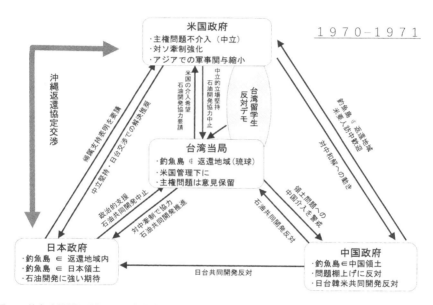

図1　釣魚島問題が浮上し、争点化した時期の釣魚島問題をめぐる構造

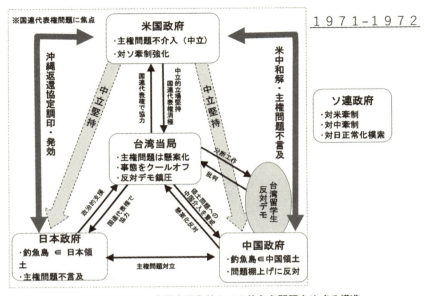

図2　沖縄返還協定調印直前から日中国交回復前までの釣魚島問題をめぐる構造

第2節　釣魚島問題をめぐる小康状態の形成と日中関係の進展

　1972年に入ると、釣魚島問題をめぐる国際関係は日本政府と中国政府を中心とした明快な構図になっていく。沖縄返還協定が調印されたことにより、米国は「中立」的な立場を堅持したまま、釣魚島問題を静観する姿勢をとっていく。そして、1971年10月25日に中国政府の国連代表権が回復し、台湾当局が国連を追放されたことで、台湾当局は大きな打撃をうけた。また、釣魚島問題および国連代表権問題において、米国政府が台湾当局の協力要請に消極的な態度を示したため、台湾側は日本との関係強化を図ることで対中牽制を強化しようとした。そのため、日本との間で主権帰属問題を抱えながらも、台湾当局は自ら台湾内における釣魚島問題に関する一切の言動を抑圧した。このように、米国政府の静観的姿勢と台湾当局の対内抑圧の結果、釣魚島問題の直接的当事者は必然的に日中両政府に

収斂していった。

　国連代表権が台湾当局から中国政府に移ったことおよび米中両国の急接近に伴い、日中関係にも変化が見られた。日本政府では、親台湾派であった佐藤栄作の政権末期から、中国政府との関係改善が国際的潮流であるとして、釣魚島問題を含めて、中国政府と対立を深めることは日本の国益を損なう側面があることがすでに認識されていた。

　佐藤内閣後に誕生した田中角栄政権は、日中国交回復に向けて積極的に動いた。早期の対中関係改善を望んでいた田中政権は、釣魚島問題を自ら議題に持ち出して争点化させることはなく、かつ外務省を通して国会議員にこの領土問題について言及をしないよう積極的に呼びかけるとともに、国内マスコミに対しても両国関係改善の障害となりうる釣魚島問題に関する報道を控えるよう求めた。田中政権における釣魚島問題に対するこのような不言及方針は、釣魚島諸島が日本の領土である以上、領土問題は存在しないのだから、あえて言及する必要はないという佐藤政権時の説明を援用しているが、その目的は根本的に違っていた。田中政権期における不言及方針の根底にあるのは、日中国交回復を順調に推進させることを優先した考えであったからである。

　一方、中国政府は日本における新政権の誕生に期待を寄せ、積極的に日中関係の改善に動いた。その重要な理由の一つは中ソ対立の深刻化であったが、中国経済の低迷ももう一つの重要な理由だった。中国政府は1960年代より工業、農業、国防、そして科学技術の4部門での近代化政策を打ち出していたが、文化大革命の勃発によって、国内経済は混迷した。その中でアジアにおける唯一の先進国であり、経済大国かつ技術大国である日本との国交回復は、中国政府にとって国際的地位の向上のみならず、経済支援、また技術支援といった国家建設の面においても喫緊の課題であった。中国政府は日中国交回復を優先すべく、その障害となりうる釣魚島問題について、これまでの強硬な態度を緩和させたのである。

　田中が政権にいる間に日中関係を進展させるため、周恩来は国交正常化の過程において釣魚島問題に言及しない方針をとる方向へと舵を切った。その上で周は、中国と良好な関係を持ち、面識があった公明党の竹入義勝

委員長を通して、この新しい方針を田中に伝えるのである。日中国交回復にあたり、周恩来と田中角栄の会談において、田中は国内的配慮から釣魚島について短く言及しなければならなかったが、その際に周は、かつて通産相時代に田中が語ったことがある釣魚島問題に関する見解と酷似した見解を述べ、日中双方が国交正常化交渉の過程において釣魚島問題を持ち出さないことで相互了解を実現した。ここに、日中国交回復の過程で、釣魚島問題をめぐる初めての小康状態または非係争化ともいえる状況が日中両国間で形成された。

このように、国際情勢の変動と国内情勢の必要性から、両政府は日中関係の改善を本格化する一方で、両政府ともに、釣魚島問題が両国関係を阻害する要因であり、迂回すべきであるとの認識を持ったことが、不言及方針の徹底による小康状態を形成する重要な基盤になったといえる。また、この基盤を形成する際に、釣魚島問題に関して、竹入など中国と良好な関係を持つ非政府チャンネルを利用したことで、政府間の対立を回避しつつ、正確な意思疎通を行うことができていたといえよう。

佐藤政権末期に、ソ連政府が釣魚島問題に対し、静かではあるが強い関心を見せ始めたことについては、前節ですでに述べた。田中政権になって日中関係改善への日本政府の動きがより本格化すると、ソ連側は、さらに強い牽制を試みていく。ソ連政府はそれまでその存在すら認めようとしなかった北方領土問題での妥協案を日本側にちらつかせたのである。

ソ連側が田中に対して提案したその妥協案とは、ソ連筋からソ連政府が日本に北方領土またはその一部を貸与する形で問題の解決を図るというものだと、1972年7月14日に『朝日新聞』で報じられた。日本政府は、新聞で報じられたソ連側の妥協案に対して強く反発し、逆に北方領土問題における態度を硬化させた。ソ連側のいう「貸与」とは、そもそも北方領土の主権がソ連側にあることを前提とした提案だったからである。北方領土の主権は日本側にあると主張する日本政府にしてみれば、到底受け入れることはできなかった。

日中国交回復に意欲的な田中政権が誕生して1週間も経たないうちに、一見、北方領土問題での譲歩案に見られるように、「貸与」方式による妥

終章　1970年代における釣魚島問題処理の構造

協案がソ連側筋から非政府ルートで日本側に伝えられたことは、ソ連側が、対中改善に向かう日本を牽制する一つの対日外交カードとして北方領土問題について考えていることを意味した。さらにこの提案の背景には、釣魚島問題を不言及にしたまま国交回復を進める日中政府の間にも領土問題があることを示唆することによって、日中間に楔を打ち込もうとする意図があったと推測できる。ソ連政府の試みは結局成功せず、日中国交回復が成し遂げられた。しかし後述するように、日中国交回復後に日中両政府が日中平和友好条約に向かって進み始めると、ソ連政府は北方領土問題と釣魚島問題をより明確に連携させるようになる。

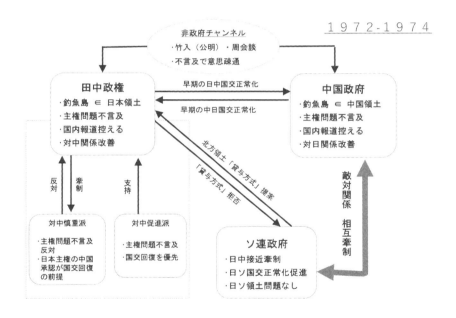

図3　田中政権期における日中国交回復過程での釣魚島問題をめぐる構造

日中両政府ともに不言及方針をとったため、釣魚島問題をめぐる対立は外交舞台の後景に退き、両政府は1972年9月に日中国交回復を実現し、これを基点として、今度は1974年から日中平和友好条約の締結に向けた準備が開始された。1974年から、中国指導部では鄧小平が副総理に復職

265

し、対日外交を全面的に担当した。この後、鄧は野党訪中団との会談において、釣魚島問題における不言及方針の継続を再確認した。しかし、日中両政府が日中平和友好条約締結のための事前交渉を行っている最中に、両国政府の人事が変動したことによって、条約締結への道のりは困難なものとなった。

　日本政府では、対中友好的であった田中が金脈問題をめぐるスキャンダルによって失脚し、代わりに政府中枢に親台湾派を多く抱える自民党内少数派の三木政権が誕生した。三木武夫は日中国交正常化以前に、中国政府と接触した経験があり、周恩来とも会談を行ったことがある。そのため、日中国交正常化に熱心であったが、少数派閥による内閣であるために党内の基盤が弱く、親台湾派を中心とする対中国交正常化慎重派が内閣の重要ポストおよび党内三役を占めた。対ソ関係を重視する宮澤喜一外相、親台湾派である椎名悦三郎副総裁、灘尾弘吉党総務会長らの圧力とロッキード事件の影響によって、三木は日中関係を推進することができず、自らも1年3ヶ月で首相の座を追われた。

　三木政権期に日中関係が前進することができなかったもう一つの重要な要因は、ソ連の介入である。日中国交回復後、中国政府と対立関係にあるソ連政府はこれ以上日中両国が接近することを強く警戒した。そのため、今度は釣魚島問題と北方領土問題をより明確に連携させて、北方領土のカードを再度切ってきたのである。すなわちソ連政府は1975年1月に、日ソ北方領土問題に言及しない「日ソ善隣協力条約」の締結を日本政府に持ちかけたのである。その目的は、日ソ関係の促進、シベリア開発への日本の協力を得ること、そして日中接近への牽制であった。特にソ連政府は、今度は日本国内の対中慎重派に直接働きかけ、日本内部から対中牽制を強める方法をとった。加えて、ソ連政府は釣魚島問題の処理方針に倣って北方領土問題を不言及とするよう日本政府に圧力をかけた。

　これによって日本国内では釣魚島問題と北方領土問題を関連づける議論が沸き上がり、中には、釣魚島問題の不言及方針が北方領土問題へ悪影響をもたらすことを警戒し、北方領土問題の解決のためにも釣魚島問題についての政府の態度を明確にするよう求める声が上がった。ソ連政府は積極

266

的に三木内閣内部および与党内の対中慎重派と接触しており、その事実は、対中慎重派とソ連側が、日中関係の急速な緊密化に反対するという点において利益の一致を見ていたことを示唆している。このように、三木は国内外からの圧力を受けて、日中国交正常化の急速な推進に歯止めをかけざるを得なくなった。

日本国内で異なる勢力が牽制し合う一方、中国では、1976年に周恩来と毛沢東が他界し、文化大革命の最中に鄧小平は党職を剥奪された。さらに毛沢東の後継者として指名された華国鋒の政権基盤も固まっていないことなどが相乗し、中国国内情勢が不安定な状況に陥ったため、外交に注力できず、この年日中国交正常化の歩みは停滞を余儀なくされた。

ソ連の動きは功を奏したように見える。しかし、北方領土問題を利用した点においては、またしても逆な結果となったといわざるを得ない。釣魚島問題と北方領土問題における日本政府の立場の違いから、田中政権の時と同様に、三木政権においても両者を同等化させることはあり得なかった。

そもそも日本政府は、釣魚島諸島は日本領土であると主張しており、加えて日本が実効支配をしているがゆえに、釣魚島問題に言及しなくても明確な不利益は被らない。しかし、北方領土はソ連が実効支配しており、しかも領土問題は存在しないとソ連政府が主張しているのであるから、日本政府は、北方領土問題に言及し続けなければならないことになる。すなわち、ソ連と平和条約を結んで関係を改善するのと引きかえに、領土問題での不利益に加え、日中関係の改善を停滞させる不利益を生むようなソ連政府の提案を受け入れてしまっては、日本政府にとっては意味がない。

このように見たとき、ソ連側の提案を日本政府が受け入れ、釣魚島問題について日本側が言及方針に立ち戻るなどの対中姿勢を強硬化させる可能性は極めて小さかった。三木政権の首脳部は、ソ連の牽制に影響を受けた対中改善慎重派からの突き上げを受けてはいたが、対中関係の改善を強く重視していた。日本政府自体が対中政策を大きく反転させることをソ連政府が目指していても、それが達成される可能性はほとんどなかったといえるのである。

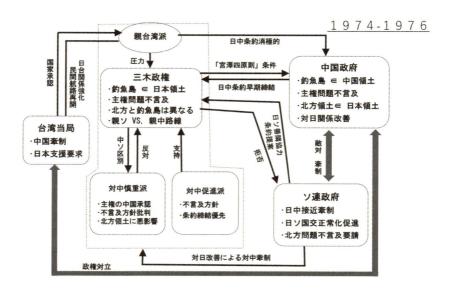

図4　三木政権期における領土問題をめぐる構造

第3節　釣魚島問題をめぐる事件と問題収束の過程

　日中国交回復後、日中両政府はともに釣魚島問題について不言及方針を堅持し、両政府間でこの領土問題をめぐって議論が紛糾することもなかった。しかし、1970年代後半に釣魚島問題が争点化されたことは2度ある。

　1回目は、日中両政府で首脳陣が再編され、停滞していた日中平和友好条約が再び動き始めた1978年4月に起きた漁船事件である。日本では1976年末に福田赳夫を首相とした福田内閣が誕生した。中国では文化大革命が終焉を迎え、華国鋒を主席とする新政権が安定した。また、日中平和友好条約の締結に重要な役割を果たすことになる鄧小平が、華政権のもとで再び外交の第一線に戻った。中国政府は国交回復時から、条約締結に意欲を示していたが、日本政府与党内では対中慎重派と対中促進派に大きく分かれ、日中平和友好条約の交渉再開に関する党内調整は難航した。それでも、福田は次の総裁選を念頭に、外交上の実績を上げることを一つの

目的として日中平和友好条約の締結に関する交渉の再開を決定した。

しかし、福田が交渉再開を決定した翌日、1978 年 4 月 12 日に、約 100 隻の中国漁船が釣魚島海域に集結したとされる、いわゆる「漁船事件」が起きた。これに端を発して、慎重派は日本の釣魚島諸島における主権を中国政府に認めさせることを交渉再開の前提条件に掲げ、日中平和友好条約の交渉再開に抑制をかけようとした。事態収束の重要なきっかけとなったのは、田英夫が率いる社民連の訪中団と耿彪中国国務院副総理の会談であった。この会談の目的は、中国政府の真意をただすことにあった。耿彪は田に対して、漁船事件は偶然のできごとであり中国政府による意図的な行為ではないと述べた。また、釣魚島問題の解決は将来に委ね、今はこの問題を持ち出さないほうが良いとの見解を語った。

このように中国側がこれまで通り不言及方針を堅持していることに加え、漁船の集結は中国側の意図的な対日圧力を意味するものではないことが確認されたため、福田は対中慎重派の主張を退け、従来の不言及方針にしたがって日中平和友好条約交渉の再開を図る方針を堅持し、事態は急速に沈静化していった。

2 回目は、1978 年末に成立した大平政権期に起きた、沖縄開発庁と運輸相が主導した釣魚島調査活動問題である。1978 年 8 月 12 日に日中平和友好条約が締結された直後から、釣魚島問題に対する日本の実効支配を誇示すべきと主張するグループが、島の自然的地理的条件を把握し、利用開発の可能性をさぐるために沖縄開発庁が提示した釣魚島調査予算の計上を政府に要求した。この沖縄開発庁からの予算要求について、国会では実効支配の誇示を目的とした賛成意見と、そのような誇示が日中関係に及ぼす悪影響を懸念した反対意見に分かれた。

大平内閣は、当初、園田外相をはじめとして、日中関係への影響を極力回避するために、釣魚島における実効支配の誇示に強く反対した。しかし、閣内における派閥間の牽制や実効支配誇示を唱えるグループへの十分な説得材料の不足などが影響し、予算計上の要請を受け入れることになった。そして 1979 年 5 月に、大平と園田に詳細を報告しないまま、沖縄開発庁と運輸相の主導のもとで、釣魚島に海上保安庁による仮ヘリポートが建設

され、調査活動が開始された。これを受けて中国外交部は、遺憾の意を表明するに至る。この事態の収束を促進させた重要なきっかけは、大平と緊密な関係を持つ鈴木幸善と鄧小平が5月31日に行った会談であった。会談において、鄧は日本側の行動によって、中国政府としても態度を表明せざるを得ない状況が生まれた事を指摘し、日本政府に事態の深刻さへの注意を促したが、不言及方針の堅持を訴える園田の名前を出しながら、釣魚島問題における最善の対処法は日中双方ともに不言及方針を堅持することであると再度強調した。鄧・鈴木会談が行われた当日の午後、大平は官房長官および外務省幹部と協議し、大平主導のもとで釣魚島における調査活動を早期終了させる方針を決定し、事態は急速に沈静化した。

　上記2回の出来事はいずれも釣魚島問題を再び係争化させる可能性を孕んでいた。しかし、結果的に釣魚島問題が日中政府間の争点となることはなく、小康状態を維持することができた。そこには、緊急な事態が生じた際に事態のさらなる悪化を避け、政府間の直接対立を回避するために、中国政府と良好な関係を有している上に日中両政府首脳と直接接触することができる非政府チャンネルが、代役として、政府間の意思疎通という重要な役割を果たした。しかし、非政府チャンネルが有効に働くことができた根底には、日中両政府ともに不言及方針を堅持する意思があったことを指摘しなければならない。さらに、間接的な意思疎通が行われた後に、漁船事件の際に、中国政府が厳正な処分を用いて即刻の撤退を漁船団に命じ、撤退させ、そして、釣魚島海域調査活動の際には、大平は調査活動の継続と主権の誇示を要求する国内の声を押しきり、調査活動の早期終了を命じたことが、事態の急速な沈静化の実現に直接つながった。このように、両政府首脳が不言及方針を堅持し、問題の処理において柔軟な対応を行ったことが、釣魚島諸島をめぐる緊張を緩和させて、小康状態を維持させる重要な役割を果たしたといえよう。

第4節　釣魚島諸島をめぐる共同開発の模索

　前節で述べたように、釣魚島調査活動問題の収束と同時期に、日中間で

終章　1970年代における釣魚島問題処理の構造

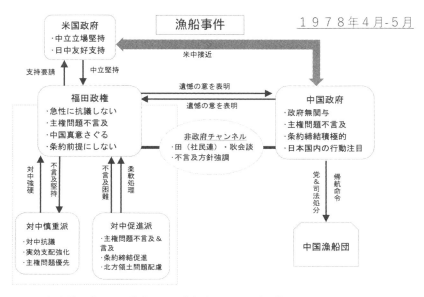

図5　漁船事件発生から沈静化までの釣魚島問題をめぐる構造

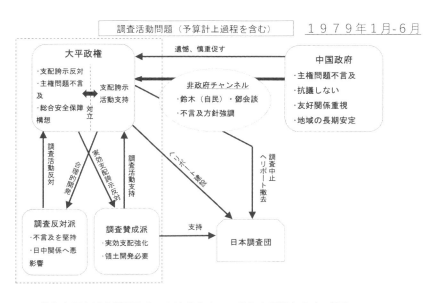

図6　釣魚島調査活動問題発生から沈静化までの釣魚島問題をめぐる構造

271

は石油資源の共同開発に関する動きが顕著になった。渤海湾と南シナ海における共同開発の交渉が最終段階に入っていたことに加えて、釣魚島海域周辺で油田の共同開発をする提案も日中双方から出された。中国政府は釣魚島海域における共同開発を通して、これまでの不言及方針に単に固執するのではなく、むしろ積極的に協力を進めることで、釣魚島問題を新たな「解決」に導くきっかけを模索していた。一方で、日本側は新たな海洋法のもとで大陸棚の開発に出遅れないために、それまで主権問題が先決だとして、釣魚島諸島における主権の誇示を要求してきた人物の中でも、釣魚島海域における日中間の共同開発に積極的な態度を見せた人がいた。日中双方は異なる目的を持ちながらも、積極的に協力を図ることで利益を見いだすという点において意見が合致し、具体的な共同開発案を策定するための交渉に動いた。

　共同開発の交渉は結果として挫折したものの、1970年代に釣魚島問題をめぐって日中両政府が、対立姿勢から不言及方針の堅持に移行しさらには共同開発へ乗り出すなど、関係改善に向けた進展を見せたことは、これまでにない進展であったといえる。この背景には、アジア地域の長期的な安定を求める両国首脳の外交構想があったことを指摘しなければならないだろう。特に、国交正常化後に、釣魚島問題をめぐる共同開発という飛躍的な改善の兆しを見せた時期において、鄧小平と大平正芳はいずれも、自国の繁栄と安全保障はアジア全体および日中関係の長期的な安定があればこそ実現できるものだとする外交構想を共有していた。したがって、日中両国政府は、互恵的な協調関係を積極的に深めていくことを通じて、両国関係と地域の安定の阻害となる可能性がある釣魚島問題を相対化することを試みたといってよい。

　このように、小康状態を形成する国内要因と国際要因が相互に影響し合い、危機管理を有効にする非政府チャンネルが存在し、日中双方ともに大局的な視点に立って自制的な処理を行ったことで、70年代末、日中両国政府は釣魚島問題において、不言及方針からさらに一歩前進した協力関係の構築を試みることができた。

終章　1970年代における釣魚島問題処理の構造

第5節　70年代の小康状態を維持可能にした要因と釣魚島問題をめぐる構造

　1970年代の日中関係における釣魚島問題処理の構造を分析する上で、釣魚島問題をめぐる国内要因と国際要因がそれぞれ重要な役割を果たしてきたことは、すでに述べた通りである。また、釣魚島問題が領土問題としての特殊な性質、すなわち国内問題であると同時に多くの国際的アクターを巻き込んだ国際問題であるという性質を帯びているがゆえに、国内要因と国際要因はどちらかが完全な独立変数として存在しているのではなく、常に相互に影響し合いながら1970年代における釣魚島問題をめぐる小康状態を形成したのだといわねばならない。

　釣魚島問題をめぐる小康状態を形成する上で、重要な国内要因として働いたのは、中国政府首脳と日本政府首脳の対内等統率力と大局に立った自制的発想が持たれていたことが挙げられよう。中国国内では、政府による対国内の情報統制が行われていた。1970年代の中国は、文化大革命によって通信技術の発達が遅れていたため、国内における外交への関心は低く、情報コントロールの結果、国民が外交に関する情報を得るためには、『人民日報』をはじめとする国営メディアに頼らざるを得なかった。また、1972年の日中国交回復の際に釣魚島問題について不言及方針がとられて以来、中国では釣魚島に関する報道は一切されず、1978年4月に起きた漁船事件と1979年5月に行われた日本の釣魚島調査活動についても、中国国内では一切報道されることはなかった。したがって、中国国内では釣魚島問題をめぐる抗議活動などが起こることはなかった。このような国内情報統制を重要な一因として、中国政府は国内世論に左右されることなく、穏便に外交的な処理を行うことができ、不言及方針を堅持することができたのである。

　一方、日本国内および政府内部では、釣魚島問題について、常に不言及方針を堅持するべきであるとする意見と、実効支配の存在、または日本の主権が帰属していることを明示したり誇示したりするべきであるとの意見に分かれていた。しかし、その具体的な目的は政権ごとに異なるものの、

273

最終的には、1970年代の日本政府は釣魚島問題を再燃さえようとする言論を抑制し、大局的な日中関係の改善を釣魚島問題より優先させようとした点では、一貫していたといえる。漁船問題と調査活動問題が生じた際に、日本政府は自制的な態度をとり、問題の迅速な収束を図る方向へと舵を切った。また、日中国交回復と日中平和友好条約の締結の際にも、日本国内では釣魚島問題を持ち出して日中関係の緊密化に反対する声は常に存在していた。これは、議会制民主主義体制である日本において、首相が一定の統率力を有さなければ、容易にできることではない。したがって、自らの決定を貫くことができる政府首脳の統率力と自制的な態度は、釣魚島問題における不言及方針の維持に重要な役割を果たしたといえよう。

次に、政府首脳の統率力に加えてもう一つの重要な要因は、中国と日本が双方ともに大局的な見地を持つ人物が政府首脳であったことである。いいかえれば、領土問題というナショナリズムが強く影響を及ぼす問題について、その投影を退けて日中関係の改善こそ大局的な利益だと捉えていた首脳の存在である。1970年代に入り米中接近が進むにつれ、中国との関係改善は国際潮流として回避できない選択であることが否定しがたい現実となっていった。このような中、田中角栄、三木武夫、福田赳夫、大平正芳のいずれにおいても温度差は存在し外面的な姿勢にも濃淡があったものの、日中国交正常化を推進し、日中関係の改善を進めることこそが、日本の大局的国益であるとの認識は共有されていた。

また、中国政府も日本政府の対中政策の転換によって、積極的に対日接近を図る政策へと方向転換し、日中国交正常化に向けて常に高い関心と積極性を見せていた。そのため釣魚島問題においては、田中政権の時に不言及方針を日中政府間の処理方針として確認し合い、堅持することができた。三木のように他の首相と比較して相対的に低い統率力しか持っていなかった首相の場合でも、政府自体の不言及方針は貫かれていた。

このように、両国ともに大局的な視野を持つ者が首脳であったため、日中関係において、日中国交正常化の政治的重要性とそこから期待できる国益を比較した際に、首脳たちはより確実な国益をもたらす選択肢に傾いた。他の領土問題と同様、釣魚島問題は決して短期的な解決が望める問題では

終章　1970年代における釣魚島問題処理の構造

ない。仮に強引に解決をしようとすれば、日中関係にもダメージを与えてしまうことになり、結局は釣魚島問題を解決できないだけでなく、日中関係にも支障をきたす悪循環に陥ることは明白であった。すなわち、今は釣魚島問題を解決に導くタイミングではないと日中双方がともに認識していたということである。したがって、1970年代に日中両国の首脳はこのような状況下において、まず日中関係の良好な発展を進めることを優先させ、信頼関係を築いた上で、釣魚島問題を長い時間をかけて解決することがより国益にかなっていると判断し、釣魚島問題の処理において不言及方針をとることを決定したのだといえる。

　国内に、釣魚島問題への不言及方針には反対勢力がいたのにもかかわらず、日本の首脳たちが統率力を発揮できたのには、実は彼らが大局的な認識を持っていた事実が密接に関わっている。すなわち、日本国内おいてその統率力を発揮することができたのは、首脳以外にも議論が極端に傾くことを抑制する大局的かつ現実的な考え方に共鳴した者が国内政治に多く存在し、積極的に発言と態度表明を行っていたからである。

　日中国交正常化過程において、国交正常化を慎重に進めるべきだとする対中慎重派と、国交正常化の早期締結を促す対中促進派が日本の国会で常に牽制し合っていた。対中促進派には、日中国交正常化によってもたらされる良好な国際関係とそれに伴う経済的利益は日本の国益にかなっていると考える者が集中していた。一方、対中慎重派の中には、異なるグループの間で温度差はあるものの、青嵐会や日華関係議員懇談会を中心とするグループは、釣魚島問題の解決、すなわち中国政府に日本が釣魚島諸島の主権を有することを認めさせることを日中平和友好条約の交渉再開および締結の前提条件に掲げ、さらには釣魚島諸島に建造物を設置すること、または人員を配備することなどによって実効支配を誇示するよう強く要請していた。しかし、すでに詳しく論じたように、最終的には対中慎重派は日中平和友好条約の締結を阻止することができず、かつ釣魚島問題においても妥協せざるを得なかった。

　このように、意見が対立する日本国会において、大局的な視野と見地を持つ者たちが力を発揮することができた背景には次のような要因があると

275

いえよう。一つは、重要な国際要因の一つである米国の姿勢である。米国政府が、沖縄返還協定の調印以降は一貫して釣魚島諸島の主権問題について「中立」的立場を堅持したことはすでに述べた。

この「中立」的立場は、一方で、日台・日中間での領土問題の争点化のきっかけとなった。しかし、その一方では、やや逆説的に、米国が釣魚島諸島の主権問題において「中立」的立場をとったことで、日本国内において、釣魚島問題について中国に対して強硬的な態度をとるべきだと主張する人たちは、そのもっとも有力な国際的後ろ盾を得られなくなった。また、米国政府が「中立」的立場を明示し始めたのが佐藤政権末期であり、その時期から日本政府が率先して国内における釣魚島問題への言及を控えるよう呼びかけ始めたことからも見受けられるように、米国政府の態度は日本国内における対中慎重派のみならず、日本政府に対しても釣魚島問題を激化させないよう促す効果を果たしたといえよう。そうだとすれば、日本国内での意見の対立に対して、米国の姿勢という国際的要因が重要な影響を及ぼした構図が見えてくる。

そして、日本国内の対中慎重派を妥協に導くもう一つ重要な国際情勢の変化として、中国政府の国際潮流における位置づけの変化を挙げなければならない。1971年にキッシンジャーの秘密裏の訪中から米中和解が進むにつれ、また同年に中国政府が国連代表権を取り戻したことで、中国政府の国際的地位は確実に変化を見せていた。さらにこの変化をうけて、台湾当局と断交し、中国政府を承認する国は増加していった。その中で日本だけがいつまでも台湾当局との関係にしがみつき、中国政府を突き放し続ければ、国際情勢の潮流において日本が孤立する可能性があることを問題視する者たちが首脳以外にも多く現れた。彼らは日中国交正常化を促進することを重視し、日中間で釣魚島問題が生じた時には日中国交正常化を優先させ、先に国交正常化を実現した上で領土問題を解決すればよいと、釣魚島問題を位置づけた。その意味では、米中和解によって日中和解を促す国際政治の流れがつくられたといえよう。

一方、日中の接近を望まない人たちも日本国内に存在していた。つまり、日華関係議員懇談会を中心とする親台湾派であり、青嵐会やアジア研

究会などを中心とする対中慎重派であった。対中慎重派は日本国内における声は大きいものの、実際に日本国内では、すでに佐藤政権末期から日中国交正常化は回避することができない国是となっていることは明白であった。そのため、対中慎重派は表面上団結しているように見えるものの、その内部では、日中国交正常化を根本から否定する極端な意見もあれば、国交正常化を回避できないのであればそれをいつ行うのかという議論にかける時間とタイミングについて極めて慎重な態度をとるべきだとする意見まで、温度差と戦略の相違が存在していた。そしてこの事実が、彼らの主張から力を削ぐ要因となっていたといえよう。

　しかし、釣魚島問題に関する不言及の姿勢から脱却させようとし、対中促進派への対抗姿勢を強めさせることを意図した、対中慎重派に対する国際的働きかけも存在した。それは、日中の接近を最も警戒していた重要な国際要因の一つであるソ連であった。ソ連政府は日中国交正常化交渉での覇権条項問題に注目して、日中和解を阻止ないしは牽制しようとした。そのため、ソ連政府は北方領土問題と釣魚島問題を連動させる譲歩的提案を日本政府に行うことを通じて、日中間に釣魚島問題が存在することを日本国内に強く意識させることで、対中慎重派に加担し、国内でくすぶる対立に油を注ごうとした。このソ連政府の試みは一定の効果があったといってよい。すなわち、三木政権時に、このようなソ連の動きに揺さぶられ、日本の国会内では釣魚島の主権を中国政府に認めさせるべきだとする声が再び高まった。三木政権は、もとより政権基盤が弱く、また対中慎重派の一員である親台湾派らの幹部が政府および政党の重要ポストについていたことなども重なり、日中平和友好条約の交渉を推進したい三木にとって決して良好な環境ではなかった。しかし、現実的な利害を前にして、大局的な見地を持った人たちの考え方によってソ連の思惑は抑えられざるを得なかった。すなわち、国際潮流の中で、日中がつながることの必要性と確実性、そして釣魚島問題と北方領土問題を同等視することができないという日本の国益上の判断を前に、ソ連が加担しようとした対中慎重派も妥協をせざるを得なかった。また、日中がつながることで、日中双方にとっていずれも重要な利益が生まれることはすでに明瞭であった。対中慎重派は、

その利益を完全に無視した状態で日中間における釣魚島問題を再度あおり立て日中間のつながりを弱めることは、決して得策ではないと認めざるを得なかった。

このように、国内および国際的要因の影響を受けながらも、対中慎重派の抑え込みと牽制に成功した理由としては、日中国交正常化によって生じることが期待された政治的および経済的な利益が巨大なものであったことが挙げられる。日本側にとっては中国という巨大な市場を確保でき、一方中国側は日本の財政的、技術的支援を得られるという点で、双方の国益にかなっていた。また国交正常化後も、釣魚島海域では実現できなかったものの、その他の中国大陸および海洋でのエネルギー資源において日中共同開発が着実に展開されていた。それまで釣魚島諸島における主権の誇示を強く要請していた人たちの中でも、明らかに態度の変化を見せる者もいた。釣魚島諸島における日本主権を誇示しようとした者たちにとっても、あくまでもそれは一つの原則論であり、日中間の関係が悪化すれば、日中協力によって生まれる共通利益が失われることについては、決して容認していなかったのである。釣魚島問題において対中誇示を主張してきた者も、巨大な利益の可能性を目の前にして、自身の主張に固執するという姿勢はとらなかった。

釣魚島問題に関する日本の方針決定においては、ナショナリズムに突き動かされるのではなく、将来の日中関係の全体像を見すえ大局的な認識を持った人が、よりその力を発揮したといえよう。これが、ナショナリスティックな実効支配の誇示に国会内で一辺倒することがなく、不言及方針という現実的な方針を堅持する判断を政府が下すことができた重要な要因の一つであった。

政府の不言及方針に反対する者たちの抵抗の矛先を鈍らせつつ、同時に、彼らの言動が中国政府に対して与えうる悪影響をも中和させるために貢献したのは、日中間に成立した非政府チャンネルの存在だった。すなわち、いかに日中双方の政府の立場を損ねることなく、事態を穏便に処理することができるのかが、釣魚島問題をめぐる小康状態を維持する上で重要なポイントとなっていた。日中国交正常化過程において、日中間の国交回復時

に国内対中慎重派から田中へ加えられた圧力、日中平和友好条約の交渉再開直前の漁船事件、さらに日中平和友好条約締結直後の釣魚島海域調査問題など、日中関係が重要な進展を見せる時期にはたびたび釣魚島諸島をめぐる問題が起きていた。これらの事態が生じた際に、政府間の意思疎通を行い、それぞれの政府が真意を確認するのは極めて重要なことだった。特に中国との間に領土問題の存在を認めない以上、中国との間で、領土問題の存在を前提とするような言動を日本政府側が公式に行うことは、国内的配慮からも不可能だった。それゆえに、ここで非常に重要な役割を果たしたのは、非政府間チャンネルを活用した政府間の意思伝達ツールであったといえよう。

　日本国内において確かに、釣魚島問題についての不言及方針が堅持されているが、日中両政府ともに釣魚島諸島における主権主張を撤回したわけではない。したがって、問題が生じたときに公式な政府ルートを用いれば、釣魚島諸島の主権問題について政府の立場を主張せざるを得なくなる。それでは、事態の緩和どころか、政府間の対立を招きかねない。一方、非政府チャンネルは、1970年代においては主に日本野党の訪中団または政府と親しい関係を持つ人が中心であり、彼らは中国政府と頻繁に往来することで信頼関係を築いている上、非政府チャンネルでありながらも日中双方の首脳と直接接触することができる柔軟かつ有為な立場にある。そのため、釣魚島問題で何らかの深刻な事態が発生したときに非政府チャンネルを仲介して政府間で意思疎通をとることで、表向きには釣魚島問題において政府が相手国に対して弱腰と非難されるような態度をとることを回避できた。また、これらの非政府主体は日中国交正常化を促進するという点で自国政府と立場が一致しているため、日中双方の政府からの信頼を受けており、釣魚島問題の扱いに関して、柔軟かつ正確に相手政府と意思疎通を行うことができた。実際に、日中平和友好条約が締結される前後に起きた漁船事件と釣魚島海域調査活動の処理にあたって、非政府チャンネルを仲介した意思疎通が事態を収束に導くターニングポイントとなった。このように、日中関係の発展を優先させようとする傾向はあったものの、突発的または政府が表立って柔軟な処理を行うことが困難な場合において、非政府

チャンネルは釣魚島問題をめぐる緊張状態を緩和し、小康状態を維持するために非常に重要な役割を果たしたといえよう。

　釣魚島問題が浮上してから小康状態が形成されるまでの状況を振り返れば、確かに大局的な考えと非政府チャンネルの仲介のもとで、釣魚島問題は相対化され、小康状態を維持することができたが、結局のところは問題を非係争化させるという点に留まった。しかし、日中国交正常化が実現した後、大平正芳と鄧小平は国交正常化の実現を踏まえて、国家の発展のためにも積極的な安定した地域環境を形成する必要があるという点において、ほぼ一致した政策構想を持っていた。したがって、双方は互恵関係を最大限に発揮させるべく、共同開発に積極的に取り組むことで日中がつながりを持ち、そこから生まれる共通利益を積極的に肯定した。そのためこの時期において、従来釣魚島問題において日本の主権を誇示するために釣魚島での調査活動やヘリポート建設を要求していた議員や閣僚も、釣魚島付近での油田共同開発の推進に積極的な姿勢を示すという動きが出ていた。

　このように、大局的な立場に立ち、かつ日中双方ともに積極的に地域の長期的な安定を求める外交構想が加わったことで、釣魚島諸島をめぐる処理方針は消極的な非係争化から積極的な共同開発へと転換を見せることができたといえよう。すなわち、釣魚島問題をめぐる不言及方針から共同開発というさらに一歩進んだ試みが行われたのは、アジア全体の長期的な安定の上に国家の繁栄と安全保障が成立するという外交構想が基礎にあったことに起因する。地域の安定の阻害となる可能性がある釣魚島問題について、双方が積極的に互恵的な関係を形成することを求めた結果として、リスクを利益に変える努力を見せることができたといえよう。

　このように釣魚島問題をめぐる情勢は、常に国内要因と国際要因が相互に影響し合う中で起伏しながらも、釣魚島問題をめぐる小康状態が形成され、維持されてきた。それでも、70年代に不言及方針によって小康状態が維持されてきても、その後の日中関係における釣魚島問題については、さらなる改善や解決を導くことができなかったことも事実である。その理由は、日中双方が考える処理方法としてとっていた不言及方針に性質的な違いがあったからだといえよう。日本政府は、釣魚島諸島の主権が日本に

あり領土問題は存在しないため、わざわざ言及する必要がないとのロジックのもとで不言及方針を堅持していた。しかし、中国政府は、釣魚島諸島の主権は中国にあるが、日本政府が異なる考えを持っていることも認識していた。その上で、日中関係の発展がより重要であるため、早急に釣魚島問題の解決を求めずに、後世にその解決を委ねる考えのもとで不言及方針をとった。すなわち、不言及方針を採択し、堅持することに至った認識と目標が、両国で異なっていたということである。それでも、不言及方針による小康状態が維持されたことで、日中間の順調かつ安定的な発展に重要な空間と時間を確保することができたことは肯定すべきである。

　現在においても、釣魚島問題は日中間に依然として存在する重要な課題の一つであり、近年では問題の海域における対峙は依然として継続している。このような状況において対立の激化を回避し、今後の良好な日中関係を構築していくためにも、偏狭なナショナリズムの高揚を招きやすい釣魚島問題における両国政府の危機管理能力と未来を見据えた対応が重要なカギを握る。この意味において、70年代に日中両政府が対立から協力へと、釣魚島問題をめぐる関係改善の道を模索し、行動した時期を振り返ることは、将来的な解決を導き出すための第一次接近として重要な意義があるといえる。また、領土問題を解決してから、関係の緊密化を図っていこうとするのではなく、むしろ外交・安全保障、経済などの多様な分野での協力関係を緊密化していく中で、領土問題を相対化していくという方法が、より有効なのではないだろうか。

あとがき

　本書は、2017年に早稲田大学へ提出した博士論文「日中関係における領土問題処理の構造――1970年代の釣魚島問題を中心に」を元に、加筆と修正をしたものです。釣魚島問題は1890年代に端を発し、現在まで日中間に依然として存在し続ける問題です。私は、修士課程から釣魚島問題について研究を試み、博士後期課程においてもこのテーマについて研究を続けたいと考えていました。

　ところが、早稲田大学大学院政治学研究科への留学が決まった同2012年の9月に、日本政府が釣魚島の「国有化」を発表したことで、釣魚島問題をきっかけに日中関係は急速に冷え込み、民間ではデモが暴動化するなど、深刻な事態に陥りました。当時、私の安否を心配して、親戚から「日本への留学をもう一度慎重に考え直したほうがよいのではないか」と言われることも何度かありました。実際、その頃に日本への留学を断念したり、留学先を変更したりした人もいると聞いています。それでも、日本への留学を決心したのは、私自身が小学校と中学校時代を日本で過ごし、両親も長く日本に駐在した経験があったため、日本の社会事情について、わりあい客観的に判断できたからであると思います。

　それでも、さすがにこの時期に日本に留学して、釣魚島問題をテーマに研究するのは難しいと考えていたため、当初決めていた博士論文のテーマは釣魚島問題とはほぼ無関係のものでした。しかし、私が再び釣魚島問題について研究しようと考えたのは、博士後期課程の指導教授である田中孝彦先生と初めて個人面談をしたのがきっかけです。田中先生に修士課程の研究内容を報告したあと、博士論文について相談する中で、私は、まだ釣魚島問題について研究を続けたいという思いを吐露しました。先生を困らせてしまうのではないかと心配していましたが、先生からは、思いもよら

282

あとがき

ぬ賛同をいただくことができたのです。この敏感な時期に中国留学生として、領土問題というセンシティブなテーマを日本で研究することができたことに加え、日本の先生から、このテーマの研究を自分のもとで続けてもよいと支持していただいたことは、私にとって、まさにサプライズでした。

　ここで、改めて心より田中先生に感謝申し上げます。先生のお教えのもとで、私はいずれの問題についても、客観的に捉え、問題を問題として、直視する研究を行うよう努めてきました。また、博士論文の執筆と審査過程において、田中孝彦先生をはじめ、国吉知樹先生、都丸潤子先生、鹿錫俊先生に多くのご指導をいただきました。この場をお借りしまして、心より感謝申し上げます。

　そして、私を釣魚島問題研究の領域に導いてくださり、私を啓発してくださった師である、清華大学の劉江永教授に心より感謝を申し上げたいです。劉先生は中国における日中関係研究の第一人者であり、日本研究と釣魚島問題について緻密な研究を重ねてこられました。私の博士論文の執筆過程においても、多くのアドバイスをいただきました。

　日中間における領土問題は、本書で詳細に論じたように、重要でありながら、非常にセンシティブな課題でもあります。研究において、読者を納得させるのは、単なる憶測と表象ではありません。しっかりとした裏づけとロジックの突き詰めが必要となります。論述をする上で、資料の収集と分析に大量の時間を費やし、論拠の客観性、信憑性、ロジックのつながりなどについて慎重に判断してきました。資料の収集においては、日本国内だけでなく、米国、中国台湾、中国大陸に渡航し、一次資料の収集に努めました。本書の資料収集の際には、日本の国会図書館、外交史料館、国立公文書館、米国のナショナルアーカイブス、ハーバード大学、ボストン大学、中国大陸の国家図書館、国家档案館、中国台湾の中央研究院近代史研究所および各大学図書館などを利用し、職員の方々に大変お世話になりました。日本以外の地域での資料収集が可能になったのは、東京財団が提供してくださったヤングリーダー研究奨励奨学金を受けた成果でもあります。心から感謝申し上げます。

　また、今回の出版の機会を与えてくださった花伝社の平田勝社長、編集

の山口侑紀さまにお礼申し上げます。一文字一文字丁寧に原稿を確認してくださり、読みづらい日本語を修正してくださいましたことを、心より感謝申し上げます。

　最後に、本書は釣魚島問題に対する第一次接近として、研究においてまだ解明できていない部分など不足も多々ありますが、一人の研究者として、日中間における釣魚島問題を可能な限り再び先鋭化させることなく、日中両国間の相互理解を深め、平和のもとに解決に導くことを目標に、今後も一層なる研究に励みたいと思います。

2019 年 5 月　房 迪

参考文献

● **一次資料**

［日本語］

1. 「アジア、大洋州地域のその他の諸問題」『わが外交の近況　昭和44年度（第14号）』、日本外務省、1970年6月。http://www.mofa.go.jp/mofaj/gaiko/bluebook/1970/s44-1-1-8.htm#a1

2. 「沖縄返還協定及び関係資料」『わが外交の近況　昭和47年版（第16号）』、日本外務省、1972年7月。http://www.mofa.go.jp/mofaj/gaiko/bluebook/1972/s47-shiryou-4-4.htm

3. 「尖閣諸島パンフレット」日本外務省、2014年3月、8頁。http://www.mofa.go.jp/mofaj/area/senkaku/pdfs/senkaku_pamphlet.pdf

4. 「日本の領土をめぐる情勢　尖閣諸島に関するQ&A」日本外務省。https://www.mofa.go.jp/mofaj/area/senkaku/qa_1010.html

5. 「条約集．多数国間条約」外務省条約局、1996年。

6. 「海洋法に関する国際連合条約」『条約集．多数国家間条約』、2000年。

7. 「佐藤栄作総理大臣とリチャード・M・ニクソン大統領との間の共同声明（1969年11月21日）」『わが外交の近況 外交青書』第14号、1969年、399 — 403頁。

8. 『尖閣諸島について』外務省情報文化局、1972年5月。

9. 「日本国政府に対するソ連政府声明（1975年6月17日）」『外交青書』20号、1976年、86頁。

10. 『主要条約集昭和52年版（大陸棚に関する条約）』外務省条約局、1977年、1055 – 1064頁。

11. 「代表権問題等に関する蒋介石等国府首脳の考え（1971年1月18日）」『日中国交正常化』、外交史料館、整理番号2011-0719。

12. 「中国政策検討の現状1971年2月11日」『日中国交正常化』外交史料館、整理番号2011-0719。

13. 「国民党実力者の内話（1971年4月19日）」『日中国交正常化』、外交史料館、整理番号2011-0719。

14. 「愛知大臣　沈駐米国大使会談要旨（中国代表権問題）（1971年5月8日）」『国

連中国代表権問題／中共』外交史料館、整理番号 2014-2736。

15. 「日本国パリ駐在大使館中山賀博大使から外務省本省宛ての極秘電報（1971年 6 月 10 日)」、外務省外交史料館。

16. 日本外務省中国課「米国の中国政策（出張報告)」『日中国交正常化』、外交史料館、1971 年 4 月 12 日、整理番号 2011-0719。

17. 「中国政策検討の現状（1971 年 7 月 5 日)」『日中国交正常化』、外交史料館、整理番号 2011-0719。

18. 「中国問題（新大臣用報告資料)（1971 年 7 月 5 日)」『日中国交正常化』、外交史料館、整理番号 2011-0719。

19. 「中国代表権とわが国の施策（案)（1971 年 8 月 25 日)」『日中関係』、外交史料館、整理番号 2013-1903。

20. 「日中間の懸案事項（1972 年 7 月 10 日)」『田中総理中国訪問』外交史料館、整理番号 2011-0721。

21. 「竹入・周会談　第二回　1972 年 7 月 28 日」外交史料館、整理番号 01-298-1。

22. 「宇山大使発大平外務大臣宛第 451 号電（極秘・大至急)（1972 年 9 月 18 日)」『特使同行議員関係行事（報告)』外交史料館、整理番号 01-1933-18。

23. 「田中総理・周恩来総理会談記録（1972 年 9 月 25 〜 28 日)——日中国交正常化交渉記録」『田中総理中国訪問』外交史料館、管理番号 2011-0721。

24. 「大臣と韓次官との会談（1974 年 11 月 13 日)」外交史料館、整理番号 04-0797-1。

25. 「大臣記者会見要旨 1978 年 4 月 14 日」『外務大臣記者会見』外交史料館、整理番号 2009-0617。

26. 「大臣記者会見要旨 1978 年 4 月 15 日」『外務大臣記者会見』外交史料館、整理番号 2009-0617。

27. 「次官記者懇談会（1978 年 4 月 17 日)」『外務事務次官記者会見・懇談』、外交史料館、整理番号 2009-0619。

28. 「鄧小平副総理第二回会談」、外交史料館、1978 年 10 月 25 日、19 頁。整理番号 04-1022-4。

29. 「年次世界経済報告　転機に立つブレトンウッズ体制」経済企画庁、1969年 12 月 14 日。http://www5.cao.go.jp/keizai3/sekaikeizaiwp/wp-we71/wp-

we71-00408.html

30. 「昭和45年5月1日 沖縄・北方対策庁 沖縄事務局 設置」内閣府沖縄総合事務局。http://www.ogb.go.jp/Soshiki/about/003649

31. 「昭和46年 年次世界経済報告 転機に立つブレトンウッズ体制」経済企画庁、1971年12月14日。http://www5.cao.go.jp/keizai3/sekaikeizaiwp/wp-we71/wp-we71-00406.html#sb4.6.2

32. 「平成27年度エネルギーに関する年次報告（エネルギー白書2016）」経済産業省資源エネルギー庁、2016年5月。http://www.enecho.meti.go.jp/about/whitepaper/2016pdf/whitepaper2016pdf_2_1.pdf

33. 政策研究会総合安全保障研究グループ『総合安全保障研究グループ報告書』大蔵省印刷局、1980年。

34. 対外経済政策研究グループ『対外経済政策研究グループ報告書』大蔵省印刷局、1980年。

35. 対外経済政策研究グループ『対外経済政策の基本 大平総理の政策研究会報告書―6』大蔵省印刷局、1980年。

36. 「総理府所管沖縄開発庁科目別内訳」『一般会計予算参照書 昭和54年度』大蔵省、1974年。

37. 「参議院沖縄及び北方問題に関す特別委員会（第63回国会閉会後）会議録第3号（1970年8月10日）」参議院事務局、1970年9月10日。http://kokkai.ndl.go.jp/SENTAKU/sangiin/063/1650/06308101650003.pdf

38. 「第63回国会衆議院 外務委員会議録第19号（閉会中審査）（1970年9月10日）」衆議院事務局、1970年9月22日。http://kokkai.ndl.go.jp/SENTAKU/syugiin/063/0110/06309100110019.pdf

39. 「参議院決算委員会（第63回国会閉会後）会議録第7号（1970年10月7日）」、参議院事務局、1970年10月26日。http://kokkai.ndl.go.jp/SENTAKU/sangiin/063/1410/06310071410007.pdf

40. 「第64回国会 衆議院会議録第2320.3号（1970年11月26日）」『官報』号外、1970年11月26日。http://kokkai.ndl.go.jp/SENTAKU/syugiin/064/0001/06411260001003.pdf

41. 「第65回国会 参議院大蔵委員会会議録第17号（1971年3月26日）」参議院事務局、1971年4月20日。http://kokkai.ndl.go.jp/SENTAKU/sangi-

in/065/1140/06503261140017.pdf

42. 「第 65 回国会衆議院　外務委員会議録第 14 号（1971 年 5 月 7 日）」衆議院事務局、1971 年 5 月 14 日。http://kokkai.ndl.go.jp/SENTAKU/syugi-in/065/0110/06505070110014.pdf

43. 「第 67 回国会　参議院会議録第 11 号（1971 年 12 月 1 日）」『官報号外』、1971 年 12 月 1 日。http://kokkai.ndl.go.jp/SENTAKU/sangiin/067/0010/06712010010011.pdf

44. 「第 67 回国会　参議院会議録第 13 号（1971 年 12 月 15 日）」『官報号外』、1971 年 12 月 15 日。http://kokkai.ndl.go.jp/SENTAKU/sangi-in/067/0010/06712150010013.pdf

45. 「第 67 回　参議院沖縄返還協定特別委員会会議録第 7 号（1971 年 12 月 16 日）」参議院事務局、1971 年 12 月 29 日。http://kokkai.ndl.go.jp/SENTAKU/sangi-in/067/1646/06712161646007.pdf

46. 「第 68 回国会　参議院予算委員会会議録第 6 号（1972 年 4 月 6 日）」参議院事務局、1972 年 4 月 13 日。http://kokkai.ndl.go.jp/SENTAKU/sangi-in/068/1380/06804061380006.pdf

47. 「第 68 回国会衆議院　沖縄及び北方問題に関する特別委員会議録第 11 号（1972 年 5 月 9 日）」衆議院事務局、1972 年 5 月 18 日。http://kokkai.ndl.go.jp/SENTAKU/syugiin/068/0710/06805090710011.pdf

48. 「第 68 回国会衆議院　内閣委員会議録第 26 号（1972 年 5 月 25 日）」衆議院事務局、1972 年 6 月 6 日。http://kokkai.ndl.go.jp/SENTAKU/syugi-in/068/0020/06805250020026.pdf

49. 「第 75 回国会衆議院　外務委員会議録第 2 号（1975 年 2 月 10 日）」衆議院事務局、1975 年 2 月 10 日。http://kokkai.ndl.go.jp/SENTAKU/syugi-in/075/0110/07502100110002.pdf

50. 「第 75 回国会衆議院　外務委員会議録第 3 号（1975 年 2 月 14 日）」衆議院事務局、1975 年 2 月 14 日。http://kokkai.ndl.go.jp/SENTAKU/syugi-in/075/0110/07502140110003.pdf

51. 「第 75 回国会衆議院　予算委員会議録第 15 号（1975 年 2 月 18 日）」衆議院事務局、1975 年 2 月 25 日。http://kokkai.ndl.go.jp/SENTAKU/syugi-in/075/0380/07502180380015.pdf

参考文献

52. 「第 75 回国会衆議院　予算委員会第二分科会議録（外務省、大蔵省及び文部省所轄）第 3 号」衆議院事務局、1975 年 2 月 26 日。http://kokkai.ndl.go.jp/SENTAKU/syugiin/075/0386/07502260386003.pdf

53. 「第 75 回国会　参議院予算委員会第二分科会（防衛庁、経済企画庁、外務省、大蔵省及び通商産業省所管）会議録第 2 号」参議院事務局、1975 年 3 月 31 日。http://kokkai.ndl.go.jp/SENTAKU/sangiin/075/1386/07503311386002.pdf

54. 「第 75 回国会衆議院　沖縄及び北方問題に関する特別委員会議録第 5 号」衆議院事務局、1975 年 7 月 2 日。http://kokkai.ndl.go.jp/SENTAKU/syugiin/075/0710/07507020710005.pdf

55. 「第 75 回国会　参議院外務委員会会議録第 17 号（1975 年 7 月 1 日）」参議院事務局、1975 年 7 月 17 日。http://kokkai.ndl.go.jp/SENTAKU/sangiin/075/1110/07507011110017.pdf

56. 「第 80 回国会　衆議院会議録第 3 号」『官報』（号外）、1977 年 2 月 3 日。http://kokkai.ndl.go.jp/SENTAKU/syugiin/080/0001/08002030001003.pdf

57. 「第 80 回国会　衆議院予算委員会会議録第 2 号（1977 年 2 月 7 日）」衆議院事務局、1977 年 2 月 12 日。http://kokkai.ndl.go.jp/SENTAKU/syugiin/080/0380/08002070380002.pdf

58. 「第 84 回国会　参議院法務委員会会議録第 7 号（1978 年 4 月 13 日）」参議院事務局、1978 年 5 月 11 日。http://kokkai.ndl.go.jp/SENTAKU/sangiin/084/1080/08404131080007.pdf

59. 「第 84 回国会　参議院外務委員会会議録第 14 号（1978 年 4 月 17 日）」参議院事務局、1978 年 5 月 12 日。http://kokkai.ndl.go.jp/SENTAKU/sangiin/084/1110/08404171110014.pdf

60. 「第 84 回国会衆議院　沖縄及び北方問題に関する特別委員会議録第 6 号（1978 年 4 月 19 日）」衆議院事務局、1978 年 5 月 9 日。http://kokkai.ndl.go.jp/SENTAKU/syugiin/084/0710/08404190710006.pdf

61. 「参議院決算委員会（第 84 回国会閉会後）会議録第 3 号（1978 年 8 月 31 日）」参議院事務局、1978 年 9 月 11 日。http://kokkai.ndl.go.jp/SENTAKU/sangiin/084/1410/08408311410003.pdf

62. 「第 85 回国会　衆議院外務委員会議録第 1 号（1978 年 10 月 13 日）」衆議

院事務局、1978 年 10 月 20 日。　http://kokkai.ndl.go.jp/SENTAKU/syugi-in/085/0110/08510130110001.pdf

63. 「第 85 回国会　参議院外務委員会議録第 4 号（1978 年 10 月 17 日）」参議院事務局、1978 年 10 月 25 日。http://kokkai.ndl.go.jp/SENTAKU/sangi-in/085/1110/08510171110004.pdf

64. 「参議院決算委員会（第 86 回国会閉会後）会議録第 2 号（1978 年 12 月 21 日）」参議院事務局、1979 年 1 月 10 日。http://kokkai.ndl.go.jp/SENTAKU/sangiin/086/1410/08612211410002.pdf

65. 「第 86 回国会衆議院　運輸委員会議録第 3 号（1979 年 2 月 15 日）」衆議院事務局、1979 年 2 月 15 日。http://kokkai.ndl.go.jp/SENTAKU/syugi-in/087/0290/08702150290003.pdf

66. 「第 87 回国会衆議院　予算委員会第二分科会議録（外務省、大蔵省及び文部省所管）第 1 号（1979 年 2 月 27 日）」衆議院事務局、1979 年 3 月 5 日。http://kokkai.ndl.go.jp/SENTAKU/syugiin/087/0386/08702270386001.pdf

67. 「第 87 回国会　参議院予算委員会議録第 8 号（1979 年 3 月 15 日）」衆議院事務局、1979 年 3 月 20 日。http://kokkai.ndl.go.jp/SENTAKU/sangi-in/087/1380/08703151380008.pdf

68. 「第 87 回国会衆議院　決算委員会議録第 7 号（1979 年 4 月 18 日）」衆議院事務局、1979 年 4 月 27 日。http://kokkai.ndl.go.jp/SENTAKU/syugi-in/087/0410/08704180410007.pdf

69. 「第 87 回国会　参議委員決算委員会会議録第 5 号（1979 年 5 月 30 日）」参議院事務局、1979 年 6 月 18 日。http://kokkai.ndl.go.jp/SENTAKU/sangi-in/087/1410/08705301410005.pdf

70. 「第 87 回国会衆議院　内閣委員会議録第 14 号（1979 年 5 月 29 日）」衆議院事務局、1979 年 6 月 12 日。http://kokkai.ndl.go.jp/SENTAKU/syugi-in/087/0020/08705290020014.pdf

71. 「第 87 回国会衆議院　外務委員会議録第 13 号（1979 年 5 月 30 日）」衆議院事務局、1979 年 6 月 12 日。http://kokkai.ndl.go.jp/SENTAKU/syugi-in/087/0110/08705300110013.pdf

72. 「第 87 回国会衆議院　外務委員会議録第 14 号（1979 年 6 月 1 日）」衆

議院事務局、1979 年 6 月 1 日。http://kokkai.ndl.go.jp/SENTAKU/syugi-in/087/0110/08706010110014.pdf

73. 「第 87 回国会　参議院沖縄及び北方問題に関する特別委員会議録第 4 号(1979 年 6 月 1 日)」参議院事務局、1979 年 6 月 26 日。http://kokkai.ndl.go.jp/SEN-TAKU/sangiin/087/1650/08706011650004.pdf

74. 「第 91 回国会衆議院　商工委員会議録第 18 号（1980 年 4 月 23 日)」衆議院事務局、1980 年 4 月 23 日。http://kokkai.ndl.go.jp/SENTAKU/syugi-in/091/0260/09104230260018.pdf

75. 「鄧小平中国副首相、会見音声」日本記者クラブ、1978 年 10 月 25 日。2015 年 4 月 1 日閲覧：http://www.jnpc.or.jp/activities/news/report/1978/10/r00019237/

［中国語］

76. 国務院法務弁公室『中华人民和国新法规汇編』国務院法制局、1992 年。

77. 「關於大陸礁層與釣魚台列嶼案之重要事件表」『外交部檔案』、中央研究院近代史研究所所蔵、檔案号：412.7/0012。

78. 「金吉隆号漁船非法侵入琉球海域」『外交部档案』、中央研究院近代史研究所档案館所蔵、档案号：019.14/0002。

79. 「沈剣虹往晤格林」『外交部収電抄件』、国史館所蔵、档案号：005-010205-00160-023。

80. 『釣魚台案』蒋経国総統文物、台北国史館所蔵、所蔵番号：005-010205-00013-011。

81. 『蒋介石日記』1970 年 9 月 9 日。

82. 『蒋介石日記』1970 年 9 月 11 日。

83. 『蒋介石日記』1970 年 9 月 12 日。

84. 『蒋介石日記』1970 年 12 月 7 日。

85. 『蒋介石日記』1971 年 1 月 30 日。

86. 『蒋介石日記』1971 年 6 月 17 日。

87. 中華人民共和国外交部、中共中央文献研究室『周恩来外交文選』中央文献出版社、1990 年。

88. 中共中央文献編集委員会編『周恩来選集：1949 年―1975 年』外文出版社、

1989 年。

89. 中共中央文献編集委員会編『鄧小平文選 第三巻』人民出版社、1993 年。

90. 中共中央文献研究室編『鄧小平文集（下巻）』人民出版社、2014 年。

91. 中共中央文献研究第二編研部編『周恩来自述：同外国人士談話録』人民出版社、2006 年。

92. 中国国民党中央員会第四組編著『釣魚台列島問題資料彙編』海峡学術出版社、2011 年。

［英語］

93. "113.Memorandum of Conversation, Washington, April 12, 1971" Foreign Relations of the United States, 1969–1976, VOLUME XVII, CHINA, 1969–1972, p.293.

94. "Telegram from State Department to Embassy Taipei on Continental Shelf, August 11, 1970," POL32-36 Senkaku, Box2589, RG59, National Archives.

95. "Telegram from State Department to Embassy Taipei on Senkaku Islands, August 19, 1970," POL 32-36 Senkaku, Box2589, RG59, National Archives.

96. "Telegram from State Department to Embassy Tokyo on Senkaku Islands, September 8, 1970," POL 32-26 Senkaku, RG59, National Archives.

97. "Telegram from State Department to Embassy Tokyo on Senkaku Islands, September 10, 1970," POL 32-36 Senkaku, Box2589, RG59, National Archives.

98. "Telegram from Am Consul Hong Kong to the State Department priority December 4, 1970," POL 32-6 Senkaku, Box 2589, RG59, The National Archives.

99. "Telegram from Am consul Hong Kong to State Department, December 7, 1970," POL 32-6 Senkaku, Box2589, RG59, National Archives.

100. "Telegram from Embassy Tokyo to HICOMRY on Weather Observatory for The Senkaku Island, January 11, 1971," POL 32-6 Senkaku, Box2589, RG59, National Archives.

101. "Telegram from Embassy Taipei to State Department on Weather Observatory for The Senkaku Island, January 13, 1971," POL 32-6 Senkaku, Box2589,

参考文献

RG59, National Archives.

102. "Telegram from Am Consul Hong Kong to State Department on Weather Observatory for The Senkaku Island, January 15, 1971," POL 32-6 Senkaku, Box2589, RG59, National Archives.

103. "Telegram from State Department to HICOMRY, Embassy Taipei, Am consul Hong Kong, CINCPAC on Weather Observatory for The senkaku Island, January 25, 1971," POL 32-6 Senkaku, Box2589, RG59, National Archives.

104. "Telegram from State Department to Embassy Taipei on GRC Claim to Sovereignty Over Senkakus, March 18,1971," POL32-6 Senkaku, Box2589, RG59, National Archives.

105. "Telegram from Embassy Taipei to State Department on Senkaku Islands, March 22, 1971," POL 32-6 Senkaku, Box2589, RG59, National Archives.

106. "Memorandum for President Nixon from Peter Peterson, Textile Negotiations in Taiwan, June 7, 1971," Henry A. Kissinger Office Files, National Security Council, Box101, Nixon Presidential Library.

107. "Memorandum from the President's Assistant for International Economic Handwriting Files" President's Office Files, White House Special Files, Box12, Nixon Presidential Materials.

108. United States Central Intelligence Agency Directorate of Intelligence. The Senkaku Islands Dispute: Oil Under Troubled Waters[Includes Maps]., 1971, Digital National Security Archive, https://search-proquest-com.ez.wul.waseda.ac.jp/docview/1679114938?accountid=14891.

109. United States. Congress. Senate. Committee on Foreign Relations, "Okinawa reversion treaty. Hearings before the Committee on Foreign Relations, United States Senate, Ninety-second Congress, first session, on Ex. J. 92-1 the agreement between the United States of America and Japan concerning the Ryukyu islands and the Daito Islands, October 27, 28, and 29, 1971." U.S. Govt. Print. Off., 1971, p.91.

110. United States Assistant to the President for National Security Affairs. Japanese Textile Negotiations., 1971, Digital National Security Archive, https://search-

293

proquest-com.ez.wul.waseda.ac.jp/docview/1679106384?accountid=14891.

111. United States. Ambassador-at-Large. Textile Negotiations in the Far East; [Includes Letter from President Nixon to Prime Minister Sato]., 1971, Digital National Security Archive, https://search-proquest-com.ez.wul.waseda.ac.jp/docview/1679118760?accountid=14891.

112. United States Assistant to the President for National Security Affairs. Okinawa Reversion., 1971, Digital National Security Archive, https://search-proquest-com.ez.wul.waseda.ac.jp/docview/1679106538?accountid=14891.

113. United States Department of S. Visit of Japanese Prime Minister Fukuda, April 30-May 6., 1978, Digital National Security Archive, p.13, https://search-pro-quest-com.ez.wul.waseda.ac.jp/docview/1679046223?accountid=14891.

● **著書**

［日本語］

114. 有馬元治『有馬元治回顧録（第 1 巻）』太平洋総合研究所、1998 年。

115. 浅野豊美『戦後日本の賠償問題と東アジア地域再編――請求権と歴史認識問題の起源』慈学社出版、2013 年。

116. 浅井基文『日本外交――反省と転換』岩波新書、1989 年。

117. 五百旗頭真『戦後日本外交史 第 3 版補訂版』有斐閣アルマ、2014 年。

118. 五百旗頭真、伊藤元重、薬師寺克行 編『90 年代の証言　宮澤喜一――保守本流の軌跡』朝日新聞社、2006 年。

119. 五百旗頭真、下斗米伸夫、A.V. トルクノフ、D.V. ストレツォフ 編『日ロ関係史――日ロ関係史』東京大学出版会、2015 年。

120. 石井明［ほか］編『記録と考証 日中国交正常化・日中平和友好条約締結交渉』岩波書店、2003 年。

121. 井上清『「尖閣」列島――釣魚諸島の史的解明』第三書館、1996 年。

122. 井上正也『日中国交正常化の政治史』名古屋大学出版会、2010 年。

123. 岩下明裕『北方領土・竹島・尖閣、これが解決策』朝日新書、2013 年。

124. 宇佐美滋『米中国交樹立交渉の研究』国際書院、1996 年。

125. 浦野起央『増補版　尖閣諸島・琉球・中国――日中国際関係史』三和書籍、

2005 年。

126. 大平正芳回想録刊行会 編『大平正芳回想録　追想編』大平正芳回想録刊行会、1981 年。

127. 大平正芳回想録刊行会 編『大平正芳回想録　資料編』大平正芳回想録刊行会、1982 年。

128. 大平正芳回想録刊行会 編『大平正芳回想録　伝記編』大平正芳回想録刊行会、1982 年。

129. 大平正芳『大平正芳全著作集 5』講談社、2011 年。

130. 王雪萍 編著『戦後日中関係と廖承志——中国の知日派と対日政策』慶應義塾大学出版社、2013 年。

131. 大石英司『尖閣喪失』中公文庫、2013 年。

132. 岡田充『尖閣諸島問題——領土ナショナリズムの魔力』蒼蒼社、2012 年。

133. 岡倉古志郎、牧瀬恒二 編『資料　沖縄問題』労働旬報社、1969 年。

134. 鹿島平和研究所 編『日本外交主要文書・年表 1』原書房、1983 年。

135. 鹿島平和研究所 編『日本外交主要文書・年表 2』原書房、1984 年。

136. 鹿島平和研究所 編『日本外交主要文書・年表 3』原書房、1985 年。

137. 河野洋平『日本外交への直言——回想と提言』岩波書店、2015 年。

138. 久保田正明『クレムリンへの使節——北方領土交渉 1955 — 1983』文藝春秋、1983 年。

139. 国分良成、添谷芳秀、高原明生、川島真『日中関係史』有斐閣、2013 年。

140. 栗山尚一『外交証言録　沖縄返還・日中国交正常化・日米「密約」』岩波書店、2010 年。

141. 栗山尚一『戦後日本外交——軌跡と課題』岩波現代全書、2016 年。

142. 現代日中関係史年表編集委員会 編『現代日中関係史年表：1950 — 1978』岩波書店、2013 年。

143. 財務省財務総合政策研究所財務史室 編『昭和財政史　昭和 49 〜 63 年度　第 2 巻　予算』東洋経済新報社、2004 年。

144. 清水美和『「中国問題」の核心』ちくま新書、2009 年。

145. 周恩来、森下修一『周恩来・中国の内外政策』中国経済新聞社、1973 年。

146. 国立研究開発法人 水産総合研究センター『平成 27 年度　我が国周辺水域の

漁業資源評価（魚種別系群別資料評価・TAC 種）第３分冊』水産庁増殖推進部、2016 年。

147. 杉本信行『大地の咆哮——元上海総領事が見た中国』PHP 研究所、2006 年。

148. 芹田健太郎『日本の領土』中公叢書、2002 年。

149. 尖閣諸島文献資料編集会 編『尖閣研究——高良学術調査団資料集』上下巻、データム・レキオス、2007 年。

150. 添谷芳秀『日本外交と中国　1945 ～ 1972』慶応通信、1995 年。

151. 園田直『世界日本愛』第三政経研究会、1981 年。

152. 武田悠『「経済大国」日本の対米協調——安保・経済・原子力をめぐる試行錯誤、1975 ～ 1981 年』ミネルヴァ書房、2015 年。

153. 高橋庄五郎『尖閣列島ノート』青年出版社、1979 年。

154. 高原明生、服部龍二 編『日中関係史 1972 － 2012　Ⅰ政治』東京大学出版会、2012 年。

155. 田中角栄『田中内閣総理大臣演説集』日本広報協会、1975 年。

156. 田中孝彦『日ソ国交回復の史的研究——戦後日ソ関係の起点 1945 ～ 1956』有斐閣、1993 年。

157. 張香山 著、鈴木英司 訳・構成『日中関係の管見と見証——国交正常化 30 年の歩み』三和書籍、2002 年。

158. 笘米地真理『尖閣諸島をめぐる「誤解」を解く——国会答弁にみる政府見解の検証』日本僑報社、2016 年。

159. 豊下楢彦『「尖閣問題」とは何か』岩波現代文庫、2012 年。

160. 中川八洋『緊急提言　尖閣防衛戦争論』PHP 研究所、2013 年。

161. 名嘉憲夫『領土問題から「国境画定問題」へ——紛争解決論の視点から考える尖閣・竹島・北方四島』明石書店、2013 年。

162. 名越健郎『クレムリン秘密文書は語る——闇の日ソ関係史』中公新書、1994 年。

163. 中村慶一郎『三木政権・747 日——戦後保守政治の曲がり角』行政問題研究所、1981 年。

164. 中曽根康弘『中曽根康弘が語る戦後日本外交』新潮社、2012 年。

165. 日本国際政治学会 編『戦後日本外交とナショナリズム——外交とナショナリズムの関係を考える（国際政治　170 号)』日本国際政治学会、2012 年。

166. 春名幹男『仮面の日米同盟 ——米外交機密文書が明かす真実』文春新書、2015 年。

167. 波多野澄雄『冷戦変容期の日本外交——「ひよわな大国」の危機と模索』ミネルヴァ書房、2013 年。

168. 服部龍二『日中国交正常化——田中角栄、大平正芳、官僚たちの挑戦』中公新書、2011 年。

169. 畠山理仁 構成『領土問題、私はこう考える！——孫崎享、山田吉彦、鈴木宗男ほか識者たちの提言』集英社、2012 年。

170. 原貴美恵『サンフランシスコ平和条約の盲点——アジア太平洋地域の冷戦と「戦後未解決の諸問題」』渓水社、2005 年。

171. 林茂、辻清明 編『日本内閣史録 6』第一法規出版、1981 年。

172. 福田赳夫『回顧九十年』岩波書店、1995 年。

173. フランク・C・ラングドン 著、福田茂夫 監訳『戦後の日本外交——池田時代・佐藤時代・その後』ミネルヴァ書房、1976 年。

174. 藤岡信勝、加瀬英明 編『中国はなぜ尖閣を取りに来るのか』自由社、2010 年。

175. 古川万太郎『日中戦後関係史』原書房、1988 年。

176. 古澤健一『昭和秘史 日中平和友好条約』講談社、1988 年。

177. 法眼晋作『日本の外交戦略』原書房、1981 年。

178. 増田弘 編『戦後日本首相の外交思想——吉田茂から小泉純一郎まで』ミネルヴァ書房、2016 年。

179. 御厨貴、中村隆英 編『聞き書 宮澤喜一回顧録』岩波書店、2005 年。

180. 孫崎享『日本の国境問題——尖閣・竹島・北方領土』ちくま新書、2011 年。

181. 孫崎享『検証 尖閣問題』岩波書店、2012 年。

182. 宗像直子『日中関係の転機——東アジア経済統合への挑戦』東洋経済新報社、2001 年。

183. 村田良平『回顧する日本外交 1952 — 2002 』都市出版、2004 年。

184. 村田忠禧『尖閣列島・釣魚島問題をどう見るか——試される二十一世紀に生きるわれわれの英知』日本僑報社、2004 年。

185. 毛里和子、増田弘 監訳『周恩来・キッシンジャー機密会談録』岩波書店、2004 年。

186. 毛里和子『日中関係——戦後から新時代へ』岩波新書、2006 年。

187. 毛里和子、張蘊嶺 編『日中関係をどう構築するか——アジアの共生と協力をめざして』岩波書店、2004 年。

188. 矢吹晋『尖閣問題の核心——日中関係はどうなる』花伝社、2013 年。

189. 矢吹晋『尖閣衝突は沖縄返還に始まる——日米中三角関係の頂点としての尖閣』花伝社、2013 年。

190. 吉田実『日中報道　回想の三十五年』潮出版社、1998 年。

191. 宋堅之 責任編集『忘れ難き歳月——記者の見た中日両国関係』五洲伝播出版社、2007 年。

192. 李恩民『「日中平和友好条約」交渉の政治過程』御茶の水書房、2005 年。

193. 劉傑、川島真 編『対立と共存の歴史認識——日中関係150 年』東京大学出版会、2013 年。

194. 劉徳有 著、王雅丹 訳『時は流れて（上下）——日中関係秘史五十年』藤原書店、2002 年。

195. ロバート・D・エルドリッヂ 著、吉田真吾、中島琢磨 訳『尖閣問題の起源——沖縄返還とアメリカの中立政策』名古屋大学出版会、2015 年。

196. サンケイ新聞社『蒋介石秘録——日中関係八十年の証言　改訂版』サンケイ出版、1985 年。

197. 王缉思、ジェラルド・カーティス、国分良成『日米中トライアングル——3 カ国協調への道』岩波書店、2010 年。

198. 王敏 編著『周恩来たちの日本留学——百年後の考察』三和書籍、2015 年。

199. 金冲及 主編『周恩来伝1949 ― 1976（下）』岩波書店、2000 年。

［中国語］

200. 北京日本学研究中心『大平正芳与中日関系』中央編譯出版社、2011 年。

201. 『鄧小平与外国首脳及記者会談録』編集部『鄧小平与外国首脳及記者会談録』台海出版社、2011 年。

202. Ezra F. Vogel 著、馮克利 訳『鄧小平時代』香港中大学出版社、2012 年。

203. 馮昭奎『中日関係報告』時事出版社、2007 年。

204. 高書全『中日関係史—第二巻』社会科学文献出版社、2006 年。

205. 黄大慧『日本大国化趨勢与中日関係』社会科学文献出版社、2008 年。

206. 黄天才『日中外交的人与事』聯経出版事業公司、1995 年。

207. 金冲及 主編『周恩来伝（第四巻）』中央文献出版社、1998 年。

208. 鞠徳源『為釣魚島正名』昆仑出版社、2006 年。

209. 冷溶、汪作玲　主編『鄧小平年譜(1975 — 1997)上巻』中央文献出版社、2004 年。

210. 李建民『冷戦後的中日関係史（1989 — 2006)』中国経済出版社、2007 年。

211. 廉徳瑰『美国与中日関係的演変：1949 — 1972』世界知識出版社、2006 年。

212. 劉江永『中日关系二十講』中国人民大学出版社、2007 年。

213. 劉江永『中国与日本：変化中的"政冷経熱"関係』人民出版社、2007 年。

214. 劉江永『釣魚島列島帰属考：事実與法理』人民出版社 、2016 年。

215. 劉天純ほか『日本対華政策与中日関係』人民出版社、2004 年。

216. 馬英九『従新海洋法論釣魚台列島与东海劃界問題』正中書局、1986 年。

217. 裴華『中日外交風雲中的鄧小平』中央文献出版社、2002 年。

218. 浦野起史、劉朝、植栄辺吉『釣魚台群島（尖閣諸島）問題研究資料彙編』刀水書房、2001 年。

219. 史桂芳『近代日本人的中国観与中日関係』社会科学文献出版社、2009 年。

220. 孫平化『中日友好随想録』世界知識出版社、1987 年。

221. 王俊彦『中日関係掘井人』世界知識出版社、2010 年。

222. 王泰平『新中国外交 50 年（上巻）』北京出版社、1999 年。

223. 王鉄鈞『中日関係史論』中国文史出版社、2005 年。

224. 王勇『中日関係的歴史軌跡』上海辞書出版社、2010 年。

225. 張蓬舟『中日関係五十年大事記　1932 — 1982』文化芸術出版社、2006 年。

226. 張平『釣魚島風雲』国際文化出版社、2000 年。

227. 張香山『中日関系管窺与見証』当代世界出版社、1998 年。

228. 張植栄『东海油争―釣魚島争端的历史、法理与未来』黒龍江人民出版社、2011 年。

229. 郑海麟『釣魚島列島之历史与法理研究』中華書局、2007 年。

230. 郑海麟『釣魚島列島之历史与法理研究（増订本）』中華書局、2007 年。

［英語］

231. Eldridge, Robert D. The Origins of the Bilateral Okinawa Problem: Okinawa in Postwar US-Japan Relations, 1945-1952. Routledge, 2013.

232. Eldridge, Robert D. The Origins of US Policy in the East China Sea Islands Dispute: Okinawa's Reversion and the Senkaku Islands. Routledge, 2014.

233. Hara, Kimie. Japanese-Soviet/Russian Relations Since 1945: a Difficult Peace. Routledge, 2003.

234. Harrison, Selig S. Seabed Petroleum in Northeast Asia: Conflict or Cooperation? . Woodrow Wilson International Center for Scholars, Asia Program, 2005.

235. Kissinger, Henry. The White House Years. Boston: Little, Brown, 1979.

236. Suganuma, Unryu. Sovereign Rights and Territorial Space in Sino-Japanese Relations: Irredentism and the Diaoyu/Senkaku Islands. University of Hawaii press, 2000.

237. Hasegawa, Tsuyoshi. The Northern Territories Dispute and Russo-Japanese Relations. Vol. 1. University of California, International & Area Studies, 1998.

● **論文**

［日本語］

238. 新井雄「1970 年代『日華関係議員懇談会』背景分析」『現代桃花源学刊』第 5 期、2015 年 12 月。

239. 池田維「尖閣領有権に『棚上げ』はあったか？」『霞関会会報』 7 月号、2013 年 7 月。

240. 大島直行「尖閣列島をめぐる石油戦争」『経済往来』、1972 年 5 月。

241. 大川公一「転換期の安全保障論──『総合安全保障論』をめぐる予備的考察」『富山国際大学国際教養学部紀要』Vol. 1 、2005 年 3 月。

242. 太田昌克「尖閣、沖縄、台湾、そして密約── 1971 年、米国アジア政策の源流」『世界』、2013 年 8 月。

243. 加藤幸弘「大陸棚画定のための科学的調査」『地学雑誌』vol.115 No. 5 、2006 年 10 月。

244. 鹿島平和研究所編「日本の北方領土返還要求を支持する毛沢東中国共産党主席の日本社会党訪中団に対する談話」『日本外交主要文書・年表2』原書房、1984年。

245. 鹿島平和研究所編「日中覚書貿易会談コミュニケ」『日本外交主要文書・年表3』原書房、1985年。

246. 「外務省が削除した日中『棚上げ』合意の記録 尖閣諸島問題の核心について、岩上安身が矢吹晋氏にインタビュー」IWJ Independent Web Journal、2013年12月10日。http://iwj.co.jp/wj/open/archives/115882

247. 栗山尚一「尖閣諸島問題を考える」『霞関会会報』5月号、2013年5月。

248. 「経済復興の主柱に尖閣列島の石油・ガス開発」『時事解説』、1969年10月1日。

249. 坂元茂樹「領土問題と国際法」日本記者クラブ、2012年12月14日。

250. 坂元一哉「中国がつく尖閣『棚上げ』の嘘」産経新聞、2013年11月13日。

251. 西園寺一晃「21世紀・日中関係を考える」『軍縮問題資料』、1998年9月。

252. 佐々木紀人「"資源超大国"中国の石油事情」『経済往来』、1972年5月。

253. 柴田穂「"尖閣事件"と日中平和友好条約交渉」『通信協会雑誌』、1978年6月。

254. 清水幹夫「橋本恕氏に聞く――日中国交正常化交渉」大平正芳記念財団 編『去華就實 聞き書き・大平正芳』大平正芳記念財団、2000年。

255. 政策研究会総合安全保障研究グループ『総合安全保障研究グループ報告書』、1980年7月2日、7頁。『総合安全保障戦略 大平総理の政策研究会報告書―5』大蔵省印刷局、1980年。

256. 「『尖閣列島侵犯』の『真相』情報」『週刊新潮』、1978年4月27日。

257. 「尖閣列島問題とその背景」『世界』第310号、1971年9月。

258. 「尖閣列島は日本領」『時事解説』、1972年3月16日。

259. 園田直、竹村健一「日中平和友好条約調印――今あかす"率直外交"の内幕――園田外相に直撃インタビュー」『月刊自由民主』、1978年10月。

260. 宋堯「日中友好協会と中日友好協会」『国際文化研究紀要』(13)、2006年。

261. 田才徳彦「日華断交と日中国交正常化」『政経研究』第50巻第3号、2014年3月。

262. 田島高志「尖閣問題『中国は話し合いを控えたいとし、日本側は聞きおくに留めた』鄧小平・園田会談同席者の証言」『外交』第18号、2013年3月。

263. 丹羽文生「日中航空協定締結の政策決定過程——自民党日華関係議員懇談会の影響力」『問題と研究』第 37 巻(4)、2008 年 10、11、12 月号。

264. 張香山「鄧小平と『中日平和友好条約』（上）」『軍縮問題資料』、1998 年 7 月。

265. 張香山「鄧小平と『中日平和友好条約』（中）」『軍縮問題資料』、1998 年 8 月。

266. 張香山「鄧小平と『中日平和友好条約』（下）」『軍縮問題資料』、1998 年 9 月。

267. 張香山「張香山回顧録（下）国交正常化 25 年目の証言」『論座』33 号、1998 年 1 月。

268. 苫米地真理「尖閣諸島をめぐる『領有権問題』否定の起源——政策的解決への可能性」『公共政策志林』、2015 年 3 月。

269. 中江要介「日中平和友好条約について」『世界週報』、1978 年 8 月。

270. 二階堂進「日中国交秘話　中南海の一夜」大平正芳記念財団 編『大平正芳政治的遺産』大平正芳記念財団、1994 年。

271. 西義之「尖閣問題を“棚上げ”した新聞」『週刊新潮』、1978 年 4 月。

272. 倪志敏「田中内閣における日中国交正常化と大平正芳（その四）」経済学論集、Vol.48 No.3.4、2009 年 3 月。

273. 倪志敏「釣魚島（尖閣諸島）領有権問題に関する日中間の『棚上げ合意』の史的経緯」『社会科学研究年報』第 43 号、2012 年。

274. 倪志敏「釣魚島（尖閣諸島）問題に関する『棚上げ合意』は如何に再確認されたのか」『国際シンポジウム　現下の難局を乗り越えて——日中が信頼関係を取り戻すには　資料集』、2013 年 9 月。

275. 倪志敏「釣魚島（尖閣諸島）『棚上げ合意』が再確認された経緯を解明する——1978 年と 1990 年代を中心に」ダイヤモンド・オンライン、2013 年 10 月 23 日。http://diamond.jp/articles/-/43375

276. 倪志熊「大平正芳内閣と日中関係（その一）」『龍谷大学経済学論集』、2009 年 12 月。

277. 白西紳一郎「青年よ、日中の歴史を学び、未来を切り拓け！」『人民日報海外版日本月刊』、2013 年 7 月 25 日。

278. 「日米繊維戦争の外交と内政（新聞社説・採点）」『経済評論』、1971 年 5 月。

279. 「日台空路が再開した——きっかけは宮澤外相発言」『ASIAN REPORT』1975 年 7 月 15 日号、マスコミ総合研究所、1975 年 7 月。

参考文献

280. 「日中長期貿易取り決め書」『日中関係基本資料集』霞山会、2008 年。

281. 『日中関係基本資料集　1972 年―2008 年』霞山会、2008 年。

282. 濱川今日子「東シナ海における日中境界画定問題――国際法から見たガス田開発問題」『調査と情報　Issue Brief』No.547、2006 年 6 月。

283. 濱川今日子「尖閣諸島の領有をめぐる論点」『調査と情報― ISSUE BRIEF』No.565、2007 年 2 月。

284. 春名幹男「尖閣領有アメリカは日本を裏切った」『文藝春秋』 7 月号、2013 年 7 月。

285. 服部倫卓「2007 年の日ロ貿易――高まる双方にとっての重要性」『ロシア NIS 調査月報』 5 月号、2008 年 5 月。

286. 服部龍二「尖閣諸島領有権の原点と経緯」『外交』vol.15、2012 年 9 月。

287. 原聡「尖閣諸島問題――歴史的考察」国際フォーラム、2013 年 1 月 5 日。

288. 平松茂夫「尖閣諸島の領有権問題と中国の東シナ海戦略」杏林社会科学研究、第 12 巻　第 3 号、1996 年 12 月。

289. 平松茂夫「進展する中国の東シナ海石油開発と海洋調査」地域構想特別委員会、2000 年。http://www.cnfc.or.jp/j/proposal/asia00/hiramatsu.html

290. 古森義久「大統領執務室で何が語られていたのか？『尖閣は日本領』と認めていたニクソン政権」JBPRESS、2012 年 10 月 31 日。http://jbpress.ismedia.jp/articles/-/36434?page=4

291. 細谷千博「"全方位" 日本の進路」『中央公論』1978 年 10 月。

292. 真山実「尖閣列島問題と真の日中友好の道」『前衛』、1978 年 6 月。

293. 皆川洸「尖閣諸島事件の今後」『時事解説』、1978 年 5 月。

294. 「未来に目を向けた友好関係を　鄧小平　中国副首相」日本記者クラブ、1978 年 10 月 25 日。https://s3-ap-northeast-1.amazonaws.com/jnpc-prd-public/files/opdf/117.pdf

295. 宮崎仁「中国の石油開発と日中関係」『経団連月報』第 27 巻第 1 号、1979 年 1 月。

296. 村瀬信也「日中大陸棚境界画定問題」『国際問題』No.565、2007 年 10 月。

297. 森山欽司「さまざまな出会い」大平正芳回想録刊行会 編『大平正芳回想録―追想編』大平正芳回想録刊行会、1981 年。

303

298. 吉田実「ドキュメント 日中平和友好条約」『世界』、1971 年 9 月。

299. 李恩民「1970 年代における日台航空関係の変遷」『宇都宮大学国際学部研究論集』第 13 号、2002 年 3 月。

300. 「（ロ）関係公文書等 尖閣列島における不法入域台湾人の調査報告」『季刊沖縄』56 号、1971 年 3 月、165 － 168 頁。

[中国語]

301. 程中原「鄧小平両次復出的台前幕後」『伝承』第 4 期、2008 年 4 月。

302. 「釣魚台畔的鯖魚」『中国人雑誌』第三巻 1、2 期合刊、1970 年 10 月。

303. 胡暁麗「美国的対中対蘇戦略与 20 世紀 70 年代的三国関係」『理論学刊』第 7 期、2014 年 7 月。

304. 黄大慧「釣魚島争端的來龍去脈」『求是』第 20 期、2010 年 10 月。

305. 江培柱「日中締結和平友好条約談谈判和鄧小平訪日」中国共産党歴史網、2014 年 8 月 5 日。http://www.zgdsw.org.cn/n/2014/0805/c244516-25405735.html

306. 李国強「近 10 年来釣魚島問題之状況」『中国边疆史地研究』第 1 期、2002 年 1 月。

307. 李慶成「釣魚島争端初起時的台美交渉」『米国研究』、2014 年 4 月。

308. 李晔「釣魚島問題与中日関係」『外国問題研究』、1998 年第 2 期。

309. 廉德瑰「日本国内政治及其対『擱置争議』的影響」『太平洋学報』、2014 年第 4 期。

310. 劉江永「着眼未来 発展合作」『瞭望』、1998 年 9 月。

311. 劉江永「日本的国家利益観、対外戦略與対華政策」『外交評論』、2012 年第 5 期。

312. 劉江永「釣魚島為甚麽属於中国」『光明日報』、2012 年 9 月 25 日。

313. 劉江永「釣魚島争議与中日関係面臨的挑戦」『日本学刊』、2012 年第 6 期。

314. 劉文宗「石油資源与釣魚島争端」『中国辺疆史地研究』、2002 年第 1 期。

315. 石家鋳「釣魚島問題的現状与中日関係」『鄧小平理論研究』、2004 年第 4 期。

316. 陶永祥「中日和平友好条約簽訂始末」中国共産党新聞、2008 年 12 月。http://cpc.people.com.cn/GB/85037/85039/7431137.html

317. 王友明「『米日沖縄返還協定』私相授受釣魚島的非法性」『国際問題研究』第 6 期、2012 年 12 月 6 日。

318. 王鴻驚「40 年保釣那些人与事：历史、经验与教训」『三聯生活週刊』、2010年 12 月。

319. 萧泓、刘锋「中日和平友好条約締約秘聞」『党史博彩』、2003 年 6 月。

320. 楊天石「蒋介石与釣魚島的主権争議」炎黄春秋、2014 年 9 月。

321. 宇佐美滋「尖閣列島問題」『钓鱼台列屿之法律地位』東吴大学、1998 年。

322. 周永生「日本国内関於東海問題的争論」『国際政治科学』、2008 年第 1 期。

323. 張香山「中日復交談判回顧」『日本学刊』、1998 年第 1 期。

324. 張香山「鄧小平同志与『中日和平友好条約』」人民網・中国共産党新聞網、2004 年 7 月 14 日。http://cpc.people.com.cn/GB/69112/69113/69116/4724854.html

325. 赵国材「論釣魚台列島之法律地位及其争端之解決」第三回釣魚台列島問題国際学術討論会、2011 年 9 月 2 日。

326. 「不該忘却的歷史」『環球』、2012 年 8 月 1 日第 15 期。http://news.xinhuanet.com/globe/2012-07/25/c_131737360.htm

327. 「劉江永：日本淡化『開羅宣言』的重要性是为窃据釣魚島」華語広播網、2013年 12 月 2 日。http://gb.cri.cn/1321/2013/12/02/1427s4341372.htm

328. 「70 年台記者登島保釣 插旗書写"蒋総統万歳"」環球網、2012 年 8 月 31 日。http://firefox.huanqiu.com/history/globaltimes/2012-08/3083719.html

329. 「三十五年前華人精英的保釣夢」『南方週末』、2005 年 8 月 4 日。http://news.big5.enorth.com.cn/system/2005/08/04/001085643.shtml

330. 「試論 1970 年代中国留美学生的保釣運動」『中共貴州省委党校学報』 第 4 期、2012 年。

331. 「鲜为人知的歷史：七十年代台港留学生激憤保釣」華夏経緯網、2005 年 7 月5 日。http://www.huaxia.com/tw/sdbd/rw/2005/00338280.html

332. 「専家談『開羅宣言』：日本欲借旧金山合約攪局」求是理論網、2013 年 12 月 3 日。http://www.qstheory.cn/gj/gj_fcdh/201312/t20131203_298442.htm

333. 「中国日報網独家専訪日本問題専家劉江永」中国日報ネット、2013 年 12 月 1日。

[英語]

334. Cheng, Tao. "The Sino-Japanese Dispute over the Tiao-yu-tai (Senkaku) Is-

lands and the Law of Territorial Acquisition." Va. J. Int'l L. 14 (1973): 221.

335. Chien-Peng, Chung. "The Diaoyu/Tiaoyutai/Senkaku Islands Dispute: Domestic Politics and the Limits of Diplomacy." American Asian Review 16.3 (1998): 135.

336. Drifte, Reinhard. "The Senkaku/Diaoyu Islands Territorial Dispute Between Japan and China: Between the Materialization of the 'China Threat' And Japan' Reversing the Outcome of World War II'?" UNISCI Discussion Papers 32 (2013): 9.

337. Drifte, Reinhard. "The Japan-China Confrontation over the Senkaku/Diaoyu Islands–Between 'Shelving' and 'Dispute Escalation'." The Asia-Pacific Journal 12.30 (2014): 28.

338. Fearon, James D. "Rationalist Explanations for War." International organization 49.03 (1995): 379-414.

339. Fravel, M. Taylor. "Explaining Stability in the Senkaku (Diaoyu) Islands Dispute." Getting the Triangle Straight: Managing China–Japan–US Relations, The Brookings Institution 159 (2010).

340. Koo, Min Gyo. "The Senkaku/Diaoyu Dispute and Sino-Japanese Political-Economic Relations: Cold Politics and Hot Economics?" The Pacific Review 22.2 (2009): 205-232.

341. Manyin, Mark E. "Senkaku (Diaoyu/Diaoyutai) Islands Dispute: US Treaty Obligations." Current Politics and Economics of South, Southeastern, and Central Asia 21.3/4 (2012): 231.

342. Osti, Donatello. "The Historical Background to the Territorial Dispute over the Senkaku/Diaoyu Islands." International Peace & Security Institute 182 (2013): 1-9.

343. Ramos-Mrosovsky, Carlos " International Law's Unhelpful Role in the Senkaku Islands", University of Pennsylvania Journal of International Law Vol.29:4, 2008.

344. Tretiak, Daniel. "The Sino-Japanese Treaty of 1978: The Senkaku Incident Prelude." Asian Survey 18.12 (1978): 1235-1249.

参考文献

345.　Valencia, Mark J. "Northeast Asia: Navigating Neptune's Neighbour-hood." Confidence Building Measures and Security Issues in Northeast Asia (2000).

● **新聞記事（日付順）**

［日本語］

346.　「日ソ・日中関係の今後　米学者 2 人に聞く」『朝日新聞』、1971 年 4 月 6 日朝刊、 4 面。

347.　「沖縄返還まで『凍結』『尖閣』周辺の石油開発　政府方針」『読売新聞』、1971 年 4 月 10 日、 1 面。

348.　「対台湾交渉を開始」『サンケイ新聞』1971 年 6 月 2 日、 1 面。

349.　「尖閣列島で米の証言を要請　外相語る」『朝日新聞』、1972 年 3 月 21 日夕刊、 2 面。

350.　「米は中立を変えず　尖閣列島問題の帰属問題　国務省筋見解」『朝日新聞』、1972 年 3 月 22 日夕刊、 2 面。

351.　「首相、米の態度を非難」『朝日新聞』、1972 年 3 月 23 日夕刊、 1 面。

352.　「ソ連も興味を隠さず『日中に水』ひそかに期待？」『読売新聞』、1972 年 3 月 26 日、 2 面。

353.　「『北方領土』に理解か　日ソ平和条約交渉に楽観論　モスクワ外交筋」『朝日新聞』、1972 年 4 月 8 日夕刊、 2 面。

354.　「"尖閣は中国領土"友好協会正統派が見解」『読売新聞』、1972 年 7 月 8 日朝刊、 3 面。

355.　「北方領土の解決　貸与方式も一案　ソ連側消息筋が示唆」『朝日新聞』、1972 年 7 月 15 日朝刊、 1 面。

356.　「北方領土は固有　貸与方式受入れられぬ　田中首相語る」『朝日新聞』、1972 年 7 月 16 日朝刊、 2 面。

357.　「北方領土貸与説　ソ連が否定」『朝日新聞』、1972 年 7 月 22 日朝刊、 2 面。

358.　「領土は解決済み　ソ連誌がきびしい論調」『朝日新聞』、1972 年 10 月 6 日夕刊、 2 面。

359.　「(解説)北方領土　急進展は望めず」『朝日新聞』、1972 年 10 月 25 日朝刊、2 面。

360. 「日中交渉、東京で　対ソ交渉も積極推進　政府・自民一致」『朝日新聞』、1975 年 1 月 14 日朝刊、2 面。

361. 「駐日ソ連大使、椎名・自民党副総裁に日中平和友好条約締結の再考を促す」『毎日新聞』、1975 年 2 月 4 日日刊、1 面。

362. 「『台湾帰属』明記を　『平和友好条約』で中国見解　親台派とソ連刺激　政府苦慮」『読売新聞』、1975 年 2 月 6 日朝刊、1 面。

363. 「ソ連『善隣友好条約』を提案　ブレジネフ書記長から親書　平和条約と別に　三木首相、拒否を表明」『朝日新聞』、1975 年 2 月 14 日朝刊、1 面。

364. 「覇権反対、譲れぬ原則　ソ連と台湾派の干渉非難　張香山氏表明」『朝日新聞』、1975 年 3 月 10 日朝刊、2 面。

365. 「ソ連、けん制の論陣　日中条約の『覇権』批判　プラウダ」『朝日新聞』、1975 年 4 月 26 日朝刊、2 面。

366. 「モスクワ放送も警告」『朝日新聞』、1975 年 4 月 26 日朝刊、2 面。

367. 「覇権問題に揺れる野党　微妙な食い違い　条項の盛り込みで」『朝日新聞』、1975 年 4 月 27 日朝刊、2 面。

368. 「日中条約交渉　再び中国非難　モスクワ放送」『朝日新聞』、1975 年 5 月 1 日朝刊、9 面。

369. 「覇権　自民党内の両論を聞く　積極論　坂本外交部会長　友好形成こそ先決」『朝日新聞』、1975 年 5 月 4 日朝刊、2 面。

370. 「党内不一致を露呈　先発した親中国派議員団が意見交換」『朝日新聞』、1975 年 5 月 4 日朝刊、2 面。

371. 「『二超大国の覇権主義に反対』　中国側と意見一致　社党親中派『流れの会』」『朝日新聞』、1975 年 5 月 4 日朝刊、2 面。

372. 「ソ連外相が日中関係を非難」『朝日新聞』、1975 年 5 月 15 日夕刊、2 面。

373. 「ソ連へ慎重な配慮　日中外相会談　外務省首脳語る」『朝日新聞』、1975 年 9 月 9 日朝刊、2 面。

374. 「覇権問題　ソ連の心配は無用　外相、ト駐日大使に言明」『朝日新聞』、1975 年 9 月 18 日朝刊、1 面。

375. 「"日中条約急ごう"首相、華主席あて伝言　河野議長に依頼」『読売新聞』、1977 年 1 月 10 日朝刊夕刊、1 面。

376. 「日中交渉　早期に再開『声明』は忠実に実行　首相、竹入氏に託す」『読売新聞』、1977 年 1 月 19 日朝刊、 1 面。

377. 「日中条約進めたい　福田首相、竹入氏に伝達要請」『朝日新聞』、1977 年 1 月 19 日、 1 面。

378. 「宮沢四原則が基礎　外務省」『読売新聞』、1977 年 1 月 20 日朝刊、 1 面。

379. 「四原則変更で好感　中国、福田内閣を評価」『読売新聞』、1977 年 1 月 21 日朝刊、 2 面。

380. 「条約進展　政府に期待感」『朝日新聞』、1977 年 1 月 23 日朝刊、 1 面。

381. 「三木・宮澤路線を批判」『朝日新聞』、1977 年 1 月 23 日朝刊、 1 面。

382. 「日中条約なお慎重　外務省首脳　首相伝言は礼儀上　具体行動や政策含まず」『朝日新聞』、1977 年 1 月 25 日朝刊、 2 面。

383. 「国会終了後に外相派遣も　日中条約締結　福田首相、“早期” へ初表明」『読売新聞』、1977 年 3 月 4 日朝刊、 2 面。

384. 「法眼 “特使” あす訪中　日中条約で打診　対ソにらみ成果注目」『読売新聞』、1977 年 4 月 27 日朝刊、 1 面。

385. 「福田訪中を歓迎　李副首相言明」『読売新聞』、1977 年 4 月 27 日朝刊、1 面。

386. 「日中条約、機運高まる　保利訪中に親書託す　首相表明」『読売新聞』、1977 年 5 月 30 日朝刊、 1 面。

387. 「自民内なお慎重論も」『読売新聞』、1977 年 6 月 1 日朝刊、 1 面。

388. 「『日中』推進　自民、足元ぐらり　長老・青嵐会らが異論　日ソはね返りなど懸念」『朝日新聞』、1977 年 6 月 1 日朝刊、 2 面。

389. 「日中条約　首相が慎重発言『親書の委託は未定』」『朝日新聞』、1977 年 6 月 5 日朝刊、 1 面。

390. 「『日中条約は慎重に』自民長老、首相に “意見”」『読売新聞』、1977 年 6 月 8 日朝刊、 2 面。

391. 「『連合政権は不要』首相発言要旨」『朝日新聞』、1977 年 6 月 11 日朝刊、2 面。

392. 「『日中』再開来月に　日ソ漁業」と平行交渉　政府筋語る」『読売新聞』、1977 年 6 月 13 日夕刊、 1 面。

393. 「首相の『日中』後退批判　李先念副首相　離任・小川大使と会談」『読売新聞』、1977 年 6 月 26 日朝刊、 2 面。

394. 「廖氏も不信表明　訪中の飛鳥田氏に」『読売新聞』、1977 年 6 月 26 日朝刊、2 面。

395. 「促進派がジリジリと慎重派の外堀埋める」『サンケイ新聞』、1978 年 3 月 1 日、2 面。

396. 「交渉再開への動きを探る　外務省注目　訪中団」『朝日新聞』、1978 年 3 月 10 日朝刊、2 面。

397. 「福田内閣支持は 25％　不支持ふえ 47％　経済策に不満　本社全国世論調査」『読売新聞』、1978 年 3 月 11 日朝刊、1 面。

398. 「中国見解全文／日中条約」『読売新聞』、1978 年 3 月 15 日朝刊、1 面。

399. 「日中条約　中国が 4 項目見解　『覇権・第三国』で平行線　独自外交には理解」『読売新聞』、1978 年 3 月 15 日朝刊、1 面。

400. 「方針転換意味せぬ　廖会長、答礼宴で語る／日中条約・中国見解」『読売新聞』、1978 年 3 月 15 日朝刊、3 面。

401. 「慎重派からも柔軟論」『サンケイ新聞』、1978 年 3 月 20 日、1 面。

402. 「日中平和友好条約のメリット強調　政府、交渉再開すでに決断」『サンケイ新聞』、1978 年 3 月 23 日、1 面。

403. 「総務会でも強い慎重論 交渉再開慎重派」『朝日新聞』、1978 年 3 月 24 日夕刊、1 面。

404. 「青嵐会、早くもけん制」『サンケイ新聞』、1978 年 3 月 24 日、1 面。

405. 「灘尾氏らに協力要請」『朝日新聞』、1978 年 3 月 25 日朝刊、2 面。

406. 「『尖閣に既得権を』自民総務会全員一致で　政府に要求へ」『読売新聞』、1978 年 3 月 25 日朝刊、2 面。

407. 「日中『日米』後が本番」『サンケイ新聞』、1978 年 3 月 26 日、2 面。

408. 「日中交渉再開『ぎりぎりの時期』と首相　灘尾氏らと会談、協力要請」『朝日新聞』、1978 年 3 月 26 日朝刊、2 面。

409. 「きょうから本格化」『朝日新聞』、1978 年 3 月 27 日朝刊、2 面。

410. 「"慎重型"外務省が変身　日中条約で大張り切り　権威の回復もかけて」『朝日新聞』、1978 年 3 月 27 日朝刊、2 面。

411. 「交渉再開に反対　自民の慎重派六項目の文書　交渉再開慎重派」『朝日新聞』、1978 年 3 月 28 日朝刊、1 面。

412. 「自民長老会議も注文　日中交渉　政府、協力を要請　日中平和友好条約」『朝日新聞』、1978 年 3 月 28 日朝刊、2 面。

413. 「日中平和友好条約の交渉再開　自民党両派に聞く」『朝日新聞』、1978 年 3 月 29 日朝刊、2 面。

414. 「A 研の主張案要旨」『サンケイ新聞』、1978 年 3 月 29 日、3 面。

415. 「問われる首相の指導力　福田派から大部隊　自民内の『日中』慎重派」『朝日新聞』、1978 年 3 月 31 日朝刊、2 面。

416. 「日中条約交渉　足踏みするな　訪中の宇都宮氏語る　日中平和友好条約」『朝日新聞』、1978 年 4 月 1 日朝刊、2 面。

417. 「『日中』自民の部会審議　週内打ち切りも　執行部方針　両論併記で政調審へ」『読売新聞』、1978 年 4 月 10 日朝刊、2 面。

418. 「日中　首相 "見切り発車" 期待　自ら党内調整へ　訪米前メドに結論」『読売新聞』、1978 年 4 月 12 日朝刊、1 面。

419. 「『尖閣列島』明確にせよ」『サンケイ新聞』、1978 年 4 月 12 日、2 面。

420. 「政府は冷静な対応　中国漁船群の尖閣列島侵犯　日中慎重派は勢いづく？」『朝日新聞』、1978 年 4 月 13 日朝刊、2 面。

421. 「日本の領有権は明白　条約問題とは分離処理　自民首脳強調」『朝日新聞』、1978 年 4 月 13 日朝刊、2 面。

422. 「『領土』が先決　日中平和友好条約　自民首脳が判断」『朝日新聞』、1978 年 4 月 14 日朝刊、1 面。

423. 「『条約と絡めずに』野党各党」『読売新聞』、1978 年 4 月 14 日朝刊、2 面。

424. 「『尖閣』問題 4・13 ドキュメント官邸・国会……波紋広がる」『朝日新聞』、1978 年 4 月 14 日朝刊、2 面。

425. 「ヘリポートの建設など　実効的支配を検討　自民総務会で海保庁長官談」『朝日新聞』、1978 年 4 月 14 日夕刊、1 面。

426. 「首相なお『様子を見る』　政府方針・対応策」『朝日新聞』、1978 年 4 月 14 日夕刊、1 面。

427. 「中国、近く態度表明か　符浩大使がほのめかす　中国側の態度」『朝日新聞』、1978 年 4 月 14 日夕刊、1 面。

428. 「政府は主権行使を」『サンケイ新聞』、1978 年 4 月 14 日、2 面。

429. 「『尖閣に人を住まわせる』　自民首脳　中国漁船団尖閣列島領海侵犯」『朝日新聞』、1978年4月15日朝刊、3面。

430. 「日中条約での党内調整凍結　自民・外交合同会議」『朝日新聞』、1978年4月15日朝刊、3面。

431. 「『尖閣』漁船退去に全力　政府・自民首脳確認　日中条約の努力続ける」『読売新聞』、1978年4月15日夕刊、1面。

432. 「事態正常化が先決　大平幹事長語る」『読売新聞』、1978年4月15日夕刊、1面。

433. 「『尖閣』打開へ双方動く　中国『漁船出漁は偶発』耿副首相が言明」『朝日新聞』、1978年4月16日朝刊、1面。

434. 「侵犯船退去後の対応策　共同声明原則に戻す　外務省方針　政府方針・対応策」『朝日新聞』、1978年4月16日朝刊、1面。

435. 「『魚群追って尖閣海域へ』日友好協会当局者」『朝日新聞』、1978年4月17日朝刊、1面。

436. 「お国柄？　対日理解度の不足？」『朝日新聞』、1978年4月18日朝刊、2面。

437. 「尖閣の領土確定が前提　日中再開で自民Ａ研　日中平和友好条約」『朝日新聞』、1978年4月18日朝刊、2面。

438. 「尖閣問題　自民に新たな火種　次期総裁選を意識」『朝日新聞』、1978年4月19日朝刊、2面。

439. 「『政府方針』支持へ　日中問題　福田派40人が会合」『朝日新聞』、1978年4月20日朝刊、2面。

440. 「領土に触れず「日中」決着　大平幹事長も見解」『朝日新聞』、1978年4月20日夕刊、1面。

441. 「『領土触れず』に異存ない　政府首脳語る」『朝日新聞』、1978年4月21日朝刊、2面。

442. 「中国漁船は漁をして南下」『サンケイ新聞』、1978年4月21日、2面。

443. 「単純な漁船団は疑問だが」『サンケイ新聞』、1978年4月21日、2面。

444. 「尖閣問題『偶発』で事実上決着　政府　中国の回答で判断」『朝日新聞』、1978年4月22日朝刊、1面。

445. 「国内説得が一仕事　尖閣侵犯"偶発"の決着　条約交渉へは沈静待ち？」『朝

日新聞』、1978 年 4 月 22 日朝刊、 2 面。

446. 「尖閣決着　改めて大使級折衝　政府首脳が方針確認　政府方針・対応策」『朝日新聞』、1978 年 4 月 27 日朝刊、 2 面。

447. 「日米首脳会談を終えて　首相、強気の構え　政局の焦点終盤国会に」『朝日新聞』、1978 年 5 月 5 日朝刊、 2 面。

448. 「日中条約交渉の再開　七月の首脳会議前　首相表明　日中平和友好条約」『朝日新聞』、1978 年 5 月 14 日朝刊、 1 面。

449. 「尖閣事件　裏に首謀者　上海市内の壁新聞公表　党籍はく奪含む処分」『朝日新聞』、1978 年 6 月 23 日朝刊、 7 面。

450. 「尖閣利用へ調査『実効支配』確立はかる　沖縄開発庁が予算要求」『朝日新聞』、1978 年 8 月 30 日朝刊、 2 面。

451. 「尖閣に仮ヘリポート　海保庁が近く着工　運輸相明かす　外相も了解ずみ　実効支配初の表れ」『朝日新聞』、1979 年 1 月 16 日夕刊、 1 面。

452. 「活動慎重に　尖閣で中国筋が警告」『朝日新聞』、1979 年 5 月 27 日朝刊、1 面。

453. 「首相にも報告なし」『朝日新聞』、1979 年 5 月 31 日朝刊、 2 面。

454. 「領有権争うより油田共同開発を」『朝日新聞』、1979 年 6 月 1 日朝刊、 1 面。

455. 「『尖閣』収拾の方向　鄧副首相大局的処理望む」『朝日新聞』、1979 年 6 月 1 日朝刊、 1 面。

456. 「尖閣ヘリポート　早期撤収を検討したい」『朝日新聞』、1979 年 6 月 1 日夕刊、 1 面。

457. 「自民総務会の尖閣問題議論」『朝日新聞』、1979 年 6 月 2 日朝刊、 2 面。

458. 「『尖閣調査』――ナゾ多い軌跡　検証」『朝日新聞』、1979 年 6 月 6 日夕刊、 3 面。

459. 「尖閣周辺原油を共同開発」『朝日新聞』、1979 年 7 月 10 日夕刊、 1 面。

460. 「尖閣共同開発　中国と接触を　外務省首脳指示」『朝日新聞』、1979 年 7 月 12 日朝刊、 2 面。

461. 「渤海湾方式も考慮」、『読売新聞』、1979 年 7 月 19 日、 2 面。

462. 「尖閣共同開発に警戒論」『朝日新聞』、1979 年 7 月 24 日朝刊、 1 面。

463. 「絡む複雑な利害・思惑　前提の『境界線』まず難題」『朝日新聞』、1979 年 7 月 24 日朝刊、 4 面。

464. 「夢の尖閣石油　現実は厳しく」『読売新聞』、1979 年 8 月 26 日朝刊、9 面。

465. 「『尖閣』表記で日米折衝　沖縄返還交渉の文書公開」『日本経済新聞』、2010 年 12 月 22 日。

466. 「親台湾派議員の総帥に『群雀中の一鶴』灘尾弘吉（4）」日本経済新聞、2012 年 1 月 29 日。http://www.nikkei.com/article/DGXNASFK2301J_T20C12A1000000/

[中国語]

467. 「対中国和朝鮮的又一新的侵略罪行　美日反動派陰謀略奪中朝海底資源」『人民日報』、1970 年 12 月 4 日、5 面。

468. 「中華人民共和国外交部声明 1971 年 12 月 30 日」『人民日報』、1971 年 12 月 31 日、1 面。

469. 「日本人民一定要完全収回沖縄」『人民日報』、1972 年 5 月 18 日、1 面。

470. 「黄華代表致函連合国民舒張和安理会主席」『人民日報』、1972 年 5 月 22 日、1 面。

471. 「日本『進路』月刊支持社会党訪華団与日中友協代表団的連合声明」『人民日報』、1975 年 7 月 3 日、5 面。

472. 「高高挙起毛主席的偉大旗幟奪取天下大治的新勝利」『人民日報』、1977 年 2 月 18 日、1 面。

473. 「日本政府采取措施節約用油」『人民日報』、1979 年 1 月 24 日、6 面。

474. 「中日銀行簽訂開発資金貸款協議」『人民日報』、1979 年 5 月 16 日、5 面。

475. 「就日政府在我釣魚島修建机場事進行交渉　我外交部司長約見日本駐華使館臨時代弁」『人民日報』、1979 年 5 月 30 日、5 面。

476. 「古牧副総理在東京挙行記者招待会」『人民日報』、1979 年 9 月 7 日、5 面。

477. 「呉国禎的『保釣』人生」『人民政協報』、2015 年 5 月 14 日、9 面。

房　迪（ファン・ディ）

1986年、中国黒龍江省ハルビン市生まれ。グローバル・エネルギー・インターコネクション発展協力機構（GEIDCO）研究員。新潟市立笹口小学校、東新潟中学校を卒業後、中国に帰国。北京第二外国語学院日本語学部同時通訳専攻、清華大学大学院人文社会科学学院国際関係専攻修士課程を経て早稲田大学大学院政治学研究科政治学専攻博士後期課程を修了。政治学博士。元全日本中国留学人員友好聯誼会副会長、早稲田大学中国留学生会会長。本書のもとになった博士論文「日中関係における領土問題処理の構造──1970年代の釣魚島問題を中心に」（2017年）の他に、『東北亜論壇』、『太平洋学報』などで領土問題に関する論文を多数発表。また、中国国家社会科学基金プロジェクト、中国教育部人文社会科学プロジェクト、省級の研究プロジェクト、東、南中国海争議諸島関連問題研究プロジェクトなど国家級、省級ならびに専門研究プロジェクトに多数参加。日中要人の通訳も務める。

日中国交正常化期の尖閣諸島・釣魚島問題──衝突を回避した領土問題処理の構造

2019年6月20日　初版第1刷発行

著者───── 房　迪
発行者───── 平田　勝
発行───── 花伝社
発売───── 共栄書房
〒101-0065　東京都千代田区西神田2-5-11 出版輸送ビル2F
電話　　　　03-3263-3813
FAX　　　　03-3239-8272
E-mail　　　info@kadensha.net
URL　　　　http://www.kadensha.net
振替　　　　00140-6-59661
装幀───── 佐々木正見
印刷・製本── 中央精版印刷株式会社

©2019 房　迪
本書の内容の一部あるいは全部を無断で複写複製（コピー）することは法律で認められた場合を除き、著作者および出版社の権利の侵害となりますので、その場合にはあらかじめ小社あて許諾を求めてください

ISBN978-4-7634-0889-1 C0036

日中領土問題の起源
―― 公文書が語る不都合な真実

村田 忠禧 著　定価（本体2500円＋税）

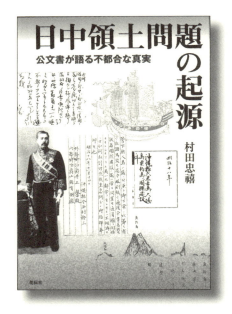

● 尖閣諸島は日本固有の領土か？
日本、中国のはざまで翻弄される琉球・沖縄の歴史
豊富な史料と公文書を緻密に分析することで明らかになった
「領土編入」の真実。事実の共有化のために。

尖閣問題の核心
—— 日中関係はどうなる

矢吹 晋 著　定価（本体2200円＋税）

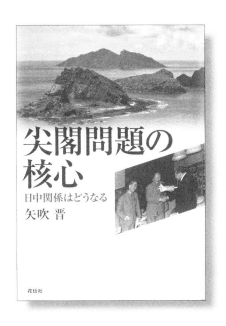

●紛争の火種となった外務省の記録抹消・改ざんを糺す！
尖閣紛争をどう解決するか
「棚上げ合意」は存在しなかったか？
日中相互不信の原点を探る
日米安保条約は尖閣諸島を守る保証となりうるか？

史料徹底検証 尖閣領有

村田 忠禧 著　定価（本体2000円＋税）

●尖閣諸島はどのように日本の「固有の領土」になったのか
外務省・内務省公文書の丹念な分析から明らかになる領有過程
「沖縄近海無人島取調」から「尖閣」領有までの10年
事実を尊重する誠実な態度こそ領土問題解決の第一歩